制造业
数字工匠培养研究

朱永跃 张书凤 邹家峰 ◎ 著

中国财经出版传媒集团

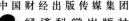

经济科学出版社
Economic Science Press

·北京·

图书在版编目（CIP）数据

制造业数字工匠培养研究/朱永跃，张书凤，邹家峰著 . -- 北京：经济科学出版社，2023.11

ISBN 978 - 7 - 5218 - 5359 - 9

Ⅰ.①制…　Ⅱ.①朱…②张…③邹…　Ⅲ.①制造工业 - 数字化 - 人才培养 - 研究 - 中国　Ⅳ.①F426.4

中国国家版本馆 CIP 数据核字（2023）第 215674 号

责任编辑：崔新艳
责任校对：孙　晨
责任印制：范　艳

制造业数字工匠培养研究

ZHIZAOYE SHUZI GONGJIANG PEIYANG YANJIU

朱永跃　张书凤　邹家峰　著

经济科学出版社出版、发行　新华书店经销
社址：北京市海淀区阜成路甲 28 号　邮编：100142
经管中心电话：010 - 88191335　发行部电话：010 - 88191522
网址：www. esp. com. cn
电子邮箱：espcxy@ 126. com
天猫网店：经济科学出版社旗舰店
网址：http://jjkxcbs. tmall. com
北京季蜂印刷有限公司印装
710 ×1000　16 开　15.5 印张　250000 字
2023 年 11 月第 1 版　2023 年 11 月第 1 次印刷
ISBN 978 - 7 - 5218 - 5359 - 9　定价：70.00 元

　　本书为国家社会科学基金一般项目"'中国制造2025'背景下企业员工工匠精神形成机理与培育对策研究"（项目编号：18BGL130）、江苏省社会科学基金一般项目"'智改数转'背景下江苏制造业员工数字化韧性培育研究"（项目编号：22GLB031）的相关研究成果。

序　言

　　党的二十大报告指出，要"加快发展数字经济，促进数字经济和实体经济深度融合，打造具有国际竞争力的数字产业集群"。制造业是发展实体经济的坚实基础，也是建设现代化产业体系的重要领域。加速制造业数字化转型，促进数字技术与制造业发展的深度融合，有助于实现制造业高质量发展，推动制造强国战略的实施。当前，我国制造业正处于数字化转型发展的关键阶段，亟待培养一大批兼具数字技术、专业技能和工匠精神的数字化人才和高素质"数字工匠"。党的二十大报告强调指出，要"加快建设国家战略人才力量，努力培养造就更多大师、战略科学家、一流科技领军人才和创新团队、青年科技人才、卓越工程师、大国工匠、高技能人才"。由此可见，培养数字工匠已上升为国家战略并成为时代共识。近年来，全国很多地区和行业都在积极探索数字工匠培养，加快提升数字素养和数字技能，学术界对此也进行了一些探讨并取得了一定的研究成果。但总体而言，由于我国制造业数字化转型的时间较短，围绕数字工匠培养的相关实践和理论研究还都处于起步阶段，对于何为数字工匠以及如何培养数字工匠等问题的认知还不够清晰。因而，深入贯彻落实制造强国战略和数字中国战略，系统探讨制造业数字工匠培养问题，无疑具有重要的理论意义和实践价值。

　　本书立足于实施数字中国战略和制造强国战略，在系统梳理国内外相关理论前沿及有关研究成果的基础上，综合运用多种研究方法，较为系统、深入地研究了我国制造业数字工匠的培养问题。一是剖析制造业数字化转型及其带来的影响，并就数字工匠胜任力及其多元主体的协同培养等相关理论进行阐释，为相关问题的分析奠定理论基础。二是以数字工匠胜任力为切入点，探索数字工匠的概念结构与测量量表，为数字工匠培养及其胜任力评估提供理论和工具支持。三是通过问卷调查，深入分析当前数字工匠的培养状况，剖析存在的问题及其原因。四是以若干优秀数字化转型制造企业为案例，对其在数字工匠培养方面的成功经验进行分析，同时对国内外数字人才培养的实践经验进行总结，为提出制造业数字工匠培养对策提供有价值的参考。五是就有效应对数字化转型带来的挑战、加快数字工匠培养，从多方面提出对策建议。

本书的研究特色和主要创新之处在于：一是基于扎根理论建构数字工匠胜任力概念并开发测量量表，在为数字工匠胜任力的综合评估提供有效工具的同时，也有助于推动相关领域实证研究的开展；二是基于现状调研和案例分析，以点面结合的方式实现对数字工匠培养状况的深入把握；三是基于理论分析和国内外数字工匠培养实践经验，系统性地提出可操作性的数字工匠培养对策建议。

本书的研究成果丰富并深化了工匠培养的理论研究，具有一定的理论创新性，可为学界进一步开展相关领域的研究提供借鉴。本书秉持企业自身与外部环境协同培养数字工匠的观点，提出了具有较强系统性和针对性的制造业数字工匠培养对策，也可为相关政府部门、制造企业和有关学校等提供理论指导与决策参考。

南京大学人文社会科学资深教授、商学院名誉院长、
行知书院院长、博士生导师
赵曙明　博士

目 录
CONTENTS

第1章 绪 论

1.1 研 究 背 景

制造业是立国之本，兴国之器，强国之基。纵观世界近 300 年的工业化历程，制造业始终处于经济发展的核心地位。我国是制造业大国，制造业是我国经济的根基所在，也是推动经济发展提质增效升级的主战场，面对国内外复杂多变的经济形势，我国制造业肩负着由大变强的新历史使命。站在新的历史起点，坚持走中国特色新型工业化道路，积极推动我国制造业转型升级、把我国建设成为引领世界制造业发展的制造强国，对于建设社会主义现代化强国、构筑未来发展战略优势具有重要意义（李洪兴，2022）。

新中国成立以来，我国制造业发展取得了一系列举世瞩目的成就。根据《工业基础指数（2022）》，自 2010 年以来，我国制造业增加值已连续 13 年位居世界第一。2022 年，我国制造业增加值达到 33.5 万亿元，占全球比重近 30%。经过多年的积累，我国自主创新能力显著增强，正在由跟随式创新向引领式创新转型。但同时，我国制造业大而不强特征明显，发展正面临诸多挑战：一是我国制造业技术创新能力仍然不强，与制造业先行强国存在较大差距，在全球产业技术创新格局中仍处于不利地位（吕铁和刘丹，2019）；二是我国制造业比较优势逐步下降，由于用工成本的增加，融资、物流、原材料等成本的上升，导致我国与发达国家的成本差距不断缩小（盛朝迅，2020）；三是"双碳"背景下，制造企业资源和环境的双重约束也在不断增强（王建平，2022）。

当前，信息技术和数字技术正在向经济社会各个领域广泛渗透，数字经济是继农业经济、工业经济之后的主要经济形态，是以数据资源为关键要素，以现代信息网络为主要载体，以信息通信技术融合应用、全要素数字化转型为重要推动力，促进公平与效率更加统一的新经济形态。数字经济发展速度之快、辐射范围之广、影响程度之深前所未有，正推动生产方式、生活方式和治理方式深刻变革，成为重组全球要素资源、重塑全球经济结构、改变全球竞争格局的关键力量①。根据中国信息通信研究院发布的《中国数字经济发展报告（2023 年）》，2022 年我国数字经济规模达到50.2 万亿元，同比名义增长 10.3%，占 GDP 的比重由 2015 年的 27% 提升至 2022 年的 41.5%②。数字经济正在全面深刻地影响我国经济社会的发展，在党和国家推进中国式现代化过程中发挥着重大战略作用。

在此背景下，制造业正在经历前所未有的大变革，数字技术的迅速发展为制造业转型升级提供了方向。加快制造业数字化转型，促进数字技术与制造业发展深度融合，既能稳定制造业的产值增长，又能建设高质量制造业，推进制造强国战略。目前，发达国家相继提出振兴制造业计划，如德国率先提出"工业 4.0"的概念、美国实施先进制造业伙伴关系计划、日本制定工业价值链计划；同时，越南、印度和东欧等发展中国家和地区以更低的成本优势，逐渐取代中国成为发达国家产业转移的新阵地。近年来，为促进包括传统制造业在内的制造业转型升级，中国不断完善制度环境，制定出台了一系列战略规划和政策措施。2015 年 3 月，国务院印发《中国制造 2025》，部署加快实施"中国制造 2025"，促进制造业转型升级。2016 年 5 月，国务院印发《关于深化制造业与互联网融合发展的指导意见》，部署深化制造业与互联网融合发展，协同推进"中国制造 2025"和"互联网＋"行动，加快制造强国建设，对制造业数字化转型进行了全面部署。2020 年 6 月，中国共产党中央全面深化改革委员会审议通过《关于深化新一代信息技术与制造业融合发展的指导意见》，提出要加快推进新一代信息技术和制造业融合发展。2021 年 3 月，《中华人民共和国国民

---

① 国务院关于印发"十四五"数字经济发展规划的通知（国发〔2021〕29 号）［EB/OL］.中国政府网，https：//www.gov.cn/zhengce/content/2022－01/12/content_5667817.htm.

② 中国信息通信研究院.中国数字经济发展报告（2023 年）［R］.http：//www.caict.ac.cn/kxyj/qwfb/bps/202304/P020230427572038320317.pdf.

经济和社会发展第十四个五年规划和 2035 年远景目标纲要》提出要加强建设制造强国和数字中国，充分发挥中国海量数据和丰富应用场景优势，有效促进数字技术与实体经济深度融合，实现制造业全价值链上的高质量转型升级。2022 年 10 月，党的二十大报告强调，"加快发展数字经济，促进数字经济和实体经济深度融合，打造具有国际竞争力的数字产业集群""推动制造业高端化、智能化、绿色化发展"。

近年来，我国制造业数字化水平不断提高，数字化转型也已经取得了一定成效，但我国制造业数字化转型仍然面临一些突出的问题和困难。一是数据安全有待保障，数据标准缺乏。存在数据泄露的安全隐患，且各制造企业间的数据兼容性低，难以转化为有用的资源（沈恒超，2019）。二是核心数字技术供给不足。制造企业存在数字化转型的成本高、核心技术供给不足等问题，使其数字化转型的难度增大（吕铁，2020）。三是缺乏专业化和复合型数字人才。数字化转型促使制造企业对数字人才的需求更为迫切，但大多制造企业在专业化和复合型数字人才储备方面存在严重不足，难以满足企业数字化转型的需要，这削弱了制造企业数字化转型动力，影响了数字化投入决心（王建平，2022）。

数字经济时代，越来越多的企业意识到引进和培养数字人才的重要性，而数字化转型对技能人才的能力也提出了更高要求，既要掌握人工智能、大数据等数字技术，又要懂生产运营，还要兼具工匠精神。这就要求我们加强前瞻性布局，培养更多具有复合能力的"数字工匠"（王宝友，2022）。当前，我国许多制造业正处于数字化转型的关键阶段，要想实现制造业数字化转型升级、建设制造强国和数字中国，急需一大批"数字工匠"。但目前与制造业数字化转型升级相匹配的人才在质量和数量上都存在差距：一方面，他们的技术能力还不能很好地满足数字化转型的工作与应用场景需求；另一方面，"数字工匠"在数量上仍然存在较大的人才缺口，这极大地制约了我国制造业数字化转型升级。因此，"数字工匠"的培养刻不容缓。2022 年，中共中央办公厅、国务院办公厅印发了《关于加强新时代高技能人才队伍建设的意见》，该意见指出技能人才是支撑中国制造、中国创造的重要力量。加强高级工以上的高技能人才队伍建设，对巩固和发展工人阶级先进性，增强国家核心竞争力和科技创新能力，缓解就业结构性矛盾，推动高质量发展具有重要意义。党的二十大报告强调

"教育、科技、人才是全面建设社会主义现代化国家的基础性、战略性支撑"，要求"加快建设国家战略人才力量，努力培养造就更多大师、战略科学家、一流科技领军人才和创新团队、青年科技人才、卓越工程师、大国工匠、高技能人才"。因此，培养"数字工匠"已上升到国家战略层面和成为时代共识。

近年来，全国很多地区和行业都在积极探索数字工匠培养，取得了初步成效，学术界针对数字工匠培养也进行了一定的探讨，但总体而言，由于我国制造业数字化转型的时间较短，围绕数字工匠培养的相关实践和理论研究均处于起步阶段，对于何为数字工匠以及如何培养数字工匠等问题的认知还不够清晰。因此，深入贯彻落实制造强国战略和数字中国战略，系统探讨制造业数字工匠培养问题，具有重要的理论意义和实践价值。

1.2 研究目的与意义

1.2.1 研究目的

基于以上研究背景，本书旨在就制造业数字工匠培养这一前沿问题进行深入探讨，明晰数字工匠的内涵、胜任力构成，以及数字工匠培养的现状、路径和方式等，为相关政府部门、制造企业和学校等提供理论指导，以更好地应对数字时代工业的挑战与机遇。具体研究目的如下。

（1）在明晰数字工匠内涵的基础上，挖掘数字工匠的胜任力概念结构，明确他们应该具备的知识和技能，并开发相应的胜任力测量工具，为数字工匠培养和测评等提供有效的工具支持。

（2）在确定数字工匠胜任力结构的基础上，通过大规模问卷调查和访谈等，调研分析我国制造业数字工匠的培养现状，探寻当前数字工匠培养中存在的主要问题和关键影响因素。

（3）总结提炼国内典型制造企业在数字工匠培养方面的优秀案例和国内外数字人才培养实践，为探索完善制造业数字工匠培养机制提供参考。

（4）在理论分析和实证研究的基础上，系统提出制造业数字工匠的培养对策，为相关政府部门、制造企业和学校等协同开展数字工匠培养工作提供可靠的理论指导。

1.2.2　研究意义

本书围绕数字经济时代制造业数字工匠的培养问题展开了较为系统和深入的研究，不仅具有较好的理论意义，而且也可以为数字工匠的培养实践提供有效指导，具体分析如下。

本书在明晰数字工匠内涵的基础上，通过深入挖掘数字工匠胜任力的概念结构并开发相应的胜任力量表，丰富并深化了胜任力、数字工匠等领域的理论研究。首先，立足制造业数字化转型实践，基于扎根理论方法建立了数字工匠胜任力模型，拓展了胜任力的研究领域，为学术界探讨数字工匠胜任力提供了较好的理论框架参考。其次，遵循规范的量表开发程序，开发了数字工匠胜任力量表，不仅有助于理论界对数字工匠胜任力的内涵获得更为清晰的认识，而且还可以推动数字工匠胜任力相关实证研究的进一步发展。

本研究的实践意义在于：首先，开发的数字工匠胜任力量表，可以为制造企业科学评估数字工匠的胜任力水平提供较为有效的工具支持，从而有助于促进制造企业更加精准、高效地开展数字工匠培养工作；其次，在深度访谈的基础上，提炼得到的制造企业数字工匠培养典型案例，可以为其他制造企业结合自身实际探索实施数字工匠培养工作提供经验借鉴；最后，基于理论分析和实证研究提出了具有较强系统性和针对性的制造业数字工匠培养对策，能为相关政府部门、制造企业和学校等提供理论指导与决策参考。

1.3　文　献　综　述

随着数字经济的蓬勃发展以及制造业数字化转型的深入推进，数字工匠培养已成为一个重要而又紧迫的时代课题。综合现有的相关文献，本书从数字工匠的内涵、胜任力和培养等方面，对数字工匠领域的相关研究文献进行梳理和分析。

1.3.1 数字工匠的内涵研究

中国从制造大国到制造强国需要脚踏实地的工匠精神，但随着人工智能、物联网、大数据、云计算等数字技术与传统产业的日益融合，新产业新业态新模式不断涌现[①]。数字经济的不断发展，传统工匠已无法满足现有阶段的需要，数字化时代正呼吁数字工匠的出现。

数字工匠作为数字化和工匠的结合，符合现在中国制造业数字化、网络化、智能化的发展方向，引起了各级政府及社会各界的高度关注，其培养工作正在积极推进。然而，从理论研究来看，当前学界对于数字工匠的研究尚处于起步阶段，相关概念的界定不明晰。在先前的研究之中，学界更多的是将关注点放在了技能人才、工匠、数字人才等相关概念的研究上。

1. 技能人才

技能人才作为经济结构高质量发展和产业结构优化的核心要素，是支撑中国制造、中国创造的重要力量，已经引起了学术界和社会各界的高度重视。

有学者从不同的视角出发，对技能人才的概念进行了相应的界定。杨等（Yang et al.，2022）基于人力资本的角度，将具有卓越能力和素质或特定专业知识或技能的工人称为技能人才；杨若邻等（2023）定位于产业领域，认为技能人才除了应当具备一定的专业知识和工艺技术之外，还要能独立操作设备或生产加工较为熟练，并且根据其所掌握的知识和技能的程度不同，可以进一步将其划分为高级、中级和初级三个等级（孔宪香，2008）。

高技能人才作为技能人才中层次比较高的一类人，一直以来都是国家重视的对象。2007 年，劳动和社会保障部印发的《高技能人才培养体系建设"十一五"规划纲要（2006 年—2010 年)》明确指出，高技能人才是在生产、运输和服务等领域岗位一线的从业者中，具备精湛专业技能，关键

---

① 补齐数字工匠缺口［EB/OL］. 光明网，https：//digital. gmw. cn/202308/11/content_36759 643. htm.

环节发挥作用，能够解决生产操作难题的人员①。2011 年，中共中央组织部、人力资源和社会保障部发布的《高技能人才队伍建设中长期规划（2010—2020）》指出，高技能人才是指具有高超技艺和精湛技能，能够进行创造性劳动，并对社会作出贡献的人，主要包括技能劳动者中取得高级技工、技师和高级技师职业资格的人员②。2016 年，人力资源和社会保障部、财政部在《人力资源社会保障部财政部关于深入推进国家高技能人才振兴计划的通知》中强调，高技能人才是具有高超技艺、精湛技能和工匠精神的人，能够稳步提升我国产业工人队伍的整体素质③。上述权威部门对高技能人才的内涵界定，使得学界以及社会各界人士对高技能人才的内涵有了更加清晰的认知。

由上可知，与技能人才相比，高技能人才的范畴相对较小，但特征更加鲜明。当然，无论是技能人才还是高技能人才，其概念界定中均突出强调了技能等级和职业资格。

2. 工匠

工匠的概念在古代是分开解释的。其中，"工"一方面指技艺、技巧，另一方面又可以理解为工人、女工；"匠"起初单指木工。在过去，工匠又被称为匠人，主要包括手工业者和工艺美术工人，例如铁匠、木匠、石匠、瓦匠、鞋匠、裁缝、染匠、厨子、瓦工、窑匠等（杨文明和张玉芹，2020）。这些工匠通过掌握一定的生产技术，并在长期的生产实践中积累了丰富的经验，从而形成了一定的社会阶层。到了现代，工匠的内涵已经得到了扩展和提升，主要指的是具备专业知识和技能的人才，能够在某个领域或行业中发挥重要的作用（李淑玲和陈功，2019）。也就是说，工匠通常需要掌握一定的理论知识和实践技能，并且能够将自己的技能运用到实际工作中，解决问题并创造出具有独特性的产品或服务。因此，现代工匠的内涵已经不仅仅局限于传统的手工业者和工艺美术工人，而是涵盖了

---

① 关于印发高技能人才培养体系建设"十一五"规划纲要的通知（劳社部发〔2007〕10号）[EB/OL]. 中国政府网，https：//www. gov. cn/zwgk/2007 - 04/25/content_595574. htm.

② 高技能人才队伍建设中长期规划（2010 - 2020）[EB/OL]. http：//www. mohrss. gov. cn/SYrlzyhshbzb/zwgk/ghcw/ghjh/201503/t20150313_153951. html.

③ 人力资源社会保障部财政部关于深入推进国家高技能人才振兴计划的通知（人社部发〔2016〕74 号）[EB/OL]. http：//www. mohrss. gov. cn/xxgk2020/fdzdgknr/qt/fzcwjxx/201608/t20160822_245882. html.

更为广泛的领域和职业。

有学者从狭义和广义两个视角来对工匠的内涵展开解读。首先，从狭义角度出发，国外学者谢里夫和金特里（Sharif and Gentry，2015）认为，工匠实际上指的是具备一定的知识与技能、借助工具手工制作物品的劳动者。国内学者郑玄和贾公彦（2010）在其著作《周礼注疏》中指出，"工，作器物者"，工匠是那些具有专门技艺的手工作业者；石超和常文文（2021）将"工匠"概括为"巧心劳手以成器物者"，兼具技术与创造力，是"技"与"艺"的承担者和传承者。其次，从广义角度出发，福奇（Foege，2014）在其《工匠精神：缔造伟大传奇的重要力量》一书中指出，凡是有好想法并将其付诸实践的人都可被称为工匠，并且根据是否具有创新精神可以将其进一步分为表层工匠和深层工匠；桑内特（Sennett，2015）在其著作《匠人》中，引用了从古希腊到现代的各类工匠趣事，将工匠的内涵进一步拓宽，认为"只要有想要做好每一件事的决心，那我们每个人都可以是匠人"。

还有一些学者基于各自不同的视角，对工匠的内涵进行了界定。刘红芳和徐岩（2016）从传统工匠的界定出发，提出现代工匠是指能够吃苦耐劳、刻苦钻研、注重学习的人，且他们技艺的传承主要通过师徒或是家族传承。喻建（2016）研究认为，工匠是指那些凭借自身手艺从事制造的人，并随着2015年《大国工匠》的播出重新引起了人们的关注。张文财（2018）认为，工匠是指具有某项熟练技巧并从事传统手工业的劳动者，并可以按照工匠自身水平的不同，从低到高分为"百工""机匠""铁匠""匠师""哲匠"等类别。刘建军等（2020）从主体规定的角度出发，将工匠定义为通过多次劳动从而掌握某些劳动技巧，因而获得了某种具有职业技术属性的身份。刘引涛和陈会玲（2018）立足当下时代特征，认为各行各业的技术领域精英，如某领域的学术带头人、创新型技术技能人才等均为工匠的典型代表。

基于以上文献可知，工匠的内涵具有特定的时代属性，与其所处的时代背景密切相关。相对而言，现代工匠的内涵更加丰富，且覆盖的范围也更广，但不管时代如何演变，工匠都应当在某个专业领域具有较高的技艺，以保障其高质量地完成任务。

3. 数字人才

当前，新一轮科技变革和行业转型正加速推进，数字经济日益成为经济社会发展的新动力，对于数字人才的需求日渐迫切。目前，许多研究机构以及国内外的众多学者都对数字人才展开了研究，但就"什么是数字人才？"这一核心问题尚未形成一致的结论。

从行业角度来看，林秀君和雷容芳（2019）认为，数字人才指的是在大数据领域中拥有某些特定技能，并为企业成功进行数字化转型赋予生产技术、组织运营、领导力等方面的数据意义，从而实现组织经济倍量增值；加拿大的信息通信技术（Information Communication Technology，ICT）委员会则提出了一个更加宽泛的数字人才概念，主要包括在所有行业中从事 ICT 工作的人员和在 ICT 行业中从事非 ICT 工作的人员，也就是说 ICT 行业的所有从业人员都可被视为数字人才（马晔风和蔡跃洲，2019）。

从技能角度来看，国外学者卡德纳斯-纳维亚和菲茨杰拉德（Cardenas-Navia and Fitzgerald，2019）认为，数字人才是指具备数字化思维和技能，能够运用信息技术和智能化工具，从事数字化创新、应用和管理的专业人才。吉尔奇和西维克（Gilch and Sieweke，2021）指出，数字化人才指的是在产品、服务和流程的数字化转型过程中具备 IT 相关知识、技能和能力的员工。在国内，陈煜波和马晔风（2018）将数字人才定义为"拥有 ICT 专业技能和 ICT 补充技能的就业人群"，并从产品与服务价值链供应端的数字化转型角度出发，将数字人才分为数字战略管理、深度分析、产品研发、先进制造、数字化运营和数字营销六大类。IT 行业知名技术媒体 InfoQ 发布的《数字化转型中的人才技能重建》报告指出，现代意义上的数字化人才更倾向于 ICT 补充技能的价值实现——即拥有数据化思维，有能力对多样化的海量数据进行管理和使用，进而在特定领域转化成为有价值的信息和知识的跨领域专业型人才。[①] 吴江（2021）认为，数字人才是 T 字型复合人才，具有数字化创新思维，可以很好地将 ICT 和业务需求相融合。温晗秋子（2021）则认为，数字人才是掌握发展数字经济所必需的一项或多项技能的专业性技术人才，属于知识型员工的定义范畴。

---

① 数字化转型中的人才技能重建 [EB/OL]. InfoQ 中文站，https://www.infoq.cn/minibook/JtIbQ0C92y7ANjchOwLO.

从分类标准来看，在《中国数字化人才现状与展望 2020》报告中，根据数字化能力要求差异和应用场景的不同，将数字化人才分为数字化管理人才、数字化技术人才和数字化应用人才 3 类①。基于华为公司定义的数字化人才标准，数字化人才包含数字化领导者、数字化应用人才和数字化专业人才（张立军，2020）。

综合上述观点，可以将"数字人才"定义为：具有一定的数字化思维、素养和 ICT 技能，能够为组织的数字经济业务提供支撑的各类从业者。

4. 数字工匠

在数字经济高速发展的同时，我国正面临着数字技术技能人才匮乏日趋严重的问题，亟待进一步加强对"数字工匠"的培养，以便可以更好地推动产业数字化和数字产业化进程，从而为数字中国建设提供强大的人才支持。目前，全国各地也都在积极推进数字工匠的培养工作。然而，如何界定"数字工匠"，目前学界和社会各界的探讨还很少。

在第九届全国三维数字化创新设计大赛上，专家们将懂得三维数字化技术，从事数字化工业的应用型人才称为"数字工匠"②。庄严（2022）则进一步拓展了数字工匠的范畴，认为数字工匠指的是数字经济领域各类型、各层次的技能人才，既包括现代意义上的数字化人才，也包括数字经济领域内的优秀一线技术工人。作为中国工业互联网研究院总工程师，王宝友（2022）认为，数字工匠是数字经济时代对人才提出的新要求，不仅要掌握现代工业技术技能，还要掌握人工智能、大数据等数字技术，且兼具工匠精神，是产业数字化、网络化、智能化发展的根本支撑。《数字中国》《大国工匠》作者杨乔雅（2023）认为，新时代的数字工匠指的是在数字化时代掌握并具有一定实践经验的技术人员，他们拥有与传统工匠相同的精湛技术和实用经验，且同时又能够适应数字时代的需求③。胡景谱和陈凡（2023）指出，数字工匠的工作模式与传统工匠相比有所差异，他

---

① 《中国数字化人才现状与展望 2020》［EB/OL］. 中国经济信息网，https：//www. cet. com. cn/xwsd/2640158. shtml.

② "数字工匠"呈现巨大缺口［EB/OL］. 中国青年网，http：//news. youth. cn/jsxw/201703/ t20170314_9285309. htm.

③ 专访《数字中国》+《大国工匠》作者杨乔雅：新时代的数字工匠［EB/OL］. 新浪网，https：//k. sina. com. cn/article_1775358577_69d1d2710010121jz. html.

们是通过对数字技术的开发与使用来提供数字产品和数字服务的劳动群体，具有体外化、体内化以及共生化的特点。

本书立足数字经济时代的制造业数字化转型这一现实背景，聚焦制造业数字工匠培养问题。从当前的制造业数字化转型实践来看，制造企业的数字工匠来源一般有两类：一类是具有大数据、IT、自动化等相关专业背景的高校毕业生或具有相关行业从业经历的数字化专业人才；另一类是从企业生产一线成长起来的具有较强的工匠精神、操作技能和一定数字化素养的技能人才。本书主要关注第二类数字工匠的培养问题，并将数字工匠定义为"在生产线上能熟练操作数字设备或使用数字软件工作的技能人才"。

1.3.2 数字工匠的胜任力研究

1. 胜任力的内涵与结构

胜任力（Competence）的概念最早由美国哈佛大学的麦克利兰教授（McClelland，1973）提出，针对当时高等教育领域普遍采用"智商"一词作为新生甄别的依据，他指出胜任力才是能将卓越成就者与普通人区分开来的深层次特征，其包含同学习绩效或其他成果相关联的知识、能力、动机、特质等要素，应当代替智商成为新的评判标准。自此，胜任力一词正式进入社会科学研究的视野。

承袭麦克利兰对胜任力内涵的解读，关于胜任力特征观的流派形成。持有特征观的学者们将胜任力定义为个体的潜在的特征，例如，霍恩比和托马斯（Hornby and Thomas，1989）将胜任力定义为"高效的管理者（领导者）所具备的知识、能力和素质"。斯宾塞和斯宾塞（Spencer and Spencer，1993）对个体人格中深层且持久的潜在特征进行了解释，包括知识、能力、动机、特质、态度、价值观、自我观感等。此外，国内学者也就胜任力特征观贡献了积极的研究成果。王重鸣和陈民科（2002）从素质与技能两个维度，提出了胜任力包含动机、特质、自我概念、知识和技能等要素。陈万思（2005）以企业人力资源管理人员为例，将特质、动机、自我概念、社会角色、态度、价值观、知识、技能等有助于纵向职位发展的必备要素界定为胜任力等。这些个体特征集合为胜任力，驱动着员工产生高工作绩效（彭剑峰和饶征，2003）。总体而言，特征观将能把绩效优异者和绩效一般者区分开来的个体特征界定为胜任力。除了特征观外，随着研究的深入，部分学者从行为观的角度对胜任力的内涵进行了新的建构。行为观将人们履行工作职责时的行为表现定义为胜任力，这种行为能把某职位中表现优异者和表现平平者区别开来（仲理峰和时勘，2003）。当然，也有学者认为应当将特征观和行为观这两种观点相结合，用综合的眼光来看待胜任力。例如，莱德福（Ledford，1995）认为个人特质、产生绩效的行为都包含在胜任力内涵之中。

对于胜任力的结构，由于胜任力反映的是个体胜任某一工作所需的"资产"，强调的是人与岗位相匹配（Chen and Chang，2010），因此，胜任力结构模型描绘的是绩效优异者的不同胜任要素的组合方式与结构，主要包括工作或岗位所需的胜任要素以及这些要素的层次、结构与逻辑关系。麦克利兰（McClelland，1973）认为，个体的胜任力结构就像一座冰山，知识和技能是浮在海面上的外显部分，动机、特质、自我概念、社会角色等是隐藏在海面下的内隐部分。斯宾塞和斯宾塞（Spencer and Spencer，1993）对冰山模型进行了修订，新的冰山模型认为，知识、技能是海面上浮现的基准性胜任要素，动机、特质等则是隐藏在海面下的鉴别性胜任要素。前者是外显的，容易改变和测量，后者则是能够区分个体绩效优异与否的关键特征。此外，博亚特兹（Boyatzis，1982）以麦克利兰的冰山模型为基准，发展形成了"洋葱模型"。洋葱模型从另一个角度对冰山模型进行了解释，该模型按照从内到外的次序，将胜任力重新划分为三种类型：一是特质与动机；二是自我概念与社会角色；三是知识与技能。冰山模型和洋葱模型被学者们广泛应用于对不同人群胜任力模型的具体构建研究。一些学者基于两者提出了适用于管理人员的通用胜任力模型（时勘等，2002），但也有学者对通用胜任力模型提出了质疑，认为胜任力在不同个体、群体和文化下具有差别（Kong et al.，2011）。有学者开始针对特定组织、特定岗位等探究胜任力模型的构建（Basilotta-Gómez-Pablos et al.，2022；冯奇等，2022；万恒和高辛宇，2023）。

2. 技能人才胜任力

生产制造方式不断变化促使制造业不仅需要研发人才、管理人才，还需要大量掌握专业技能和信息化技能的技能人才，而技能人才的胜任力也成为理论界和实践界关注的重点话题。早期，曼斯菲尔德（Mansfield，

1996）指出，从能力的角度而言，胜任力可以进一步划分为任务能力、任务管理能力、应急管理能力、工作和角色管理能力以及转换能力 5 个维度，这些维度构成了胜任力模型的基础。穆德等（Mulder et al.，2007）认为，识别通用能力和认知能力是胜任力的核心。其中，通用能力被确定为优秀员工的特有品质并应用于不同的职业群体；认知能力包括专业的认知能力，如社会能力和情感能力等。从知识论角度出发，德国教育学会认为胜任力是个体在个人、职业和社会条件下自主并负责地采取行动获取程序性知识或策略性知识的能力（Bound and Lin，2013）。具备高胜任力水平的技能人才不仅了解工作内容、工作方法或职业技能等，同时更能够在技术原理、方法、技能和工作任务之间，工作任务与工作任务之间建立联系，使得这些联系能够随着工作情境的变化而迅速变化。

国内关于胜任力的研究大多集中于教师、医护人员、社会工作者、大学生等群体，且更为关注管理层的胜任力，针对技能人才这一群体的胜任力进行研究的文献不多，仅有部分学者将目光转向活跃在生产一线的技能人才，借鉴冰山模型和洋葱模型，对技能人才胜任力结构进行了划分，从行为观、特征观及综合观给出了对技能人才胜任力内涵的解释。其中，知识、能力和素质 3 个维度作为高技能人才胜任力结构被不少学者所接受，知识和能力为水面上部的外显性胜任力，素质则是水下的隐性胜任力（管平等，2005；郭广军等，2015）。与之类似的还有汤晓华等（2012）构建的技能人才 KSA（知识、技能、素质）模型；孙文清（2016）提出了知识、技能和态度三维度模型，其中，知识指人们通过学习或实践对某一事物信息掌握的程度或熟悉程度，技能是一个人完成某特定工作应具备的能力，态度主要包括工作满意度、工作参与和组织承诺三个方面。

在三维度的基础上，学者们逐渐发展出技能人才的多维度胜任力结构模型，对技能人才胜任力进行了更为丰富的探讨和解读。瞿群臻（2011）以物流高技能人才为对象，构建了包括专业知识与技能、基础工具运用能力、基本能力、责任心、团队合作精神、汇报总结能力、协调沟通能力、内在品质素质、市场导向和执行力 10 种要素在内的高技能人才胜任力模型。韩提文等（2012）通过访谈得到了企业高技能人才团队胜任力的 6 个核心要素，分别是知识技能、创新能力、学习能力、自主管理、组织承诺和关系协作。叶龙和褚福磊（2013）指出，职业胜任力包含"知道为什么""知道怎么样""知道谁"3 个维度。其中"知道为什么"维度包括职业洞察力、积极的个性和开放性经验;"知道怎么样"维度涉及与工作相关的技能和对职业的认同;"知道谁"维度是指与职业相关的人际网络和关系。唐伶(2016)认为技能人才胜任力包括知识(专业知识、文化基础知识)、心智技能(学习能力、分析能力、技术革新能力、事故处理能力和解决问题能力)、动作技能(生产操作能力、产品检测能力、质量意识)、通用技能(执行能力、协作能力、沟通能力)和人格特征(诚实正直、自我发展、爱岗敬业)5 个维度,该胜任力结构对外显性胜任力给予了更多的关注。张书凤等(2018)从专业知识与技能、学习与创新能力、客户协作意识与能力以及职业角色认同 4 个维度构建了技能人才胜任力模型。白滨等(2021)从企业对高技能人才职业核心素养的需要视角,以洋葱模型为基础,构建了由职业道德、人格特质和关键行动能力三个方面组成的技能人才胜任力结构,包括职业道德、责任心、踏实肯干、专业技术能力、学习能力、沟通能力、合作能力、执行能力、抗压能力、问题解决能力以及自我调节与控制能力等。张广传和王海英(2021)从适应新时代科技革命和产业变革的角度出发,将技术技能人才的职业核心素养划分为责任担当、独具匠心、技艺精湛、精益求精、德艺双馨、知行统一 6 大核心要素。

总体而言,关于技能人才胜任力的探讨日益增多,学者们从不同的角度出发,对胜任力的核心构成要素进行了提炼和总结,目前虽尚未形成一个较为成熟和普适的技能人才胜任力模型,但基本上都将专业知识、技术等外在素养和职业道德、精神、创新能力等内在品质作为胜任力的构成要素。

3. 数字工匠胜任力

现有关于数字工匠胜任力的系统性研究极为少见,相关研究主要涉及工匠胜任力和数字胜任力。

在工匠胜任力方面,相关研究主要基于具体行业的人才需求、人才培育目标等提出胜任力要素,以软、硬技能为关键导向。其中,硬技能主要体现在广度和深度;广度指知识复合型的交叉学科专业技能、国外技术"卡脖子"情况下技术创新和再创造能力;深度指人才专业技能的持续精进(Toscanelli et al.,2019)。软技能指综合素质,集中体现为社会技能和一些高阶能力（Margherita and Braccini，2020）。具体而言，梁肖裕等（2021）结合个案研究与扎根理论研究法，提炼了大国工匠应具备的胜任力，包括学习发展、责任心、敬业、进取心、排除疑难、创新、培养他人等。李雪枫等（2021）对中国建筑业中具有代表性的 14 位大国工匠进行了行为事件访谈，构建了大国工匠的胜任力模型：最内层的核心胜任力是特质与动机，包含敬业、责任心、成就导向、学习发展和进取心；中间层的重要胜任力是态度、价值观、社会角色，包含团队合作、全局观念、排除疑难、计划推行；最外层的一般胜任力是知识和技能，包含专业化、沟通协调、创新、培养他人，这一类胜任力较易衡量、培育与后天习得。此外，刘军和周华珍（2018）指出，技能人才的工匠特征主要由工匠意识、工匠精神和工匠能力 3 个主要维度构成，其中，包括敬业、传承、分享、创新和精益求精的工匠精神起着主导作用。在此基础上，部分研究从工匠精神的角度对工匠胜任力进行了积极探索。叶龙等（2020）将工匠精神分为爱岗敬业、精益求精和勇于创新 3 个维度，并探讨了工匠为国家传承和制作巧物的文化情怀。徐伟等（2023）针对老字号员工，从职业观念、职业目标与职业行为 3 个层面探索构建了包括笃志敬业、精益求精和不屈不挠 3 个主要维度的工匠精神概念结构。尚文杰（2023）指出，过去对于技能动作层面的强调在自动化时代已不合时宜，思维在新时代工匠技能的实践中日益凸显，新时代工匠精神继承传统工匠精神的精髓，在执着专注、精益求精、一丝不苟、追求卓越等基本内容上与传统工匠精神一脉相承，同时在科技向度上也在发生嬗变。

在数字胜任力方面，国外相关研究已取得较好的进展。欧洲委员会于 2006 年提出的终身学习关键能力欧洲参考框架中，明确将数字能力作为终身学习的 8 项关键能力之一，并将其定义为对信息社会技术在工作、休闲和交流方面的自信和批判性运用，是一系列基于信息和交流技术的基本技能，包括使用计算机来检索、评估、存储、生产、展示和交换信息，以及通过互联网进行交流和参与协作网络等①。在此基础上，很多学者对数字

---

① European Commission. Recommendation of the European Parliament and of the council of 18 December 2006 on key competences for lifelong learning［R］. Brussels：Official Journal of the European Union，2006.

胜任力的内涵进行了探讨。法拉利和普尼（Ferrari and Punie，2013）进一步指出数字胜任力是当今社会个人发展的关键，可以帮助减少数字鸿沟，涉及一组使用技术有效优化日常工作和生活的能力，可以被理解为自信、高效、批判性、创造性和负责任地使用信息社会的技术构建所需的知识、技能、态度等。詹森等（Janssen et al.，2013）将数字胜任力定义为有助于缓解知识社会中的许多问题和挑战的认知、态度和技术技能，具有动态和跨领域的特点。伊洛马基等（Ilomäki et al.，2016）提出，数字胜任力包括4个组成部分：在使用数字技术方面的技术技能和实践；以有意义的方式使用和应用数字技术的能力；理解数字技术现象的能力；参与和融入数字文化的动机。何等（He et al.，2018）指出，数字胜任力与数字素养、媒体素养、信息通信技术素养、信息素养和互联网素养有关。埃斯特夫－蒙等（Esteve-Mon et al.，2019）从信息、技术、多媒体和沟通4个维度探讨了数字胜任力模型。卡塔内等（Cattaneo et al.，2022）将数字胜任力总结为积极管理特定、与环境相关的资源（知识、技能、价值观和态度），以应对复杂且不断演变的工作和生活情境的复杂能力等。尽管近几十年来，国外相关研究中，数字胜任力这一概念常出现在与政策相关的讨论中，但国内研究相对匮乏，仅有少数研究围绕数字胜任力展开了探索。郑旭东等（2021）从欧盟教师数字胜任力框架出发，对发展我国教师的数字胜任力进行了积极探讨。高维婷（2023）就人工智能时代职业院校教师数字胜任力评价指标体系进行构建，提出了数字认知、数字知识与技能、高阶数字思维能力以及数字教学实践能力4个一级指标。

1.3.3　数字工匠的培养研究

1. 技能人才培养

加强技能人才队伍建设，对增强国家核心竞争力和科技创新能力、推动高质量发展具有重要意义。近年来，技能人才的培养问题受到社会各界的广泛关注，相关研究也从国外经验借鉴、培养体系与培养模式等多个角度展开探讨。

在国外经验借鉴方面，阳立高等（2014）通过对美国、德国、英国、日本、韩国等世界各主要发达国家在高技能人才培养方面的先进做法和成功经验进行分析，提出了加速我国高技能人才培养的政策建议。刘冬和王辉（2016）对英美两国职业教育人才培养模式改革创新进程的内在规律和成功经验进行梳理分析，发现政府、行业协会、基层行为体组成的"三环同心圆"的统一协调发力是成功的强力推手，并指出我国技能人才培养模式变革亟须"社会总动员"，以"塑精品、创品牌"为要务。李玲玲等（2023）分析了英国 T Level 课程建设的现实动因，从全新的学习路径、全面的发展理念和行业企业深度参与三个方面为我国优化技能人才培养和促进职业教育发展提供经验启示。潘海生和杨慧（2023）指出，技术技能人才培养离不开公私深度合作推动下的职业教育创新与发展，他们针对荷兰公私合作育人体系，探讨了适应发展需求、产教深度融合的职业教育系统的嬗变过程。李梦卿和余静（2023）以德国、日本、英国等国本科层次职业教育的实践经验为参考，探索我国本科层次职业教育发展的主要着力点，从筑牢职业教育内生式发展根基、建构产教协同办学生态空间和构建本科层次职业教育话语体系三个方面提出了具有中国特色的发展路径等。

在培养体系方面，胡凡刚等（2019）构建了面向信息化、社会化和国际化的教育技术学学科"厚基础＋精技能"的人才培养体系，该体系以符合伦理规范的"教育虚拟社区"为技术支撑，以混合式教学为主打模式，以"校（地、企、政）"合作为实践平台，为技能人才的培养提供可资借鉴的路径与方法。李时辉等（2021）针对传统技能人才培养体系中产教融合深度不够的问题，提出"产教深度融合、团课赛研协同"的创新型高技能人才培养体系，通过"三个一工程"，以校企双向技能工作室为平台，构建社团、课程、比赛、科研协同育人机制。陆启光等（2023）基于社会学新制度主义的视角，构建出以高质量发展为总目标，以均衡发展、协同发展为分目标，遵循合情、合理、合法原则的跨区域技术技能人才协同培养制度运行体系，并提出建立科学的外部政策支持系统、建立配套完善的内部治理体系和在共识基础上共治等优化策略。祁占勇和冯啸然（2023）基于全面质量管理"一个过程、两大支柱、三个全面和四个阶段"的理论逻辑，构建了以培养目标系统为指南、以培养过程系统为核心、以培养评价系统为关键、以培养标准系统为依托的高质量技能人才培养四维循环体系。

在培养模式方面，王振洪和成军（2012）从校企合作平台的构建、学习载体的重建、教学组织和管理模式的变革、教学团队的目标集聚以及教学评价的文化价值取向等方面，系统阐述了现代学徒制的实施要素和培养模式。庄西真（2017）以学校和企业作为空间维度，以技能人才从新手成长为高级技术工人的过程为时间维度，以时间和空间两个维度构建了高技能人才成长的时空模型，进而提出了校企交替人才培养、校企合作人才服务、校企平台人才提升、校企项目人才互动4种人才培养模式。郝天聪（2017）从高技能人才成长的视角出发，重构了高技能人才的培养模式，提出应当着力提升人才培养全过程的校企深度合作，构建高技能人才培养的一体化管理制度框架。仇荣国（2019）针对高职院校在高技能人才培养过程中的实际情况，构建了培养过程中教师和高职院校的策略演化博弈模型，探讨了校企合作共同培养的人才培养模式。石伟平和林玥茹（2021）认为，培养专业能力与通用能力兼具、能力水平更高的复合型、智能型技术技能人才将面临人才培养目标复杂化、人才培养过程人本化、人才培养主体多元化等多种挑战，职业教育变革需以能力分析为基础，更新人才培养目标，调整专业设置，重塑课程结构内容，优化教学方式，促进多方主体合作。顾荣军和王华杰（2023）指出了职业院校产教融合在政府支持、资源整合、实践经验、师资队伍等方面的不足，认为需要完善产教融合协同机制、创新产教融合的实践模式、建立多元化教师引进和专业发展机制以及加强高质量职业教育师资队伍建设等。

综上所述，国外较为典型和成功的技能人才培养模式都具有浓重的校企合作背景，而且校企合作的圈子也在不断扩大，由较为出名的校企"双元"逐渐向校政企行等"多元"合作模式发展，为我国技能人才培养提供了良好的借鉴。国内关于技能人才培养体系与模式的研究较多，但研究较为分散，尚未形成系统的理论体系。

2. 工匠培养

工匠培养的研究与技能人才培养相比较少，主要集中在职业教育领域，相关研究围绕人才培养体系的顶层设计、教学模式以及课程体系等方面展开。首先，在顶层设计方面，主要包含工匠型理念支撑和多主体培养。刘军和周华珍（2018）指出，工匠培养应以经济社会发展的要求为依据，以调整和优化人才结构为主线，以人才能力的快速提升为动力，不断强化工匠意识、工匠精神和工匠能力。肖凤翔和王棒（2023）认为，职业教育应当以培养有情怀的工匠为目标，为此需要多元主体努力，通过"政校企行"合作实现多主体协同共事、合作共赢基础上的发展。其次，在教学模式方面，主要强调产教融合、校企资源共享，突出实践导向等。赵慧臣等（2017）借鉴美国 STEAM 教育活动的经验，指出我国创新型工匠人才的培养应以实际问题为导向，提升学生的创新能力，要面向现实世界的实际问题，鼓励学生动手设计参与并解决问题，以培养学生的专注能力和技术素养。易卓（2021）在研究中指出，推动产教融合是新时期发展现代职业教育的根本路径，需要探索组织内科层制关系的适度回归，基于实体化运作模式开展"引教入企"实践，强化工学交替实训，激活企业在工匠培养中的关键作用。最后，在课程体系方面，主要强调跨学科的课程设置、能力培养的课程重点和以实践活动、真实项目构成的课程载体等。王旭和张颖（2023）指出，高职院校在课程设计上，要梳理专业课程蕴含的思政元素，通过精准施教推动教学改革，要充分挖掘、广泛拓展实践育人平台，坚持理论教育与专业教育、知识学习与实践养成相结合的原则等。

不少研究关注企业的在职培养和政府的积极引导。企业培养方面，有学者认为，工匠精神的培育是工匠培养的重要方面（方阳春和陈超颖，2018）。基于此，一些研究探讨了企业对员工工匠精神的培育路径。邓志华（2020）指出，企业应当通过实施师徒传授制度、强化能力素质培训、加强职业道德管理等多层面路径来培育员工工匠精神。除了系统化的培育路径，部分研究从"外启内发"的企业环境激励因素出发，探讨了企业中领导风格、人力资源管理实践、师徒关系等对个人工匠精神形成的影响。朱永跃等（2022）研究发现，仁慈领导和德行领导对制造业员工的工匠精神具有显著的积极影响。高中华等（2023）指出，企业应当打造工匠精神导向的人力资源管理实践，这一管理实践模式包含一系列与提升能力、增强动机和赋予机会三个目标有关的工匠精神激励活动。曾颢和赵曙明（2017）研究发现，在技能工人职业生涯早期或职业角色转变时期，以师徒制为基础，能够发挥导师对徒弟的烙印效应，形塑员工的工匠精神。此外，精神型领导、包容型领导、良好的企业文化氛围、打造学习型组织、高参与人力资源实践等均在企业培育员工工匠精神过程中发挥着显著作用（Gonzalez-Mulé and Cockburn，2017；赵晨等，2020；Zhu et al.，2022；李群等，2021；叶龙等，2020；Margherita and Braccini，2023；熊胜绪和胡日查，2023）。在政府的积极引导方面，少数研究对政府在工匠培养中的作用展开了探讨。张云河和王靖（2020）指出，培塑工匠人才需要良好社会氛围和社会经济发展环境的支持，其中政府发挥着无可替代的作用。李秉强等（2023）认为，工匠型技能人才是各级政府、职业院校和企业等多方主体合力培育的结果，需要推动职业教育与产业之间实现融合共生发展。

　　聚焦于数字工匠的培养，国外研究从职业教育改革和人才培养框架的角度提出了一些有益的观点。奥利维拉和德索萨（Oliveira and de Souza，2022）指出，应当结合企业工作场景和学生个性使用合适的数字化工具教学；塔博达等（Taborda et al.，2021）认为，应当遵循"提出愿景－初步尝试－提出问题－解决问题"的路径进行数字化技术教育，提高学生的数字化技能水平等。面向未来的"教育4.0"，欧盟率先出台了系列措施持续推动欧盟数字化教育，为不同领域的交叉复合型数字化技能人才培养提供了指南，要求高职院校兼顾硬技能和软技能的培育，以实现软硬技能的联通及人机协同（杜海坤和李建民，2018）。与国外相比，国内仅有极少数研究在工匠培养研究的基础上，立足于新时代中国特色数字工匠的角色期待，对数字工匠的培养问题进行了分析和探讨。耿煜等（2023）指出，当前我国数字化技能人才培养模式仍存在技能人才难以应用数字化技术、数字化技能更新难度大、高职学生学习主动性有待提升、高职学生沟通能力有待提升和高职院校师生缺乏国际胜任力等问题，为此应当加强跨学科合作、加强校企合作和持续推进国际胜任力培养。柏洪武等（2020）以特定职业院校为例，构建了数字工匠"学—做—创"人才培养模式，以"学"强化数字化设计学习能力和数字素养形成，以"做"强化数字化设计实践能力养成，以"创"强化数字化设计创新能力养成。胡景谱和陈凡（2023）从建构数字工匠角色规范、提升角色效能、保护角色权益、规范角色实践等方面，提出了建立健全数字职业标准体系、加强数字化人才培养平台建设、完善数字职业伦理约束机制和构建数字劳动多元化评价指标等策略。

1.3.4　研究述评

　　数字工匠作为一个具有前沿性的新概念，既承袭了传统工匠的工匠精神，又融合了数字化技术，为当前的制造业注入了新的活力和可能性。现有相关文献从工匠内涵演变、胜任力和培养体系等方面展开了卓有成效的探讨，对本研究具有较高的借鉴价值。然而，由于数字工匠的定义和角色仍在不断演进之中，有关数字工匠的特质、胜任力构成以及培养路径和方式等方面的研究尚存在较大的改进空间，亟待更为深入和系统的探讨。

其一，数字工匠内涵研究有待深入。数字工匠的出现与当前数字经济的快速发展密不可分。部分研究认为，数字工匠是将传统工匠的技能与数字化技术相结合，以适应现代工业 4.0 时代的工作要求，这种观点强调了数字工匠的技术要求和实际操作能力。同时，也有研究将数字工匠视为数字化时代的创新者和问题解决者，能够利用数字技术来改进产品和流程，提高效率和质量。尽管现有研究在数字工匠有别于传统工匠、应当更加关注其需要具备的数字化知识与技术技能要求、强调其所在的人才属性类别等观点上基本达成共识，但目前仍缺乏对数字工匠的关键特征与内涵本质的明确解读和深入探讨。

其二，数字工匠胜任力模型缺乏系统性的理论建构。目前已有少量研究对工匠胜任力进行探索，为本研究奠定了较好的基础。同时，新的信息和通信技术的迅速发展，引发了个体数字胜任力的研究浪潮，相关研究在国外发展较为迅速，已形成一定的研究成果，但国内关于数字胜任力的研究较为少见，且国内外关于数字胜任力的研究大多聚焦于教育教学领域。数字工匠胜任力是工匠胜任力和数字胜任力的有机耦合，这意味着研究需要涵盖传统工匠素养与数字技术应用的交汇点。然而，相关研究领域仍然存在很多尚未有效回答的问题，例如数字工匠应当具备哪些素质和能力、如何评估数字工匠的胜任力等，这些问题有待进一步深入研究。

其三，数字工匠培养问题亟待更为全面的探讨。现有少量文献对工匠培养问题展开了研究，就培养路径和培养体系等提出了一些具有实践指导意义的观点，但关于数字工匠培养的研究仍非常欠缺。探索新时代中国特色数字工匠的角色期待及其培养路径，对于弘扬数字时代工匠精神、破解数字技能人才的瓶颈制约、推动数字经济高质量发展具有重要的理论价值和现实意义。然而，现有围绕数字工匠培养的极少数研究，基本上都是从定性的角度探讨数字工匠的培养问题，需要更为系统性和学理性的研究。

1.4　研究内容与方法

1.4.1　研究内容

在制造业快速发展的背景下，数字化转型已经成为提高生产效率、产品质量和企业竞争力的重要趋势。数字工匠作为制造业数字化转型过程中不可或缺的重要角色，需要具备相应的胜任力来适应这一变革。本研究旨在深入探讨制造业数字工匠培养问题，为相关理论研究和实践工作提供有效的借鉴和指导。围绕研究主题，确定的具体研究内容如下。

（1）理论基础分析。本部分基于我国制造业数字化转型这一重大的时代和产业发展背景，结合数字工匠培养涉及的多元主体，对数字化转型以及胜任力理论、系统论和协同论等进行概述，并分析相关背景和理论对本书的启示，为后续研究奠定坚实的理论基础。

（2）制造企业数字工匠胜任力概念结构与测量量表开发。本部分深入探讨制造企业数字工匠胜任力的概念结构，基于规范的心理测量学程序开发并检验数字工匠的测量量表。首先采用扎根理论方法，通过深度访谈、搜集网络素材、寻求公司内部资料等方式获取质性文本资料，对数据进行编码分析，提炼数字工匠胜任力的指标与范畴，构建并阐释数字工匠胜任力的概念结构。在此基础上，形成数字工匠胜任力的初始测量量表，通过问卷调查收集样本数据，对数据进行探索性因子分析和验证性因子分析等，检验并修订量表，最终形成能够科学评估数字工匠胜任力的测量工具。

（3）制造业数字工匠培养现状分析。本部分主要通过问卷调查，对数字工匠培养现状进行调研分析。首先，在确定调查的目的、对象及内容等的基础上，进行问卷设计与发放，并对回收的样本数据进行初步分析，了解调查对象的基本情况；其次，基于调研数据，对企业数字工匠的内外部培养状况以及政府部门的培养支持情况进行分析；最后，结合访谈调研结果，总结提炼出当前数字工匠培养中存在的主要问题。

（4）制造业数字工匠培养典型案例分析。本部分出于对案例典型性和研究可行性的考虑，选取江苏省内5家优秀的数字化转型制造企业，对其进行案例分析，挖掘这些企业在数字工匠培养方面的有益经验，为其他制造企业提供借鉴。首先在对企业基本情况进行概述的基础上，对各个企业在招聘、选拔、培训、技能评定、激励、绩效考核、职业生涯管理等方面的管理理念和实施举措进行分析。然后，对各个案例企业的数字工匠培养实践进行横向对比分析，总结出各个企业的共性和普遍性的规律，提炼出企业数字工匠培养的典型做法。

（5）国内外数字人才培养实践分析。本部分围绕国内和国外的数字人才培养实践进行分析。首先，对欧盟和美国等数字人才培养的基本情况、主要做法和特色优势进行分析，提炼国外在培养方面的先进经验；其次，以广东省、上海市、浙江省和江苏省等典型地区为例，总结国内数字人才培养的主要做法和特色优势；最后，提出数字人才培养启示。

（6）制造业数字工匠培养对策研究。本部分在前文理论与现状分析的基础上，遵循科学性与可操作性的原则，分别从加强企业数字工匠培养的顶层设计、优化企业数字工匠培养的人力资源管理机制、加快企业数字工匠培养的基础资源建设、推进企业数字工匠协同培养以及强化企业数字工匠培养的外部支持五个方面，提出了促进制造业数字工匠培养的有效对策。

1.4.2 研究方法

本研究主要探讨制造业数字工匠培养问题，在研究过程中，主要采取了以下研究方法。

（1）文献分析与理论分析法。为深入探索和解释制造业数字工匠胜任力及其培养的相关问题，首先，进行广泛的文献查询，对已有相关文献进行深入剖析，以了解现有研究的思路和观点，进而建立本研究的理论背景。其次，将胜任力理论、系统论和协同论等有关理论作为本研究的理论基础，为深刻理解和阐释数字工匠胜任力概念和培养机制提供指导。

（2）扎根理论研究法。主要针对企业高层管理者以及人力资源部经理、数字化转型相关部门管理者、优秀数字工匠等进行深度访谈，遵循程序化扎根理论对访谈资料进行编码分析，了解数字工匠胜任力的内涵，确定胜任力指标和范畴，构建胜任力概念结构。

（3）问卷调查法。通过实施问卷调查，收集相关数据，为开发制造业数字工匠胜任力测量量表、分析制造业数字工匠培养现状等提供可靠的数据支持，增强研究的科学性。其中，在开发数字工匠胜任力的量表过程中，采用信度和效度分析、探索性因子分析、验证性因子分析等定量方法，对通过问卷调查得到的数据进行分析。

（4）案例分析法。通过深入研究国内不同数字化转型制造企业的典型案例，来解释和探讨数字工匠培养问题，并基于对单一案例的数字工匠培养实践分析和多个案例的对比总结分析来探讨数字工匠培养机制，为其他制造企业探索完善数字工匠培养机制提供经验借鉴。

（5）政策研究法。对欧盟、美国等国外以及广东省、上海市、浙江省和江苏省等国内典型地区的数字人才培养政策措施进行总结和分析，为提出适合我国国情的制造业数字工匠培养对策提供重要参考。

1.5　研究思路与技术路线

1.5.1　研究思路

随着科技的不断进步，制造业正日益依赖于数字技术和智能系统以推动生产过程的创新和生产效率的提升。数字工匠作为关键的人才支撑，其培养问题已成为制造业数字化转型过程中面临的最为紧迫的挑战之一，需要进行深入研究并提出有针对性的解决方案。

为此，本研究围绕制造业数字工匠培养这一重要问题开展分析。首先，进行理论基础分析，梳理制造业数字化转型及其带来的影响，并就数字工匠胜任力及其多元主体的协同培养相关理论进行阐释，奠定全书的理论基础。其次，以数字工匠胜任力为切入点，探索其概念结构与测量量表，为数字工匠培养及其胜任力评估提供理论和工具支持。再次，通过问卷调查，深入分析当前数字工匠的培养状况，识别培养中存在的主要问题。然后，以若干优秀数字化转型制造企业为案例，对其在数字工匠培养方面的成功经验进行分析。同时，总结国内外数字人才培养的实践经验，提炼数字人才培养的启示，为提出制造业数字工匠培养对策提供有价值的参考。最后，系统性地提出面向制造业的数字工匠培养对策，以有效应对数字化转型带来的挑战，推动制造业的高质量发展。

1.5.2　技术路线

本书的技术路线如图 1 - 1 所示。

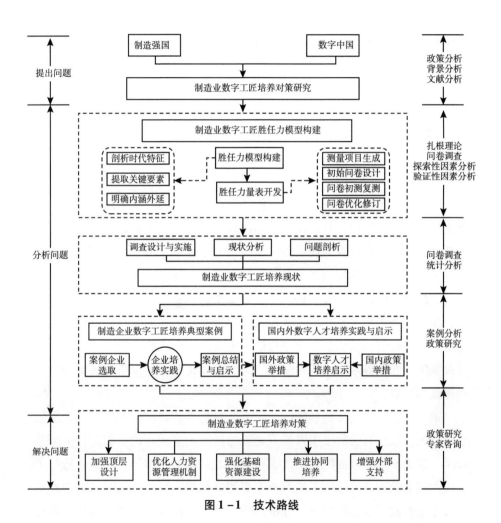

图 1 - 1　技术路线

1.6　研究的创新之处

第一，基于扎根理论建构数字工匠胜任力概念，并开发测量量表。现有极少数关于数字工匠胜任力的研究，侧重于定性描述数字工匠的技术技能要求，未从整体上建构数字工匠胜任力的概念，且缺乏测量量表，限制了相关领域理论研究的发展。本研究基于扎根理论，通过深入挖掘数字工匠胜任力的多维度结构，探讨了数字工匠所需具备的多个核心能力，构建了包括扎实工匠基础、良好数字素养、敏捷转型能力、持续发展能力4个维度的数字工匠胜任力概念结构模型。在此基础上，遵循规范的心理学测量程序，开发了具有较高可信度的数字工匠胜任力测量量表，在为数字工匠胜任力的综合评估提供有效工具的同时，也有助于推动相关领域实证研究的开展。

第二，基于现状调研和案例分析，以点面结合的方式实现对数字工匠培养状况的深入理解。目前仅有极个别研究关注数字工匠的培养现状，缺乏基于大样本问卷调查的现状调研和深入的企业个案分析，对于数字工匠培养中出现的问题及其原因仍有待更为明确的解答。本研究通过运用问卷调查和访谈相结合的方法，从多个方面系统调查制造业数字工匠的培养现状，深入揭示了数字工匠培养中存在的问题及成因。同时，借助典型制造企业的案例分析，从成功案例中总结了宝贵的实践经验和启示，有助于提高对数字工匠培养现状的认知深度，为改进和优化培养策略提供更为具体和深刻的见解。

第三，基于理论分析和国内外数字工匠培养实践经验，系统性地提出培养对策。以往有关数字工匠培养对策的研究大多从理论层面进行提炼和总结，缺乏充分且全面的现实依据和国际经验借鉴。本研究对企业进行了大规模问卷调查，并选取了优秀企业案例进行深入分析，同时对国内外数字人才培养政策举措进行总结分析，将国外成功经验与我国的具体实际相融合。基于以上多层次和多角度的调查与分析结果，提出了一系列具有系统性和可操作性的数字工匠培养对策，可以为深入推进我国制造业数字工匠培养工作提供有效的理论指导。

第 2 章　相关理论基础

制造企业数字工匠的培养，需要立足于我国制造业数字化转型这一重大的时代和产业发展背景，同时也需要以数字工匠的胜任力要求为基本依据。此外，制造企业数字工匠的培养，涉及企业自身、政府和职业院校等多元主体，需要以系统思维推动相关主体之间的协同。因此，本章主要阐述数字化转型以及胜任力理论、系统论和协同论等有关理论，并分析这些理论与本书研究之间的关系，为后续研究奠定坚实的理论基础。

2.1　数字化转型概述

2.1.1　数字经济

数字经济的术语最早由美国学者唐·泰普史考特（Don Tapscott）在1996年提出。目前，受到广泛认可的定义是"十四五"数字经济发展规划中提出的：数字经济是继农业经济、工业经济之后的主要经济形态，是以数据资源为关键要素，以现代信息网络为主要载体，以信息通信技术融合应用、全要素数字化转型为重要推动力，促进公平与效率更加统一的新经济形态①。

数字经济理论研究正处于高速发展时期，易宪容等（2019）和姜奇平（2020）对数字经济理论中的一些重要问题做了相关阐释；陈晓红等

———————
①　国务院关于印发"十四五"数字经济发展规划的通知［EB/OL］. 中国政府网，https：//www. gov. cn/zhengce/content/2022 – 01/12/content_5667817. htm.

（2022）构建了一个数字经济理论体系。纵观学术界的研究，大部分学者都探讨了数字经济的内涵和特征、数字经济赋能实体经济提质增效等方面的内容。

在内涵和特征方面，关注点由早期的数字技术的市场化应用逐步转移到数字技术经济功能的解读。陈晓红等（2022）认为，数字经济的内涵包含数字化信息、互联网平台、数字化技术、新型经济模式4个核心内容。谢康和肖静华（2022）认为，数字经济是以数据为关键生产要素，推动现有生产要素重新配置，引发生产方式和经济结构根本变革的一系列经济活动。此外，还有研究指出，数字经济呈现出信息化引领、开放化融合和泛在化普惠等特征（梅宏，2021）。

在赋能实体经济提质增效方面，数字经济与各行业融合，对实体经济具有赋能效应（王晓青，2023）。其中，就制造业而言，数字经济对制造业发展具有引领和带动作用（周正和王博，2023）。梁小甜和文宗瑜（2022）研究发现，数字产业化、产业数字化以及数字耦合度均能够促进制造业的高质量发展。焦勇（2020）研究指出，数字经济对制造业的影响逐步从价值重塑走向价值创造，深刻变革着制造业的基础理念和商业模式，为制造业转型发展提供了新的思路，并赋能制造业高质量发展。因此，应着力推动数字经济与制造业的深度融合（刘鑫鑫和惠宁，2021）。

2.1.2　数字化转型

数字化转型最早在2012年由国际商业机器公司（IBM）提出，强调了应用数字技术重塑客户价值主张和增强客户交互①。在我国，数字化转型的含义首次出现在2015年，《中国制造2025》指出加快推动新一代信息技术与制造技术融合发展，把智能制造作为两化深度融合的主攻方向②。2021年，《"十四五"数字经济发展规划》提出全面深化重点产业数字化

---

① 数字化转型百问｜Q1：数字化发展主要经历了哪几次概念变迁？［EB/OL］. 福建省人民政府国有资产监督管理委员会，http：//gzw.fujian.gov.cn/zwgk/gzdt/gzjg/jjyx/202109/t20210903_5681284.htm.

② 国务院关于印发《中国制造2025》的通知（国发〔2015〕28号）［EB/OL］. 中国政府网，https：//www.gov.cn/zhengce/content/2015-05/19/content_9784.htm.

转型，加快培育一批"专精特新"中小企业和制造业单项冠军企业。2022
年，《中小企业数字化转型指南》指出要增强企业转型能力，提升转型供
给水平，为企业数字化转型提供了一系列的政策支持①。随着政策的发展，
数字化转型已成为国家经济发展和现代化建设的核心战略之一。

关于数字化转型的内涵，现有研究中存在着多种视角的理解。（1）从
数字技术赋能的角度来看，数字化转型与其他的转型方式相比存在着更强
的科技关联性。瑞迪和雷纳茨（Reddy and Reinartz，2017）认为，数字化
转型是企业利用数字化技术提升企业生产效率并进行价值创造的过程；卡
伊等（Kai et al.，2017）认为，数字化转型是在组织环境下由于采用数字
技术而实现组织结构、工作方式、角色和业务方面的更改。（2）从商业模
式创新的角度来看，数字化转型与传统商业模式相比更具有技术创新性。
陈劲等（2019）认为，数字化转型（Digital transformation）是建立在数字
化转换（Digitization）、数字化升级（Digitalization）的基础上，进一步触
及了公司的核心业务，以新建一种商业模式为目标的高层次转型。南比桑
等（Nambisan et al.，2017）认为，数字化转型的实质是数字技术与公司治
理进行深度融合，促使其运营模式、管理机制等进行重塑，使企业向智能
化、高效化和精准化转变，最终实现企业管理范式发生颠覆式创新，生成
全新的商业模式，是一种由转换信息技术促成的转型。（3）从企业管理实
践的角度来看，数字化转型是企业顺应数字经济时代的发展趋势而做出的
战略选择（王才，2023）。曾德麟等（2021）认为，数字化转型是以数字
技术、数字产品和数字化平台为支撑，引发个人、组织等多个层面变革的
动态过程。综上可知，尽管学者们从不同视角给出的数字化转型定义侧重
点有所不同，但其核心内涵均是认为企业将数字技术应用到经营管理过程
中，促使传统商业模式向数字化商业模式转变。

数字化转型逐渐成为学术界关注的焦点，各行各业均开始了转型之
路，而制造业作为我国国民经济的支柱，其数字化转型是"中国制造"向
"中国创造"转变的重要发展机遇（董晓松等，2021）。然而，也有研究表
明，优势制造企业对数字化转型的战略响应"变与不变"现象并存，其数

---

① 《中小企业数字化转型指南》政策解读［EB/OL］. 中国政府网，https：//www.gov.cn/
zhengce/2022 - 11/09/content_5725643.htm.

字化转型呈现出高度离散的特征（黄键斌等，2023）。此外，实践中还存在许多企业因数字化转型"阵痛期"长而"不敢转"、因投入高而"不愿转"，以及因自身能力弱而"不会转"的现象（刘淑春等，2021）。

2.1.3 数字化转型对制造企业的影响

在制造业数字化转型领域，现有研究主要关注数字化转型对企业创新、内部治理、生产效率等方面的影响。因此，本书在梳理有关研究文献的基础上，从个人和组织两个不同层面出发，分析数字化转型对制造企业经营发展的重要影响。

1. 个人层面

制造企业数字化转型会带来工作场所变革，不仅会改变员工执行工作任务的方式，更会使能力要求、思维和心智模式等方面发生变化。对员工而言，数字化时代的机遇与挑战并存。

一方面，在制造企业数字化转型过程中，工作场所和业务流程逐渐呈现数字化的特征。这一变革不仅改善了员工的工作环境，还深刻地影响着他们的工作方式与态度。许多企业都有自己的办公系统，员工可以更加高效、安全地在授权范围内工作（李铁斌和曾维亮，2022）。在很多实施数字化转型的制造企业，过去高温高危的作业环境正逐步向着恒温安全的智能车间演变，如今员工只需要在中控室的屏幕上进行操作，就可以利用机械臂完成以前呆板重复的人工工作任务，从而极大地提升了员工的工作效率和效能。

另一方面，数字化转型也带来了新的挑战，员工需要提升能力以适应新的工作要求。在企业数字化转型的不同阶段，工作对员工的数字化能力要求呈现出一种倒"U"的形态。起初，在手工作业时期，生产线工人的数字技能要求相对较低。随后在企业数字化的转型阶段，企业开始应用生产信息化管理系统，例如，MES/DCS 项目是在车间执行层面的系统，通过制造数据管理、生产调度管理、底层数据分析反馈等对整个车间的制造过程进行流程优化（刘淑春等，2021），在该过程中，员工需要具备更高的数字技能以配合大量底层数据的采集，进而使高层管理者或专业的数字化变革部门可以进行进一步的数据分析和编程。随着企业数字化程度的日益提高，最终实现了"灯塔工厂"等自动化生产的智能车间，这种标准化的作业流程反而降低了对生产线工人的要求。然而，当前我国大部分制造企业正处于数字化转型的发展阶段，员工需要不断升级自身能力以适应企业的数字化规划和布局。以流程规范化为例，生产线工人的能力要求从过去手工作业阶段的"熟悉生产工艺"变成了"懂基础编程，会设置轨迹参数"。虽然这能够带来管理效率的提升，但对于员工个体而言，其工作量和学习压力反而会有所增加。

此外，数字化转型会使员工对工作体验和人际关系的整体感知发生变化（Meske and Junglas，2021）。刘军等（2021）认为，组织内部准备度是实现转型的重要因素，需要引领组织内部员工做好转型准备与适应，以实现内部角色与组织的同步转型。只有积极适应甚至主动接受工作方式的变革，员工才能够实现思维方式和心智模式的转变。在新的工作范式下，员工的积极适应与变革准备度成为关键，将影响着数字化转型在企业中的推进速度和成果实现。有研究表明，具备较高的心理资本并且感受到管理者支持和尊重的员工，更乐意接受变革并能进行充分的变革准备，从而也更易产生变革支持行为（王雁飞等，2016；Kirrane et al.，2016；Giauque，2015）。

2. 组织层面

数字化转型在提升生产和运营效率（Zeng and Lei，2021）、调整组织管理模式（戚聿东和肖旭，2020）、增加组织授权行为、实现可持续发展目标（Pan and Zhang，2020）等方面都发挥了积极作用，主要体现在以下两个方面。

第一，企业生产和运营效率提升。米萨斯等（Mithas et al.，2012）认为，采纳信息技术和数字技术可以让企业降本增效，数字化不仅让企业减少运营、管理成本等，而且可以帮助企业树立新的价值主张，获取新的营销渠道，促进客户生命周期管理。传统制造业企业在数字化转型后，实现了数据在不同部门、不同企业间的快速传播，数字化系统可以自动收集实时数据来优化生产流程、排产计划、销售计划等（王才，2023）。

第二，组织管理模式更灵活。数字化技术的应用使得组织管理模式趋于扁平化、网络化（戚聿东和肖旭，2020）。这意味着企业可以借助数字技术，根据目标任务需要，在部门间重构网络型、矩阵制等更加灵活的组织管理模式直至任务结束。并且，在招聘、培训、绩效管理等人力资源方面的活动也有一套完整的数字化管理系统（王才，2023）。从系统的数字化程度来说，组织通过引入精通数字化的领导者、采用 IT 基础设施、多云环境、数字化工具等关键数字技术（Verhoef et al.，2017）、培养组织成员数字化能力、制定新的组织架构等多样化手段，最终实现数字化转型。从系统提供的管理方式来说，各企业为了实现数字化转型和数智化管理，普遍增加了数字化部门，负责自动化实施和信息化调试。阿朵里诺等（Ardolino et al.，2018）认为，数据分析及预测可以帮助企业从基础数据中提取知识并开发高级服务，这不仅优化了人力资本结构，而且提高了专业化分工水平（袁淳等，2021），从而促进了组织授权、合作等行为的增多（余艳等，2023）。吴瑶等（2022）认为，数字化技术能够削弱跨组织异质性资源的不匹配以及强化跨组织异质性资源的互补与融合，从而实现组织间"和而不同"。总之，制造企业的数字化转型，形成了更为灵活的组织管理模式和一套完整的数字化管理系统，有助于项目的推进和落地，但在该过程中需要各部门员工的合作和资源的互补，跨部门协作成为了制造企业的常态。

2.1.4 制造企业数字化转型与人力资源管理

如今制造企业面临数字化转型的有利时机，人力资源管理正经历着一场深刻的技术变革，云计算、大数据和人才分析等技术为人力资源管理打开了新的局面（温跃杰等，2023）。与此同时，这种技术变革也引发了各种人力资源管理问题的涌现。在制造企业数字化转型过程中，关注员工的心理变化和有效的沟通协作显得尤为重要。同时，培养精通数字技术、具备工匠精神和掌握生产工艺的数字工匠，也成为制造企业成功转型的关键要素。制造企业只有综合考虑这些因素，才能在数字经济的浪潮中保持竞争力。

1. 关注员工的心理变化

在企业数字化转型进程中，组织往往忽略了"人"的关键角色，并且对员工的心理变化缺乏足够的关注。

尽管"以人为中心"是企业数字化转型的底层逻辑和发展基石，然而在数字经济大潮中，员工作为微观个体所扮演的重要角色却经常被忽视（张楔楔和郝兴霖，2022）。梅斯克和容拉斯（Meske and Junglas，2021）认为，员工会产生数字化转型抗拒是源于员工对数字化工作场所的整体感知。有研究发现，存在"高压环境—资源紧缺""控制剥夺—思维偏激"等 4 种组态，会引发高数字化转型抗拒，而数字技能要求与控制感剥夺在相关组态中呈互补关系（张楔楔和郝兴霖，2022）。虽然目前学界聚焦于数字化转型抗拒的研究还较为少见，但已有学者从隐私监控和精神压力（Yassaee and Mettler，2019）等组织层面以及数字素养（Cetindamar et al.，2021）和资源能力（Gfrerer et al.，2021）等个体层面出发，探讨了员工数字化转型接受度的影响因素。

因此，制造企业在数字化转型过程中，应及时关注"机器换人"等言论对于员工个体的心理影响，避免员工因技术冲击感知而出现工作倦怠、情绪耗竭等负面效应，防止这种情况对企业的数字化转型进程产生阻碍。

2. 实施有效的沟通协作

在制造企业数字化转型项目的推进过程中，团队协作显得至关重要。然而，在实践中，不同部门员工的胜任力水平可能存在差异，导致部门之间的沟通容易出现认知偏差。

在企业的不同部门中，由于岗位要求不同，员工的素质能力也存在差异，容易出现沟通协作的低效率问题。一方面，作为制造业之根的生产部门，管理者及一线工人大多学历层次较低，缺乏对数字化的深刻理解，难以厘清数字工具的编程逻辑，可能会导致生产部提出的自动化、信息化需求或系统优化建议，在技术部门看来难以落地，并且需求调研与项目实施过程中会出现经常性的需求变更，影响整体数字化转型相关项目的实施进度。另一方面，主要负责数字化转型的技术部门，其人员学历及素质要求较高，大多数为本科及以上的计算机、自动化等相关专业的高才生，但他们往往缺乏"跟产线、下车间"的工作经验。技术部门对生产流程和生产工艺不熟悉，导致双方在跨部门协作、共同推进数字化项目的过程中易出现理解偏差。例如，在系统外包时，技术部门作为甲方项目经理的角色，负责协调、汇总公司内的业务部门需求，并与乙方的供应商进行对接。在该过程中，出现需求不明确或变更需求的情况十分频繁，技术部门需要懂生产工艺才能将需求转述完整无误，并及时跟进项目进度，与生产部门进行合理沟通及时调整需求，避免出现生产部门认为没有达到预期效果、不同意验收项目成果等情况。

因此，数字化项目团队需要厘清任务边界，正确认识部门之间的胜任力差异问题并组织公司内部培训，有针对性地提高生产部门员工的数字技术认知水平以及技术部门员工的生产工艺熟悉程度，以促成双方的有效沟通，实现数字化转型项目的顺利推进。

3. 加强数字工匠培养

自动化生产线是现代工业的生命线。当前，不少制造企业的人才梯队建设出现断档，尤其是复合型人才的缺口日益明显。在这种情况下，培养精通数字技术、具备工匠精神和掌握生产工艺的数字工匠成为一项紧迫任务。

当前，制造企业普遍面临员工老龄化严重的挑战，许多年长员工易出现心理退休行为，已提前进入等待退休或"养老"状态（杨廷钫等，2023），且对于数字化技术的接受能力和学习意愿较弱，导致大部分年长员工的素质很难达到企业数字化转型的要求。其中，具有"工匠精神"的高级技能型人才更为稀少，已成为制约我国打造制造业强国的瓶颈（徐耀强，2017）。因此，制造企业急需引入新鲜血液，特别是一批对数字技术适应力更强的年轻人。然而，现实与理想往往相悖。"招人难"的问题在玩转数字技术的年轻人身上也表现得更为显著，灵活的就业环境给新生代员工提供了多种职业选择，与其他工作时间自由、工作环境较好、社会地位较高的互联网行业或零工行业相比，制造业对年轻人的吸引力在逐年下降。王星（2021）认为，我国大量的技术工人想要摆脱技术岗位的重要原因之一，就是工匠及其技能没有得到充分的认可，技能无法转化为"应有的社会地位"。

因此，制造企业亟待解决人才梯队建设中的断档问题。一方面，需要洗脱制造业员工的"职业污名"，吸引更多人来制造行业（朱永跃等，2023）。另一方面，对于在岗员工的培养制度应更加规范化，增强员工的工作幸福感和工作意义感。同时，将员工向复合型人才、数字工匠的路径上培养，在数字技术与制造业加速融合的时代，以"一人多能"满足制造企业对兼具数字信息技术和制造业专业知识的复合型人才的需求（安家骥等，2022）。

2.2　胜任力理论

2.2.1　胜任力的概念

当前，数字工匠的培养与我国制造业发展实践还存在一定的差距。为培养更多具有复合能力的数字工匠，首先需要了解数字工匠的特点以及成为数字工匠所需具备的条件，这就涉及一个重要而又基础的概念——胜任力，下面进行简要回顾和分析。

哈佛大学心理学家麦克利兰（McClelland，1973）首次提出了"胜任力"这一概念，认为胜任力是知识、能力、特质或动机，与工作的表现或人生的成就有直接关系。他运用大量的研究结果说明传统人才测评来判断个人能力的不合理性，强调要回归现实，在特定岗位和工作环境中直接发掘那些能真正影响工作业绩的个人条件和行为特征。

目前，胜任力的定义大致可以分为三类：特征观、行为观和综合观（林天伦和陈思，2012）。其中，持有特征观的学者博亚特兹（Boyatzis，1982）和斯宾塞（Spencr，1993）将胜任力定义为个体的潜在特征，包括但不限于知识、技能、能力以及价值观、个性、动机等。还有相关研究总结指出，特征观的学者经常把胜任力写作"Competence"。"Competence"是指个体履行工作职责和取得绩效的能力，囊括了与优异绩效有关的个体特质、技能、知识和动机等，并将这些看作是个体的输入（仲理峰和时勘，2003）。而持行为观的学者将胜任力看作是与个体相关的行为，是个体履行工作职责时的行为表现，更多地考虑与优异绩效关系的行为特征（Barrett and Depinet，1991）。这种行为可使人们了解、适应新的环境要求，甚至对环境加以改变以更好地适应不同利益的需要（仲理峰和时勘，2003）。也有学者认为以上两种观点是相互补充的，任何一种界定都是不完全的，需要用综合的眼光将两种观点结合起来共同考虑。如，"Competency"和"Competence"这两个词的使用界定上也不再明晰，而是日趋统一（Hyland，1994）。莱德福特（Ledford，1995）认为，胜任力是个人可验证的特质，包括可能产生绩效所具备的知识、技能与行为。国内学者陈万思（2005）基于递进式的纵向职业生涯发展，提出了发展性胜任力的新概念，并将其界定为特质、动机、自我概念、社会角色、态度、价值观、知识、技能等有助于特定职位的高绩效者向上发展为更高层级职位的高绩效者所必需的发展条件。宋培林（2011）将胜任力定义为具有优秀业绩的人的知识、技能、能力和品质的综合。李玲（2020）认为，胜任力是工作过程中所呈现出来的动机、行为、知识等要素。

综上所述，虽然各个学者对胜任力的理解，因研究背景、研究对象、研究目的和研究视角等方面的差异而不尽相同，但都与特定岗位和工作绩效紧密相关且能够区分绩效优异者和绩效普通者。

2.2.2 胜任力模型

胜任力模型，又称为胜任特征模型，是指达成某一绩效目标的一系列不同胜任力要素的组合，是一个胜任力结构（李明斐和卢小君，2004）。综合已有的相关研究成果，经典的胜任力模型主要包括"冰山模型""洋葱模型""树状模型""金字塔模型"4 种类型。

1. 冰山模型

冰山模型理论最早由麦克利兰（McClelland）于 1973 年提出，后来经过研究人员大量的长期实践，对模型进行持续优化和深度应用，最终演化成了"冰山模型"，如图 2-1 所示。该模型认为胜任一项工作的特征都可以用一座漂浮于水中的冰山来描述，一部分是浮在水面上可以被看见的部分，称为"显性素质"，包含技能和知识，这部分能力可以通过后天的努力来习得，也容易被测量和评价。还有一部分则隐藏于水面下，不在人们的视野中，被称为"隐性素质"，包含动机、特质、自我概念和社会角色，这四大因素难以测量也不容易受到外界的干扰和影响，是一个人的内在素质（McClelland，1998）。冰山模型逐渐成为人员素质测评的重要依据，为胜任力模型的发展提供了科学前提。

2. 洋葱模型

1982 年，美国学者博亚特兹（Boyatzis）在麦克利兰（McClelland）的胜任力素质理论基础上进行了深入和广泛的研究，提出了"洋葱模型"。如图 2-2 所示，该模型的形状像一个层层包裹着的洋葱，最内核的部分为特质和动机，然后向外逐渐发展为自我概念、社会角色、知识和技能，外层的因素更加容易被发现和量化，而越往里层的胜任力因素越不容易被衡量，也不容易通过后天习得（Boyatzis，1982）。从本质上来看，洋葱模型和冰山模型是一致的，均是强调核心素质或基本素质。但具体而言，洋葱模型更加突出隐性素质与显性素质之间的层次关系，比冰山模型更能说明不同素质之间的逻辑关联。

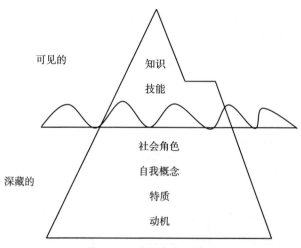

图 2 – 1　胜任力冰山模型

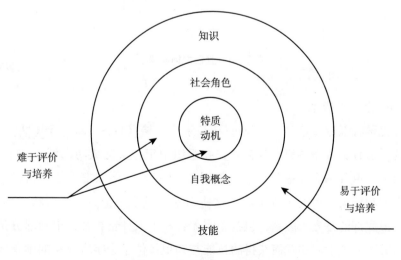

图 2 – 2　胜任力洋葱模型

3. 树状模型

树状模型最早是由芬威克（Fenwick，1994）在解决数据累积频率中提出的一种方法，其核心思想是模型中的每一个素质特征都是原数组中的一个或多个素质特征的总和。他结合胜任素质结构理论建立的胜任素质"树状模型"，如图 2 - 3 所示。该模型将胜任素质以树状结构逐一进行细分，首先用二分法将胜任力分为先天胜任力和后天胜任力，而后天胜任力又可逐步进行细分（何卫红和章煜，2018）。不同于冰山模型和洋葱模型重视对胜任素质的观察识别，树状模型更加强调胜任素质的后天改变和培养，因此也更具有现实意义。

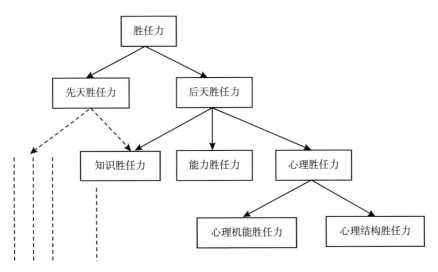

图 2 - 3　胜任力树状模型

4. 金字塔模型

美国管理专家露西亚（Lucia）和莱普辛格（Lepsinger）于 1999 年出版的《胜任力模型的科学与艺术：在组织中定位关键成功因素》一书中，提出了"胜任力金字塔"模型，如图 2 - 4 所示。他们把胜任力因素分为先天的和后天获得的两种类型，这些因素形成了一个金字塔形状。其中，位于最底部的是先天因素，包括聪明才智和个人性格特征；中间部分是通过后天不断地学习实践而获得的技能与知识；位于金字塔顶端的则是所有胜任素质特征集合而成的个人外在行为表现（Lucia and Lepsinger，1999）。

总体而言，金字塔模型以胜任素质的因果关系为出发点，包括了与生俱来的天赋素质和后天培养形成的出色素质两大模块。

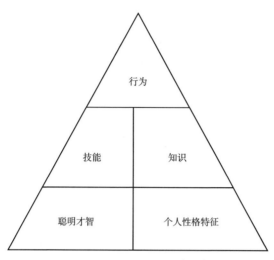

图 2 – 4　胜任力金字塔模型

5. 胜任力模型的应用

胜任力相关模型被广泛应用于人才素质模型构建研究中。其中，以冰山模型应用最为广泛。邹凯等（2021）借鉴素质冰山模型理论并结合研究实际，选取知识、技能、特质以及态度和价值观 4 大维度作为研究的基础和前提，构建了大数据背景下高校信息管理类人才胜任力素质模型；王辉和邓莹（2023）基于素质冰山模型理论，构建了包含知识、能力、职业品格、个性特质 4 个一级维度，学科专业知识、交叉学科知识、职业核心能力、职业拓展能力、职业责任、职业认同、自我特性和人际特征 8 个二级维度，以及 28 项三级指标的新时代高校青年教师职业胜任力素质模型。还有研究者将冰山模型与双螺旋模型相结合，构建了医疗护理员培训师的胜任力评价指标体系（张志远等，2023）。此外，洋葱模型也有不少应用。杨紫晗等（2022）以洋葱模型为理论依据，对国内外有关本科护理专业教师课程人文胜任力的文献进行内容分析，从中提取出本科护理专业教师课程人文胜任力的元素，为构建本科护理专业教师课程人文胜任力评价指标体系提供参考。当前，国内外关于胜任力模型的应用主要集中于冰山模型和洋葱模型，而胜任力的树状模型和金字塔模型的相关应用研究则相对来说比较匮乏。

综合现有研究发现，胜任力模型的应用涉及高校教师、辅导员、医务人员、企业管理者、科研人员等多种职业人员的专业素质测评。其中，冰山模型和洋葱模型由于具有一般性和普适性的特点，应用范围比较广。

2.2.3　胜任力模型的构建方法

采用何种方法构建胜任力模型，以保证模型的科学性和有效性是一个重要的问题。纵观目前国内外胜任力模型在构建中使用的方法和技术，通常包括诸如行为事件访谈法、问卷调查法、职位分析法、情景判断测验法、德尔菲法以及专家小组讨论法等方法。

1. 行为事件访谈法

行为事件访谈法由麦克利兰（McClelland）提出，是构建胜任力模型使用最频繁的一种方法。它让被访者列出在工作中遇到的关键事件，包括成功事件、不成功事件或负面事件各 3 项，并对事件进行详尽描述（冯明和尹明鑫，2007），研究者则根据记录的谈话内容提炼出各项胜任要素。由于行为事件访谈法的数据来源于对访谈对象真实行为开放式的回顾访谈，因此获得的信息会更加真实有效，据此构建的模型与实际需求的契合度更高，但运用该方法需要满足对访谈对象的数量和"质量"这两个方面的要求，因此在实践中会存在一定的局限（李永瑞等，2014）。

2. 问卷调查法

问卷调查法是一种将要调查的内容以问题的形式提出，设计成问卷，然后让调查对象来回答，借此来收集研究所需材料的方法（周国韬，1990）。通常采用量表的方式进行测定，也可以使用提问的方式，请受试者自由地进行书面问答（贾建锋等，2009）。从现实情况来看，问卷调查法的使用，大大提高了研究的效率，它以简单的形式在短时间内收集到大量的信息，可以很好地进行定量分析。然而，由于问卷发放的随机性较强，且存在很多不可控的因素，因此问卷的有效回收率和填写的质量会受到一定的影响。

3. 职位分析法

基于胜任力的职位分析是以胜任力为基本框架，以人员为导向，通过综合员工的关键特征以及组织环境，来确定岗位的胜任要求和组织的核心能力（章凯和肖莹，2004）。因此，针对某一具体的任务与职位，推演出与之相对应的胜任特征，已成为胜任力建模中经常采用的一种方法，也就是职位分析法（贾建锋等，2009）。由于职位分析法重点关注的是工作职能本身而不是工作中的个人特点，因此可以深入分析工作特征和具体的岗位要求，但该方法聚焦于个体能力，对情景因素和团队合作所产生的结果关注很少（靳瑾等，2017）。

4. 情景判断测验法

胜任特征与工作职位紧密相关，对胜任素质的评价和测量离不开具体的工作情景。情景判断测验法就是设置一个社会实际工作或生活中的问题情景，并向被试者提供几个解决这一情景条件下具体问题可能产生的行为反应，令被试者进行判断、评价和选择（漆书青和戴海琦，2003），研究者则根据被试表现来推断他们的胜任能力水平。理论上而言，情景判断测验法描述出了多种可能发生的情况或情景，能有效处理环境不确定性问题，为决策提供了科学依据（于红霞等，2006）。然而，由于情景构建的人为特征，难以避免会出现情景和选项的设计可能存在主观偏见或者与实际工作不完全吻合的情况，而且不同候选人之间的个体差异也容易被忽略。

5. 德尔菲法

德尔菲法又称为专家调查法，其本质上是一种反馈匿名函询法（张新文和詹国辉，2017）。由于使用该方法时，所有参与的专家互不见面，经过几轮的意见交流反馈，直至最终达成一致意见，因此各专家能够在不受干扰的情况下独立、充分地表达自己的意见，避免在会议讨论时产生的附和权威意见的弊端（靳瑾等，2017）。但通常而言，德尔菲法需要经过多轮次调查专家对所提问题的看法，过程比较复杂，花费时间较长，相应的成本也较高。

6. 专家小组讨论法

专家小组讨论法是由来自相关领域的权威专家组成专家小组，基于对所有胜任特征项目的认真分析和比较，由专家小组通过几轮删除或合并后获得胜任特征模型的一种方法（贾建锋等，2009）。由于参与讨论的专家拥有相关领域的专业知识，因而采用该方法能够在短时间内获得大量的有效信息且准确性高。但由于该方法的使用主要依赖于专家，专家自身的经验限制会产生一定的偏差，而且专家的资源数量有限，很难组织集中讨论（周翠霞等，2008）。

以上列举的六种常用的胜任力模型构建方法，各不相同，都有其可取之处。但客观地说，每种方法都有其各自的优缺点及适用条件，很难依靠单一的方法来建立胜任力模型。所以，对于胜任力模型构建方法，有时可以选其一，也可以将几种方法结合起来使用。

2.3 系统论与协同论

2.3.1 系统论

系统论是研究系统的一般模式、结构和规律的一门学问，它是以系统的各个影响因素为研究对象，研究整体与各个影响因素之间的相互作用、相互联系和相互依赖关系，探索和揭示系统发展的一般趋势的一门科学（刘耀文，2013）。

系统论的起源可以追溯到 20 世纪初，但其正式形成和发展则始于 20 世纪中叶。奥地利生物学家路冯·贝塔朗菲（von Bertalanffy）是系统论的主要奠基人之一。在 20 世纪 20 年代，贝塔朗菲开始质疑生物学的研究方法和理论。他主张将有机体视为一个整体系统来进行研究，从而赋予生物学作为一门科学更高的自主性（von Bertalanffy and Richards，1953），而过去的生物学研究一般侧重于分析系统的单个组成部分，认为生物机体只是被动的刺激—反应的产物。然而，贝塔朗菲认为机械论不能解决生物学中的理论问题，也无法解决由现代科学技术提出的实践问题（Drack，2009）。1937 年，贝塔朗菲在芝加哥大学举办的一次研讨会上首次提出了一般系统理论（Hammond，2019）。他认为世界是一个有组织的、由实体构成的递阶秩序，并在许多层次上从物理、化学系统引向生物、社会系统。因此，我们不能简单地把分割的部分行为拼凑成一个整体，而是必须要考虑各个部分与整个系统之间的关系，这样才能真正地了解各部分的行为和整体的运作，这为一般系统论的形成奠定了理论基础。1945 年，他向《德意志哲学时代》投稿了一篇名为《走向一般系统》（*Toward a general systemology*）的论文，提出了一般系统论的使命，旨在建立对各种系统均适用的通用性原则，并总结概括了系统的普遍特性。然而，由于该杂志在第二次世界大战结束时被中断出版，导致这篇文章没有得到发表（Pouvreau，2014）。此后，直到 1948 年，在奥地利的一次研讨会上，贝塔朗菲再次展示了他的"一般系统理论"，这才引起了学术界的重视（Hammond，2019）。1954 年，贝塔朗菲创建了一般系统理论研究学会（后于 1988 年更名为国际系统科学学会）。他在建立该学会过程中开展的合作，激发了他对跨学科研究的持续热忱，深入探索复杂系统的本质，以寻求解决人类面临的时代挑战，这一过程进一步促进了一般系统论研究的发展（Hammond，2019）。在 20 世纪 40 ~ 50 年代，系统论逐渐发展成形，同时渗透到了一般系统理论中，成为该理论的重要组成部分。随着现代科学技术的进步以及人类认识能力的提高，人们开始对一些复杂问题进行分析与研究，从而出现了系统论这一新兴学科。自 1950 年起，系统论逐步在社会科学、通信工程、管理学等多个学科领域得到了广泛应用，进而形成了一种跨学科的综合性理论和方法。1968 年，贝塔朗菲通过对各领域中的系统思想和应用方法的综合梳理，出版了著作《一般系统论：基础、发展与应用》，该著作归纳了一般系统论的思想和相关概念框架，被广泛认为是该领域的奠基之作（齐磊磊，2012）。

实际上，系统思想的渊源并不仅限于人类的生产实践，它早已在古代中国和希腊的哲学思想中得到了充分体现。早在春秋战国时期，系统思想就已开始萌芽，并逐渐形成了完整体系。而在古希腊语中，"系统"一词指的是由若干部分所构成的整体，也就是指整个系统。从某种意义上讲，系统思想也可以视为一种方法论，即将事物或问题作为一个有机的大系统来进行研究和处理。在我国，被誉为"兵圣"的孙子是历史上最早将系统思想应用于实践的先驱者之一。他将事物视为一个有机联系的复杂系统，并提出了一系列关于系统问题的精辟论述，为后人提供了研究系统问题的典范范例。他撰写的《孙子兵法》共有 13 篇，是国内外公认的"世界古代第一兵书"，同时也是一部运用系统论思维的经典杰作（周大雄，2009）。

系统论在我国的高等教育、企业管理、哲学以及审计等诸多领域得到了广泛应用，各个领域逐渐采用系统论的视角来分析和研究问题。蒲清平和黄媛媛（2023）以系统性思维为指导，秉持整体性、协同性、开放性和适应性原则，探索构建了新的"大思政课"建设格局。叶钦华等（2022）将会计视作一个信息系统，从系统中划分5个维度来对财务舞弊进行识别，构建了财务舞弊的识别框架。黄冠迪（2022）综合了多门系统科学理论，提出并归纳了系统科学哲学的基本体系，包括系统论基础原理和基本规律。王永海（2021）基于系统论和过程理论，运用结构功能分析方法对党领导下的国家治理体系与治理过程中的国家审计进行了研究。由此可以认为，系统理论作为一种跨学科的综合理论，能够为包括数字工匠培养在内的很多领域的研究与实践提供新的视角和思路，具有较好的普适性和广泛的应用价值。

2.3.2　协同论

协同论即协同学理论，又称为"协同学"，其产生和发展源于对系统性问题的研究和探索，是自20世纪60年代以来在多学科研究基础上逐渐形成和发展起来的一门新兴学科。它作为系统科学的重要分支理论，关注系统的"自我建构"（祖强等，2022），主要研究大范围复杂系统的一般规律或一般原理，强调大范围复杂系统各要素之间的发展不平衡，从而必然导致复杂系统各要素之间出现竞争和协同行为（哈肯，1984）。

从20世纪60年代开始，战略管理的奠基人伊戈尔·安索夫在其出版的《战略管理》和《公司战略》中，首次指出经验战略的四要素中存在协同作用，引入了协同概念进入战略管理的领域（安索夫，2015）。20世纪70年代初，德国著名的物理学家哈肯（Haken）开始研究协同学，其理念于1971年首次被提出，1977年哈肯教授出版的专著《协同学》标志着协同学作为一个学科正式创立。随着研究的进一步深入，20世纪80年代，迈克尔·波特提出了价值链的概念，为协同学的研究带来了新的突破。他指出，企业可以通过内部之间的价值关联获得更大的竞争优势。日本战略专家伊丹敬之（Hiroyuki Itami）在1987年从公司内部因素和外部环境的角度进一步补充并完善了安索夫的协同理论，他提出协同应该包括互补效应和协同效用两个方面（吴华明和林峰，2013）。协同学理论自提出以来，一直在不断演化和发展，其理论内涵得到了逐步深化和丰富，理论价值逐渐显现，因而被研究者们广泛吸收，并从自然科学扩展到社会学、管理学、经济学、高等教育等学科领域，催生出新的发展趋势。

20 世纪 80 年代，国内学者对协同学理论的研究主要以王雨田（1986）在其著作《控制论信息论系统科学与哲学》中详细介绍的协同学理论为开端。20 世纪 90 年代以后，国内相关研究不断增多，研究内容主要包括企业文化协同、供应链协同和技术创新协同等方面。陈春花等（2020）对企业文化协同的分层路径进行了探索，构建了文化协同的三重影响路径的概念框架；梅强等（2023）针对低碳经济时代，采用多案例研究方法剖析了中小制造企业绿色供应链协同创新模式的影响因素和运作机制，并构建了相关理论模型；李庆奎等（2023）研究了产品与供应链协同演进系统的变更设计。

近年来，协同学的研究领域不断扩大，无论是涉及民生的社会问题还是高校教育领域都应用颇多，尤其在教育学领域运用最多，如高校的专业设施建设（祖强等，2022）、人才培养（苗俊玲等，2022）、职业教育（任慧婷，2023）等方面。王军和张湘富（2019）的研究表明，工匠精神培育是"大国工匠"培养的重要组成部分，职业院校与企业应从协同学的角度研究工匠精神的培育，形成"专业导师、企业导师、专职导师、学生助导"四导制与"校企协同育人平台、应用技术研发平台、名师工作室平台、国家创客空间平台、技能竞赛体系平台"五平台协同的工匠精神培育新模式，推动制造强国建设，促进经济和社会的发展。林平和李运庆（2023）基于协同理论构建了"五化"协同育人的机制，其中五种文化包括中华优秀传统文化、革命文化、社会主义先进文化、行业文化和校园文化资源，有助于人才培育效果的提高。总体来看，我国协同理论已经被应用于各个领域之中，并进行了相应的适应性研究。

2.4　对本书的启示

以上对数字化转型以及胜任力理论、系统论、协同论等有关理论进行了较为详细的介绍，这些理论知识对本书探讨制造企业数字工匠培养具有重要的指导和应用价值，下面进行具体分析。

1. 数字化转型与数字工匠培养

数字经济作为基于数字技术和信息网络发展的一种新型经济形态，对经济和社会发展带来了广泛、深刻的影响。对制造业而言，数字经济的直接体现就是数字化转型，这也是很多制造企业正在发生的一场深刻变革，涉及企业的战略、组织、制度、人员等多个方面。在此过程中，企业需要自上而下制定并实施数字化转型战略，通过对组织架构、管理制度的调整甚至重构以及人员的招募、优化配置，实现对数字化转型战略的有力支撑。人力资源是企业最为核心的战略资源。从本质上而言，制造企业的数字化转型是人的转型，关键在于打造一支与数字化转型相适应的人才队伍，主要包括技术人才、经营管理人才和技能人才三类，其中融数字技术与操作技能于一身的数字工匠显得尤为重要。为此，制造企业应当高度重视数字工匠培养体系的建设工作，在引进高层次数字人才的同时，应当大力加强具有一定数字素养的技能人才的引进以及在岗技能人才的数字化培养工作，并有效促进数字技术人才和数字技能人才这两类人才的沟通与融合，为数字化生产线的平稳、高效运行提供可靠的人才保障。

2. 胜任力与数字工匠培养

由胜任力的定义可知，尽管不同学者对胜任力的理解存在一定的差异，但普遍认为胜任力与特定岗位和工作绩效紧密相关，且能有效区分不同绩效水平的员工。由此看来，胜任力是一个具有特定情境性和针对性的概念。同时，以上介绍的几种经典的胜任力模型，具有一般性和参考价值。因此，就本书而言，在分析数字工匠胜任力的内涵并构建数字工匠胜任力模型时，可借鉴经典的胜任力相关研究成果，并需要充分考虑新时代制造企业数字化转型这一重大的时代与产业发展背景以及数字工匠的具体工作情境，以增强研究成果的现实针对性和应用价值。此外，以上列举的几种常用的胜任力模型构建方法，均具有较高的应用价值，在实践中得到了广泛的应用。但客观地说，每种方法都并非"万能"，均有其特定的适用条件，只有使用得当才能发挥其积极作用。因此，在构建数字工匠胜任力模型时，需要根据实际情况综合加以判定和选用，并对使用过程进行严格规范，以提高数字工匠胜任力模型的科学性和现实匹配性。

3. 系统论、协同论与数字工匠培养

从理论层面来看，系统理论和协同学理论多年来的理论发展有助于丰富我们对系统协同关系、系统协同演化、系统结构及演化规律（胡艺龄等，2022）等方面的认识，为本研究提供较好的理论指导。从实践层面来看，当下的产业数字化、数字产业化趋势对制造企业数字化技能人才的培养提出了更高要求，数字工匠的培养作为一项需要多主体参与的系统工程，涉及复杂的主体间协同问题，需要以系统思维进行谋划和思考。

（1）数字工匠培养的系统分析。

从实践层面来看，数字工匠培养是一个涉及政府、院校和企业等多元主体的复杂系统。首先，政府是数字工匠培养的规划者、引领者和支持者。2022 年 10 月，中共中央办公厅、国务院办公厅印发的《关于加强新时代高技能人才队伍建设的意见》对加大急需紧缺高技能人才培养力度提出了明确举措，例如建立一批数字技能人才培养试验区，打造一批数字素养与技能提升培训基地，举办全民数字素养与技能提升活动等①，能够为数字化高技能人才的规模化培养创造良好的平台和环境，为深化"数字工匠"培养奠定坚实基础。

其次，院校是数字工匠培养的重要阵地。职业院校和应用型本科院校培养的技能人才是制造企业生产工人招聘的主要来源，也是企业培养数字工匠的基础性人才。当前，随着数字技术和数字经济的快速发展，我国职业院校和应用型本科院校正以"现代学徒制"为核心推进人才培养的数字化转型，以满足企业数字化转型发展的人才需求。

最后，企业是数字工匠培养的核心主体。在数字经济背景下，企业的数字化转型发展对生产工人的数字素养提出了新的更高要求，培养一支高素质的数字工匠队伍已成为企业人才发展的重要战略目标。目前，我国很多制造企业正在加快推动生产工人的数字化转型，着力培养兼具专业技能、数字素养和工匠精神的数字工匠，以保障企业数字化转型战略的顺利实施。

---

① 中共中央办公厅 国务院办公厅印发《关于加强新时代高技能人才队伍建设的意见》［EB/OL］．中国政府网，https://www.gov.cn/zhengce/2022 – 10/07/content_5716030.htm.

（2）数字工匠培养的协同分析。

在数字工匠培养系统中，院校、企业和政府等几个主体并不是孤立的，而是一个互为影响、相互作用的整体。因此，数字工匠培养系统的持续、高效运行，离不开院校、企业和政府等主体之间以及各主体内部要素之间的协同合作。

在主体间的协同合作方面，要加强院校、企业和政府等主体在人才培养全过程的密切配合。从社会宏观层面来看，"数字工匠"的培养过程大致可以分为两个阶段。一是初级培养阶段，即职业院校和应用型本科院校的数字化技能人才培养阶段。该阶段以院校为主导，通过"产教融合、工学一体"的校企合作模式培养数字化技能人才。在实施过程中，院校和企业共同制定数字化技能人才的培养方案。其中，院校主要负责学生的专业理论知识教学，企业主要负责学生的实践教学，相关政府部门主要在教育规划改革、产教联盟组建、"双师型"教师队伍建设等方面发挥引导和支持作用。二是升级培养阶段，即企业的数字工匠培养阶段。该阶段以企业为主导，在立足人才自主培养的基础上，通过以"新型学徒制"为核心的企校合作模式培养数字工匠。在实施过程中，企业和院校共同制定数字工匠的培养方案。其中，企业主要负责生产工人的岗位技能和数字技能的提升，院校负责生产工人的专业理论知识和数字知识的提升，政府在资金支持、公共培训基地建设、技能大赛举办等方面发挥支持和引导作用。

在各主体内部的协同合作方面，要加强各主体内部要素之间的密切配合。就政府、院校和企业等各个主体的内部而言，在数字工匠培养方面，也牵涉协同问题，如政府内部的人社部门、教育部门、工信部门和财政部门等相关职能部门之间的协同；院校人才培养中的思政教育、理论知识教育和实践教育之间的协同；制造企业的人力资源部门、生产部门和信息化部门等之间的协同等。

综上可知，通过系统和协同的双重视角，可以更加全面、深入地理解制造业数字化转型过程中数字工匠培养的长期性、复杂性以及需要考虑的关键要素，以便有的放矢，系统实施更为有效的培养举措，提高数字工匠培养质量并促进培养工作的有序进行。

第3章 制造企业数字工匠
胜任力模型构建

在文献分析与理论回顾的基础上，厘清制造企业数字工匠胜任力要素并构建出相应模型，是本研究的核心任务，能为深度知悉数字工匠这一新型人才类型、掌握数字工匠的培养现状及提出相应的培养对策提供关键理论参考及科学量化工具。本章汲取前文相关的理论基础，应用扎根理论和因子分析的实证研究方法，从管理实践中提取数字工匠胜任力要素与结构，并通过与经典理论的对话构建数字工匠胜任力模型。在此基础上，利用问卷调研与因子分析对胜任力模型展开进一步的数据检验。由此，通过规范的理论构建及量表开发程序，本书得到数字工匠胜任力理论模型与数字工匠胜任力测量量表。

3.1 研究方法与数据收集

3.1.1 研究方法

本书采用扎根理论作为探索数字工匠胜任力模型的研究工具。众所周知，扎根理论是在社会实践中提取核心概念并探索概念间联系的有力工具，是由格拉斯和斯特劳斯（Glaser and Strauss）于1967年在《扎根理论的发现：质化研究策略》一书中首次提出的一种质性研究方法。该研究方法的关键在于研究者不可带有个人主观偏见与假设地收集与处理访谈资料，强调理论发展自实践，需通过"金字塔"式结构自下而上地从实际资料中提炼、发展出一种创新性理论（范明林和吴军，2009），研究者可通过规范的编码分析对研究现象展开整理与归纳，使值得关注的社会现象得到系统性剖析，其内在规律能够得以揭示。因而，对于复杂的新领域问题，扎根理论可帮助研究者自下而上地展开"what""how"等探索性研究（陈向明，1996）。数字工匠作为在数字经济时代下传统产业发展实践中所诞生的新型技能人才，针对其胜任力内涵与结构的探索适宜采用扎根理论研究方法，通过对实践中的数据资料展开深入归纳与提炼，发展出相关理论，进而为胜任力量表的构建提供有力基础。

关于扎根理论的研究范式，主要有三大学派，包括经典扎根理论、程序化扎根理论与建构型扎根理论。三者的差异集中体现于对实践资料的处理过程，即编码环节。经典扎根理论由格拉斯（Glaser，1978）所发表的《理论敏感性》一书中得以确立。在该方法论中，编码过程表现为开放式编码、选择性编码和依据18类逻辑关系的理论编码。该学派强调完全开放、没有预设的原则，重点使用数据比较的方式发掘范畴与内在逻辑（贾旭东和衡量，2020）；程序化扎根由施特劳斯（Strauss）与科尔宾（Corbin）撰写的《质性研究基础：扎根理论程序与技术》一书提出（Strauss and Corbin，1990）。该理论将编码环节分为开放性编码、轴心式编码和选择性编码三个步骤，具有较强的程序性。其不同于经典扎根的开放性精神，偏向于基于理论的构建方向和一定的形式挖掘出概念的指向和范畴间的因果关系（贾旭东和谭新辉，2010）；构建主义扎根理论由卡麦兹（Charmaz，2006）提出，包括4层级的编码模式，即初始编码、聚焦编码、轴心编码以及理论编码。该理论既融合了经典扎根理论的开放性精神，挖掘出尽可能丰富的理论形态，也借鉴了程序化扎根理论的因果理论解释（贾旭东和衡量，2020）。

基于以上对三类扎根理论学派的梳理，并借鉴其相关研究应用，本研究发现程序化扎根理论在国内的管理学领域内的使用最为广泛。因而，本研究选择程序化扎根理论作为探索工具，通过开放式编码、轴心式编码和选择性编码来完成挖掘范畴、建立不同范畴间的联系以及发掘出最重要的范畴的核心任务，最终在原始信息资料的基础上逐步依照上述程序构建出一个能够合理地对数字工匠胜任力进行解释的理论模型。

3.1.2　数据收集

遵循理论抽样的原则，本书充分考虑制造业数字工匠胜任力的研究主题，广泛联系正在商业模式、生产流程或组织管理方面进行数字化转型的制造企业（朱健和张彬，2023），并与各公司人力资源部门负责人进行沟通，了解其所属公司是否有数字工匠群体及相关的人才引育工作，进而从中筛选出数字工匠队伍达 40 人及以上规模且具备针对性人才引育体系的企业作为研究样本。

本研究通过多样化的数据来源和多受访主体的方式来保证数据的信度和效度。为确保信息资料的真实性与客观性，本研究不仅借助线上微信电话与线下实地调研获取一手资料，还通过搜集网络素材、寻求公司内部资料等方式获取二手资料，从而构成三角验证以提升研究的信效度。数据收集具体共分为两个阶段。在第一阶段，考虑到数字工匠属于当前数字经济时代急需的技能人才类型，并成长于传统产业数字化转型、智能化升级的变革实践，其胜任力要素根植于当前经济发展需求及企业培育实践之中。本研究以"数字工匠"为关键词在网页中进行搜索，整体熟悉数字工匠的技能需求与培育方向，从国家战略需求、行业发展导向等较宏观的层面初步了解数字工匠的胜任力内涵。该阶段收集到的网页资料包括人才发展领域学者的看法、各地数字工匠队伍建设状况、企业特色培育等相关报道，经过筛选后共有 16 份资料。

在第二阶段，对优秀数字工匠及企业管理者展开半结构化深度访谈。半结构化访谈是定性研究阶段全面深入抓取有效数据的关键工具。为尽可能保证受访者的代表性与多样性，本研究采取了线下与线上访谈相结合的方式，进而可在一定程度上克服地理位置和时间安排方面的限制。首先，基于第一阶段的文本整理结果编写访谈提纲（如今我国制造业急需一大批适应数字经济发展要求的数字工匠，您认为在贵公司制造工人需要具备什么样的能力与素质才能被称为数字工匠？在企业数字化转型的情境下，工人所需具备的关键能力或者素质与数字化转型之前存在哪些区别等）。其次，走访每一家样本企业并与各企业高层管理者和人力资源部经理进行会议式对话，同时与负责数字化转型相关工作的管理者展开一对一深度访谈，进而从企业数字化转型战略部署、数字工匠培养体系等中观层面的角度初步把握数字工匠的核心工作内容、绩效目标、培养方向等资料信息，为后期的数字工匠访谈提供足够的追问依据。在该线下访问环节收集到的文本资料共计 14 份。最后，通过与各企业管理者的商讨以及各企业的内部推荐，每家企业的人力资源管理部门向课题组提供了优秀数字工匠名单。研究者与名单中的数字工匠取得联络，向其介绍本次的访谈目的及主要内容，并强调保密原则，在征得每位工匠的同意后正式开展线上深度访谈，文本资料共计 17 份。

数据收集的时间范围为 2023 年 7 月至 8 月，共走访 7 家企业，面对面访谈 14 次，时长控制在 60 ~ 120 分钟，线上电话形式访谈 17 次，时长控制在 60 ~ 90 分钟。访谈时间总计为 2427 分钟。所有访谈均在取得访谈对象的同意后利用录音笔和手机的录音功能对访谈全程进行了录音。与此同时，访谈者及时对关键内容进行笔录并增添备注，并在每次访谈结束后及时根据录音整理出相应的文本材料。此外，在访谈过程与文字整理过程中，研究者严格遵循不主观臆断、不带有个人偏见的原则。针对解释研究主题的核心访谈内容，注意多主体数据的相互验证以保证相关数据的准确性与真实性。最终，经转录、整理后的文字共计 588124 字。其中，企业高层管理者及人力资源部经理的访谈资料文字达 153763 字（共 7 组，资料编号为 C1 ~ C7）；数字化转型相关部门管理者的访谈资料文字达 147891 字（共 7 人，资料编号为 B1 ~ B7）；优秀数字工匠的访谈资料文字达 286470 字（共 17 人，资料编号为 A1 ~ A17）。

3.2 编码过程

3.2.1 开放式编码

开放式编码是将原始文本资料初步概念化与范畴化的研究过程（王玮和徐梦熙，2020）。首先，本研究对数据中与研究主题相关的内容进行提取，尽量保留受访者的初始语句，形成初始概念。其次，研究者不带有主观偏见地对初始概念展开进一步提炼与抽象，进行标签化处理，并重复检查概念标签是否保留语句原意。最后，反复比较所形成的概念标签，整合意义重复或密切关联的标签，最终聚拢形成 36 个初始范畴（见表 3 – 1）。

表 3 – 1　　　　　　　　　　　开放式编码示例

初始范畴	初始概念示例
工艺流程	加工工艺比较了解（A2）；自己在行业内有长时间积淀，有这方面的经验（A16）；工艺会因为经验越多越丰富（B7）；工艺流程要非常了解（C5）
产品逻辑	产品要很熟悉，包括产品的研发、生产逻辑等方面（B7）；产品相关的一些专业知识也要去了解（A3）；做这个行业，如果能从源头设计上考虑一些事情，那肯定会更好（A17）
全线思维	生产全线都要了解，具备全线思维（C2）；我们都注重对工人的多工站培养（A11）
发现问题	我要主动地去问我底下的工人发现了什么问题（A8）；要有发现问题、找到问题的能力（A15）；有很多的员工，他行业经验比较丰富，就会发现这些问题（B7）
分析问题	问题找到之后，就去找它到底是哪里发生的，它发生的真正原因是什么（A1）；要去分析这个东西的良率为什么这么低？这种问题是怎么造成的（A6）
解决问题	我们有针对性地提出解决思路和方向（A6）；这个问题怎么解决？解决的重点和关键在哪里？会把问题以及它的解决方法总结出来（A11）
降本增效	我们的目标就是尽力把产值提上去，同时要保证产品的质量（A15）；为了降低成本，我制定了针对驱动模块的保养和预防措施，故障率下降了 50% 到 60%（A16）
攻关难题	目前能不能达到我需要的精度，需要做调研，然后花一点预算内的成本，想办法去突破（A17）；关注知识产权积分，优秀工匠就是会有一些好的案例分享（C5）
改进规范	对于一些新的未知技术的引入，要自己多做调研，对标优秀企业来调整、确定技术规范（A17）；怎么做操作规范，有优秀前辈出了一本书，许多规范都是他改的（C1）
理论性能力	要有数据科学方面的理论知识（A6）；要有大概的框架性认知（A11）；要会专业术语，尤其要掌握代码含义，能与数字化专业人员展开顺畅的交流（B5）
实践性能力	设备与系统的操控、调试、监控与修护（A1）；数据的收集、评估、分析与可视化、汇报（A12）；他们要会简单的编程来调试设备/系统（C3）

续表

初始范畴	初始概念示例
数据、系统/设备逻辑	要懂数据生成、系统运作的逻辑，不然很难提出有效的改进意见，使技术更适用于我们的生产（A6）；熟悉设备怎样操作和一些基本参数，设备的自动化运行必须要有参数去控制，比如说转速、角度、位置，这些必须要工人去熟悉、去操作。还有就是自动化运营程序、设备的运行轨迹（A16）
数据敏感性	利用数据快速掌握生产的状况（A9）；要会数据趋势分析，敏锐捕捉到数据异常，避免潜在的生产问题（A15）
数据化表达	所有的结论、提议都要用数据说话，要拿出所有的数据，这样别人就不会对你有任何的质疑（A11）；通过设定数据在生产线上设置自己的"眼睛"，工厂内情况尽量由数据呈现（A15）
数字改造	我们更熟悉生产上的逻辑，要积极提供反馈以改进系统/设备操作（A4）；这样的公式是不是正确的？我们需要获取哪些值？应该从哪里获得？工人要有这些设备运作逻辑上的思考（B6）
数字化创造力	利用数字技术改造生产技术，想办法减少人为介入（A15）；怎样通过自动化设备或者 AGV 小车机械臂，要把它整合到一起，就不需要人去弄这些事情（A17）
变革开放性	要有接受新事物的能力（A2）；技术每年都在更新，生产线也在跟着升级改造，对这些新事物要积极接受（C3）；要有乐于去接受这些新东西的心态（C4）
数字基础	我们倾向于培养年轻的工人，他们对操作界面的东西掌握得很快（A1）；有的年纪大的员工，连智能手机和电脑都不太会用，这种工人很难转型成功（C2）
交叉性思维	需要培养出思维的交叉能力（B2）；涉及一些交叉思维，包括一些多元的知识，不再局限于它原先的一个单一技能（B3）；他们既需要懂业务，又需要懂管理，现在还要懂技术（C7）
数字化信念	组织有这样的安排，我们就要相信这件事肯定是有存在的意义的（A1）；数字化是大趋势，就算现在不去推进，以后也是要做的，我们必须要顺应，而且已经有好的企业做成功了，我们可以去学习和模仿（A3）
服从安排	数字化是个自上而下、需要规范程序的项目，这需要一层层员工的服从与配合（B7）；员工的执行力是数字化转型中的重中之重，很多时候就是失败在行动上（B2）
及时反馈、交流	我们肯定有很多不懂的，自己琢磨很重要，但是一定要主动积极地去问那些专家，相互交流很重要，能节约不少时间（A11）；生产线上的管理者或资深的老工人发现问题需要明确跟我们提，不然会影响项目的进度，他们的角色很关键，因为他们是最了解业务的人（B4）

初始范畴	初始概念示例
积极尝试	首先要去做，自己去试，不成再说（A10）；我们不能一天到晚只纸上谈兵，我们要动手做试验验证，这样可以提升自己的技术深度（A11）
团队建设	要根据任务列出计划，找对应的人做对应的事，最后就是对的人做对的事（A1）；他们去制作一些方案，我们去评估，然后指导他们，告诉他们这样做的目的，这样设计它的逻辑是什么，这设计能不能完成我所教的一些东西（A7）
向上管理	我需要什么资源渠道，需要什么协助，那就报告（A7）；我有我自己的推进目标和计划，我会按照我的时间来，按照领导的时间节点来，事情也可能做不成，这需要及时和领导沟通，因为领导也有很多细节的地方不懂（A16）
横向管理	你要给他们逻辑，要理清，你要懂这些东西，你才能去给他们提这些意见和要求（A5）；交流的时候他们表达出来的东西可能有点差距，我们需要再调研，工人们需要有信息化的意识，要愿意跟别人交流，能听进去别人的东西（B5）
学习资源累积	公司的工会跟市政府联合之后，挑了一些专业的课程让我们去学习（A1）；信息来源的渠道更广，眼界就打开了，基本上慢慢地就会进步，每天进步一点，积累下来还是蛮多的（A2）；处处留心皆学问。比方说看这个看板，在你那个脑海中好像这个知识是新的，那就要留意是不是有能学到东西的地方，要有想多学点的心态（A13）
经验反馈	有理论体系的构建，知识系统需要自己去建立（A11）；对这个成果进行总结，这个成果如果是可复制的，那之后可以为类似的项目树立出模板（A12）
坚持学习	一定要把学习的自觉性锻炼出来，持续地学习下去（A5）；我们这里还有四五十岁的生产管理者，每周末都会给自己安排时间学习，行业里的很多新东西都懂，像他们这样的人才就是各个公司都需要的（B7）
经验分享	我们还需要给其他的生产线或者兄弟单位做一些宣传推广（A7）；为了授课我们收集了大量的 PPT 材料，去教他们花的时间和精力还比较多（A16）
帮助行为	我们会关心年轻人有没有遇到什么问题，需不需要帮助？带新人就像带自己家的小孩子一样的，要有充分的耐心（A2）；如果你对其他部门的一些沟通和协助配合得不咋样的话，可能其他部门也不会帮你解决一些问题（A3）
情绪操控	要有正向的心态，不做情绪化的事情（A2）；要以工作为重心，不能太情绪化（A9）；我们这里有精神家园工程师，会及时关注大家的情绪状态，帮助他们顺利排解掉不好的情绪（B3）；我会保持一些自己的兴趣爱好来调节情绪，不能让自己陷在比较低沉的情绪状态里（B4）
职业韧性	不论之前是什么地位、什么学历，面对新技术的冲击一定要摆正心态，能够调整好自我认知（B7）；一定要有强大的心理，现在行业发展很快，以前赖以生存的技能说没用就没用了，要有重新再来的勇气（C1）

续表

初始范畴	初始概念示例
诚信	最基本的就是诚信、诚实，不在工作上弄虚作假（A2）；不要向外公司、同类、相同行业的人员透露自己公司的工作机密（A8）；特别是数据，一定不能瞎编造假，不然会带来非常严重的后果（B2）
严谨	工人的意见非常关键，提供的信息一定要严谨，不然会导致项目一直在返工，非常浪费时间（B2）；在数字化项目上，与业务人员合作的最大的问题就是他们不能全面思考、提出明确的需求，说的东西都很随意，会一直在改变，这会让项目一直拖延下去，他们需要对自己说的话更加负责，最好是经过内部讨论后再与技术部门协商（B5）
谦逊	要虚心学习，要谦逊些，可能说他回答的是你都知道的，但是你要认真听一下，能够学习到一些新的东西（A4）；有的领导位置很高，但还是保持谦虚的心态，不懂的地方会到处请教，不耻下问，有做错的地方会主动道歉，这点真的很值得学习（A5）

3.2.2 轴心式编码

基于开放式编码结果，本研究围绕初始范畴展开进一步比较与归纳，挖掘范畴间的潜在关联并进行聚类，发展主范畴和副范畴，构建范畴间的从属结构（王玮和徐梦熙，2020）。在此阶段，本书确定了 14 个副范畴与 4 个主范畴。编码结果如表 3-2 所示。

表 3-2　　　　　　　　　　　　　　轴心式编码

主范畴	副范畴		范畴内涵
扎实工匠基础	业务本领	工艺流程	在生产的工艺流程方面具有丰富的理论与实践经验
		产品逻辑	掌握产品的业务逻辑、商业逻辑和用户体验逻辑
		全线思维	以生产全线的系统性角度思考问题
	精益生产	发现问题	敏锐挖掘出影响生产的潜在问题
		分析问题	以较清晰的逻辑剖析问题
		解决问题	针对生产问题提出有效的解决思路或方案
	追求卓越	降本增效	提出降本增效的合理化建议并积极推进其落地
		攻关难题	积极面对并解决较难攻克的生产技术难题
		改进规范	创新性改进技术规范促进提质增效

续表

主范畴	副范畴		范畴内涵
良好 数字素养	数字技术	理论性能力	理解并掌握如算法、模型等理论知识
		实践性能力	收集、处理、汇报生产数据并操控、调试、监控与修护数字化设备/系统
	数字思维	数据、系统/设备逻辑	理解并掌握数字化系统/设备的运作逻辑与生产数据的生成逻辑
		数据敏感性	通过数据预判、评估生产状况，敏锐识别出可能存在的生产问题
		数据化表达	利用图表、动画等可视化工具清晰有效地传达信息
	数字建设	数字改造	基于生产经验与数字化体验提供建设性的数字化系统/设备改进建议
		数字化创造力	在数字技术的驱动下生成创造力以改进生产技术
敏捷 转型能力	认知准备	变革开放性	具有较强的接受新事物的能力
		数字基础	具备基础的信息、网络技术应用能力
	认知转型	交叉性思维	突破惯性认知，结合多领域信息展开思考
		数字化信念	具有对数字化转型的正面认知与坚定的信心决心
	行动转型	服从安排	认同企业的数字化转型战略并服从相关的工作安排
		及时反馈、交流	数字化转型过程中积极寻求相关专业人士的协助
		积极尝试	针对新技术积极展开试验性探索
持续 发展能力	管理能力	团队建设	合理培育并领导团队成员协同工作以达成共同目标
		向上管理	会从领导的角度看问题并积极与领导沟通以寻求资源
		横向管理	明晰部门/团队内部需求并运用沟通技能跨部门协商
	学习能力	学习资源累积	在工作过程中勤学多思善问，积极把握公司提供的各种学习资源与机会
		经验反馈	在工作过程中善于反思与经验总结
		坚持学习	持续关注行业最新动态并及时更新自身知识与技能
	传承能力	经验分享	乐于分享职业经验并善于将职业技能传授于后辈
		帮助行为	乐于为组织内其他成员提供职业发展方面的帮助
	心理素质	情绪操控	善于情绪管理，在工作中展现良好的情绪状态
		职业韧性	面对职业环境的变动能够较快调整心态并驾驭新环境
	道德品质	诚信	遵守规章制度，不说谎、不作假
		严谨	对待工作严谨细致
		谦逊	谦虚且有追求，尊重他人并善于向他人请教

3.2.3 选择性编码

选择性编码需要在主范畴中挖掘核心范畴，并探索出范畴间的逻辑关联，通过开发故事线的方式进行理论建构（王冰等，2018）。在 4 个主范畴的基础上，本研究提取出数字工匠这一构念作为核心范畴，能够统领其余范畴。使用图表分析法呈现范畴关联，故事线概括为：在组织的数字化转型背景下，具备扎实工匠基础的工人更了解生产逻辑，其丰富的业务经验能强化数字技术的应用性；同时，工人还需具备敏捷的转型能力以改变相关认知模式，促进其更快接受并掌握一定的数字技术；此外，数字经济时代下技术快速更迭，管理能力、学习能力等综合能力可使工人在长期面临工作环境变动时能较快适应环境并得到动态发展。从本质上而言，数字工匠的胜任力体现为个体在企业数字化的动态环境中自我认知发展的能力。选择性编码的可视化结果如表 3-3 与图 3-1 所示。在表 3-3 中，本书借鉴认知发展理论中的概念以表征数字工匠胜任力要素在企业数字化转型的动态环境下的发展性及要素间关联（邓赐平等，2001）；图 3-1 运用冰山模型揭示出数字工匠胜任力各要素的显性与隐性特征。

表 3-3 主范畴典型关系分析

典型关系	关系内涵	代表性语句
同化	如从掌握业务本领到追求卓越的工匠基础深化、从掌握数字技术到数字建设的数字素养提升（数字技术在生产应用中的深入）等工匠认知图示扩充的过程	任何系统的引进都是为了服务生产的，数字技术的设计与应用都是在产品生产逻辑的基础上发展的（B7）；有生产线工作经验之后，会对产品有更好的了解，反过来再做机械加工的时候，就知道哪些地方需要改进（C5）；智能制造中心的构建肯定是离不开生产线上的老人的，他们最懂产品和生产操作，各种生产问题都遇到过，系统的引进以及应用、二次研发是需要他们参与进来的（C7）
顺化	从数字化认知的准备与转型到具备数字思维、进行数字建设的工作逻辑与模式相关认知图示的改变过程	接受新事物的能力很重要，而且思维要打开，不能按照原先死板的生产程序操作了，思维要升级，把原先脑子里的生产逻辑灵活运用起来，才能面对现在的工作情境（A9）；越是经验丰富的工匠越需要打开思维，尤其是课长级别的，不然数字化转型很难在生产线上落地（B6）；他们只有接受工作模式上的变化才可能不被淘汰，不然随时面临转岗（C5）

续表

典型关系	关系内涵	代表性语句
潜在平衡	如管理能力、学习能力、传承能力等在同化与顺化实践中的认知技巧的习得与发展过程，以及认知发展对同化与顺化实践的反作用	要有团队建设的能力，因为有更多的东西要学了，有更重要的事情需要去学着解决，一些东西需要安排到下面（A2）；我们会面临更复杂、灵活的问题，这就需要团队的力量，这就需要我有领导力、规划的能力（A11）；最重要的就是学习能力，只要自己愿意多问多学多思考，就不怕环境的变动（A1）；处处留心皆学问，在与领导、别的技术部门的交流合作中多问问、多看看，是能学到不少东西的（A7）

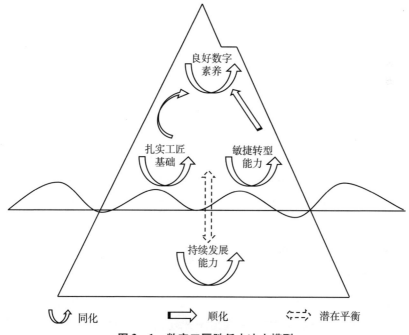

图 3-1　数字工匠胜任力冰山模型

3.3　胜任力模型阐释

3.3.1　结构维度

1. 维度内涵

根据编码结果，数字工匠胜任力包含扎实工匠基础、良好数字素养、敏捷转型能力与持续发展能力 4 个维度。

（1）扎实工匠基础。

扎实的工匠基础是数字工匠的业务能力表现，也是其数字素养得以形成与发展的基础。包括业务本领、精益生产、追求卓越三个方面。数字工匠需要有较强的业务能力储备，具备丰富的基层生产及生产管理经验。具体而言，数字工匠需对生产制造的基本业务流程极为熟悉且具备多道工序的实践经验；同时，工艺流程会根据技术与经济条件而有所变动，数字工匠还需掌握产品生产的深层逻辑，结合产品逻辑与工艺流程经验，加强生产过程的可操作性及可控性；工匠在掌握生产线操作技能的同时，工作思维应有所优化，能够以更加全面、长远的系统性角度思考问题。

成熟的生产思维应包含精益生产理念，即具有以最小资源投入创造尽可能多的价值的核心思维。在实践中具体表现为及时发现产生浪费、值得改善的生产问题，并能够对问题的原因及改善方法进行深度思考，进而提出有效的解决方案且能够坚定执行、落实，切实减少生产中的浪费现象。

此外，数字工匠应继承、发扬工匠精神，在工作中具有追求卓越的精神品质与行为表现。具体而言，把企业降本增效的任务视为己任，能够在工作内外奉献自己，持续攻坚克难，积极运用创新性思维解决生产难题，并改进生产技术规范，为行业技术发展及企业的高质量发展作出贡献。

（2）良好数字素养。

良好的数字素养是数字工匠的核心能力呈现，包括数字技术、数字思维、数字建设三个方面。

首先，良好数字素养的基础是掌握数字技术，即会使用数字工具。数字工匠需先在理论与实操方面掌握组织计划或已引进的、服务于生产业务的数字技术。一方面，理解并掌握生产应用所需的数据学科中相关的理论知识，并能够利用相关知识操控、调试、监控与修护数字化设备/系统以加强其与生产业务的融合应用；另一方面，根据企业的部署与安排，收集系统运行所需的生产数据并在工作中利用系统/设备充分使用数据。

其次，数字工匠应积极通过数字思维方式开展各类工作。个人数字思维形成的基础在于工人能够理解并掌握数字化系统/设备的运作逻辑与生产数据的生成逻辑；进而，其能将深层逻辑带入到业务当中，更熟练灵活地掌握、判断生产情况，甚至会利用数据趋势预判潜在的生产问题并做出生产决策；数字思维形成最直接的表现便是工人能够熟练地以数据的形式开展业务，即用数据量化生产管理，相应地，能够利用图表、动画等可视化工具清晰有效地传达数据信息。

最后，在深入理解业务逻辑与数据间内在联系的基础上，产生有价值的思考与洞察，为业务发展提供建设性的意见与方案。一方面，在数字化设备/系统的引入及后续的自研发阶段，可利用丰富的业务经验为系统/设备的引入时期提供关键的需求与评估类信息，并在应用阶段提供切实有效的改进意见以缩短数字化设备/系统的投资回报周期；另一方面，能够利用数字工具优化生产管理流程、辅助生产技术的创新，助推智能制造向纵深发展。

（3）敏捷转型能力。

敏捷的转型能力是工匠具备良好数字素养的前提条件，包括认知准备、认知转型、行动转型三个方面。认知准备是指面对企业的数字化变革，工人能够较快地适应工作环境的变动，即在心理层面具有开放性的心态，并在能力层面具备简单的信息、网络技术应用能力。认知转型是指工人在专业思维方面需突破原先单一的业务思维，需结合数据学科的技术知识形成跨领域的思考方式。同时，在认知信念方面，工人能够认同数字化转型的意义，并对转型实践具有坚定的信心和决心。行动转型则是转型能力的外在表现，包括积极服从组织的安排部署、在工作中能够主动探索数字技术的应用问题、在技术与业务的融合应用过程中积极寻求相关专业人士协助等。

（4）持续发展能力。

持续的发展能力是数字工匠在数字经济时代保持扎实工匠基础、良好数字素养等竞争力的发展性资源，包括管理能力、学习能力、传承能力、心理素质和道德品质。管理能力是指数字工匠能够做好向下、向上以及横向的人际管理工作，可为复杂项目的开展、技术难题的攻克等工作问题减缓阻力。学习能力包括注重学习资源的累积、反思与经验总结以及持续性学习，可为数字工匠面临行业技术的发展及职业环境的变动时减少职业风险，保持胜任力。传承能力是指数字工匠作为推动行业发展的先行者，需乐于将自身技能经验进行传承与分享，并积极为同事提供帮助，促进数字技能人才队伍的建设，助力企业绩效提升。

在内在品质方面，数字工匠需具备良好的心理素质与道德修养。心理素质一方面体现为在日常工作中应保持良好的精神状态，善于进行自我情绪调节，以避免不良情绪影响工作状态；另一方面，面对如数字化转型、技术变革等职业环境出现变动的情况，能展现出较强的抗压能力，以利于做出理智的判断与决策，且能以积极的心态适应并驾驭新环境。在数据为关键生产要素的时代，员工的道德品质尤为关键。对数据负责、保证数据真实性的要求，使得诚信与严谨成为当代工人必不可少的职业道德；同时，数字工匠作为复合型人才，谦逊不自满的品质可助其汲取多维度知识并紧跟数字技术发展方向与应用趋势，是其保持竞争力的关键品质。

2. 维度属性

基于以上分析，结合麦克利兰（McClelland）提出的冰山模型理论，即浮于水面被看见的胜任力部分为"显性素质"（潘建林，2013），该类素质包括知识与技能。数字工匠作为数字人才与工匠人才的复合体，扎实工匠基础与良好数字素养自然属于"显性素质"。除了专业方面的知识与技能，根据编码结果可以发现，匹配岗位高绩效目标的外在要素还包括敏捷转型能力。传统制造企业的数字化转型是个长期且具周期性的过程，数字工匠的高绩效特征还包括企业变革时期所需的人才要求，即认知与行动方面的敏捷性。此外，本研究发现，管理能力、学习能力等综合性素养虽未与业务需求直接匹配，但可为个体"显性素质"的持续发展提供关键"养料"，是个体在数字经济时代职业发展方面隐性资源的重要累积。因而，本研究将数字工匠的持续发展能力视为隐藏于水下的"隐性素质"。

3.3.2 维度关联

基于扎根理论方法构建出的胜任力模型可以发现，数字工匠的胜任力符合陈万思（2005）所提出的发展性胜任力的概念，即在胜任力要素的提取中涌现出纵向职业生涯发展的视角，胜任力要素不仅包含需与岗位相匹配的知识、技能等横截面条件，还囊括个体达成该类高水平绩效以及职业生涯正向递进的发展性条件。事实上，传统制造企业的数字化转型属于深层次变革，甚至可能存在如"阵痛期"等转型问题，且由于技术的不断迭代更新，企业的数字化转型必然是逐步递进、持续升级的过程（马君和郭明杰，2022），产业工人需长期面临职业环境的变动。对此，数字工匠的胜任力需具备个体认知发展的特性，进而达成与职业环境的动态平衡。本研究基于认知发展理论，借鉴新皮亚杰主义的相关观点，并结合冰山模型，从外在平衡与潜在平衡两个方面对数字工匠的胜任力模型进行阐释。

1. 外在平衡

皮亚杰提出，个体的认知发展实质上就是通过同化与顺化两种形式达到与周围环境的平衡，同化是指个体应用现有的认知图示吸收外部信息，即以图示扩充的形式达成自身认知水平与环境的平衡；顺化是指个体通过调整或创新自身认知结构以内化外部信息，即通过图示改变的形式达成平衡（王光荣，2014）。罗比（Robbie，1987）对此补充认为，该过程为认知发展的外在表现，个体信息处理能力的增长（成熟思维的进步）作为潜在层面不可忽略。本研究融入认知发展的纵向视角，将与外部环境直接交互达成平衡形成"显性素质"的过程视为"外在平衡"。根据编码及胜任力建模的结果，数字工匠的"显性素质"间的关联呈现出个体认知图示内化与顺化的外在平衡规律。

首先，从三个"显性素质"的副范畴来看，其各自呈现出逐层递进的同化过程，即随着企业数字化的深入，高绩效者的要求也逐步提高。其次，从主范畴关系来看，一方面，扎实工匠基础与良好数字素养之间存在同化关联。具体而言，产业工人所需具备的数字素养的核心在于将数字技术合理有效地服务于生产实践，强化数字技术的应用性离不开经验丰富工人的工匠基础，"数字化工程离不开基层的工匠，尤其是做到经理、课长级别的，他们对生产线最了解，遇到过各种各样的生产问题和情况，引入什么样的系统，系统引入后怎么再自研发，这些都需要他们的参与"（B7）。因而，良好数字素养的形成，尤其是工匠能够产生数字建设的表现，源于其丰富生产经验与清晰缜密生产逻辑的进一步同化，"系统的逻辑与生产的逻辑是一致的，更懂生产内在逻辑的人更能适应数字化"（A6）。另一方面，敏捷转型能力与良好数字素养间存在顺化关联。数字素养形成的基础是个体能较快接受并学习相关新技能，"很多生产线上的老人，依赖于原先老一套的工作模式，很难转变思维去接受新事物，他们会觉得老一套还是很好，没有必要变，这就对我们转型工作造成很大的困扰"（B5）。由此可见，在数字化转型背景下，工匠工作思维模式随着环境变动而及时顺化是其能够形成数字素养的关键前提。

2. 潜在平衡

罗比（Robbie，1987）认为个体在不断完成同化与顺化的外在平衡时，其理性认知功能得以优化，进而会通过优化注意、记忆和策略等方面"反哺"其外在平衡表现。本研究发现，学习能力、管理能力等持续发展能力间接推动工匠实现外在平衡的功能特性符合新皮亚杰主义的相关观点，即该类胜任力要素能够锻炼个体的信息处理能力，有助于提高其知识与技能的吸收与表达，促使其更易与环境达成平衡。因而，本研究将持续发展能力与"显性素质"的逻辑关联称为潜在平衡。

根据扎根结果可以发现，管理能力、学习能力等一些常见的综合素质类型被受访者们视为不可或缺的胜任力部分，尤其是中高层管理者与数字化工程师从更长远的角度提出"工匠的认知水平不仅需要在短期内得到发展"（B6），优秀的数字工匠还应在实践中"提升综合素养以应对未来复杂度不断提升的情形"（C5）。首先，在持续发展能力的形成方面，该类素质主要在个体外在平衡过程中得到锻炼与发展。不少数字工匠表示，日益增多的工作挑战会"逼着"他们提升自己的综合素质，"技术引进来之后要学的东西越来越多了，需要更加自律，想办法更快把新东西学会，不然怎么带领团队去接受并掌握这些呢，学会之后我还要想办法怎么教会他们"（A11）。其次，工匠持续发展能力会通过增长心理容量、提高注意灵活性与提升策略有效性三个方面促进其外在平衡（Robbie，1987）。心理容量增长指个体逐渐从一个活动中解放出来，从而可投入另一个活动，如"我做好传承工作，培养出得力的下属，就能分出精力接触和掌握更难的技术，构思、规划新的项目"（A9）；注意灵活性提高指个体更快发现新目标及其意义并进入新的状态，如"有管理职责的工匠跟组织联系更加紧密，会站在更高的角度去思考，所以他们转型起来很快"（B7）；策略有效性提升指个体问题解决程序的更新，如"要自我鞭策，我用业余时间去学了三维设计软件，后来发现它还有模拟的功能，之后我的一些新的项目想法就可以节约试验成本，直接先在软件上模拟"（A17）。综上，"显性素质"与"隐性素质"的相互促进作用构成潜在平衡，助力工匠在长期的转型环境中持续获取必需且具动态性的发展条件。

3.3.3 胜任力量表生成

明晰的理论是量表开发的重要基础（唐春勇等，2021）。本研究依据基于扎根理论的研究结果，将 4 个主范畴设为量表维度，针对副范畴及范畴内涵加工并整理出初始量表题项。

为保证量表的内容效度，以上初始量表的生成经历了多次研讨与修订。具体操作过程如下：首先，邀请两位管理学硕士依据范畴内涵进行合并与精简；其次，邀请两位管理学博士分别从"是否存在语义重复""是否从属于所对应维度"两个方面对量表题项进行研判，随后二者展开商讨并对部分题项表述进行修缮；最后，采用 Likert 5 点式计分法将量表题项编制成问卷，邀请 5 位数字工匠举行线上座谈会，主要任务是让数字工匠们判断问卷题项表述能否让被测者准确理解、不易引起歧义。在座谈会中发现，个别题项的语义存在部分重叠，难以明确区分，经过商讨与修正后，形成包含 23 个题项的预试量表（如表 3-4 所示），并得到 5 位数字工匠的一致同意。

表 3-4 数字工匠胜任力初始量表

编号	题项	维度
X1	掌握产品逻辑并熟悉产品生产的工艺流程	扎实工匠基础
X2	具有多个工序的作业经验，能够从生产全线的角度思考、解决问题	
X3	具有精益生产理念，能够敏锐发现问题、深入分析问题并有效解决问题	
X4	具有追求卓越的精神，在降本增效、攻关难题或改进规范等方面作出突出贡献	
X5	熟练操作各种数字生产流水线和数字设备，并掌握相关理论知识	良好数字素养
X6	理解并掌握数字化系统/设备的运作逻辑与生产数据的生成逻辑	
X7	具有数据敏感性，能够通过数据敏锐识别出可能存在的生产问题	
X8	能够合理利用图表、动画等可视化工具清晰有效地传达信息	
X9	能够提供建设性的数字化系统/设备改进建议	
X10	在数字技术应用中产生有价值的洞察，为生产发展提供创新性策略和方向	

续表

编号	题项	维度
X11	具有较强的接受新事物的能力	
X12	具备基础的信息、网络技术应用能力	
X13	具备交叉性思维，能够结合多领域知识思考问题	敏捷转型能力
X14	认同组织的数字化转型战略并对此有坚定的信心与决心	
X15	严格执行组织/领导安排的数字化转型相关工作	
X16	乐于探索数字技术并积极寻求相关技术人士的协助	
X17	具有较强的团队建设与管理能力	
X18	会从领导的角度看问题并积极与领导沟通以寻求资源	
X19	具有较强沟通能力，能够做好跨部门交流与协作工作	
X20	热爱学习，不断更新自身的知识与技能	持续发展能力
X21	积极在组织内分享自身职业技能与经验并乐于提供帮助行为	
X22	面对工作压力和逆境时，能够较快调整好情绪与心态并积极适应	
X23	为人谦逊、诚实守信，且具有严谨负责的工作态度	

3.4 基于因子分析的数字工匠胜任力模型检验

3.4.1 研究设计

基于以上分析，为进一步对构建的数字工匠胜任力概念模型的结构进行验证，结合专家意见，参考相关研究成果，设计了数字工匠胜任力调查问卷（见附录1）。问卷包括被试者的基本信息与胜任力测量量表两部分。第一部分对被调查者的性别、年龄、学历、工作年限、技能等级进行调查，第二部分由被试者自评胜任力水平，共有23个题项，囊括了数字工匠胜任力的4个维度，其中扎实工匠基础有4个题项、良好数字素养有6个题项、敏捷转型能力有6个题项、持续发展能力有7个题项。问卷采用Likert 5点计分方式，从"非常不符合"到"非常符合"分别记为1~5分。

3.4.2　问卷回收与样本收集

本章主要采用在线问卷收集数据，研究样本来源于广东、上海、北京、山东、浙江、江苏、湖北等地的制造企业，分布较为广泛。在 2023 年 8 月到 9 月期间共随机发放问卷 400 份，回收问卷 356 份。剔除 37 份明显填答不认真的样本数据，最终获得 319 份样本数据，有效问卷回收率为 79.75%，调查样本的人口统计学变量分析结果如表 3 - 5 所示。

表 3 - 5　　　　　　　　　样本人口统计学变量分析

统计学变量	类别	人数（人）	比例（%）
性别	男	232	72.7
	女	87	27.3
年龄	25 岁以下	123	38.6
	26 ~ 35 岁	104	32.6
	36 ~ 45 岁	72	22.6
	45 岁以上	20	6.3
学历	高中或中专	120	37.6
	大专	146	45.8
	大学本科	50	15.7
	研究生	3	0.9
从事当前工作的年限	0 ~ 1 年	85	26.6
	2 ~ 3 年	75	23.5
	4 ~ 10 年	59	18.5
	10 年以上	100	31.3
技能等级	初级工	115	36.1
	中级工	77	24.1
	高级工	62	19.4
	技师	29	9.1
	高级技师	17	5.3
	其他	19	6.0

3.4.3 探索性因素分析

1. 信度检验与项目净化

在对数据进行因子分析前，通过检验各项目的 Cronbach's 系数和 CITC 值来判断内部一致性和单项－总体相关性，进而对未达标准的项目进行删减来净化题项，统计结果如表 3－6 所示。参考相关经验标准，所有条目的 Cronbach's α 系数大于 0.6 且 CITC 指数不低于 0.5，因此，将所有的 23 个项目进入探索性因子分析。

表 3－6　　　　　数字工匠胜任力量表的内部一致性检验

维度	编号	CITC	条目删除后的 α 系数	总 α 系数
扎实工匠基础	X1	0.761	0.980	
	X2	0.762	0.980	
	X3	0.777	0.980	
	X4	0.830	0.979	
良好数字素养	X5	0.815	0.980	
	X6	0.825	0.979	
	X7	0.848	0.979	
	X8	0.809	0.980	
	X9	0.807	0.980	
	X10	0.814	0.980	
敏捷转型能力	X11	0.861	0.979	0.980
	X12	0.848	0.979	
	X13	0.877	0.979	
	X14	0.839	0.979	
	X15	0.843	0.979	
	X16	0.846	0.979	
持续发展能力	X17	0.777	0.980	
	X18	0.816	0.980	
	X19	0.833	0.979	
	X20	0.828	0.979	
	X21	0.848	0.979	
	X22	0.822	0.980	
	X23	0.826	0.980	

2. 探索性因子分析

从样本数据中随机抽取 159 份问卷，标记为 A 数据，该数据用于探索性因子分析。首先对 A 数据是否适合进行探索性因子分析进行检验。通过 SPSS 对 A 部分数据做 KMO 和巴特利特球形检验，结果发现 KMO 值为 0.955，高于经验标准值 0.7，说明存在着较多的共同因子。巴特利特球形检验的 χ^2 值为 4972.959，达到显著性水平（$p < 0.001$），表明数据相关矩阵间有共同因素存在。综上，可以认为 A 数据适合做因子分析。

在因子分析适用性检验的基础，使用主成分法，抽取特征值大于 1 的因子，采取最大方差法旋转展开分析，初步探索性因素分析结果如表 3 - 7 所示，因子结构尚不明晰。

表 3 - 7 　　　　　　　　初步探索性因子分析结果

编号	因子1	因子2	因子3	因子4
X9	0.828	0.295	0.241	0.220
X6	0.823	0.266	0.282	0.239
X10	0.777	0.292	0.339	0.180
X7	0.768	0.271	0.334	0.235
X8	0.756	0.268	0.319	0.331
X5	0.738	0.383	0.212	0.262
X4	0.661	0.380	0.211	0.428
X13	0.628	0.290	0.532	0.207
X20	0.275	0.823	0.335	0.264
X17	0.404	0.789	0.279	0.238
X18	0.383	0.786	0.296	0.219
X22	0.312	0.780	0.367	0.241
X19	0.388	0.769	0.299	0.306
X23	0.178	0.677	0.521	0.212
X21	0.409	0.646	0.393	0.230
X14	0.302	0.292	0.843	0.201
X16	0.290	0.337	0.842	0.170
X15	0.289	0.347	0.827	0.163

续表

编号	因子 1	因子 2	因子 3	因子 4
X11	0.265	0.319	0.795	0.301
X12	0.404	0.305	0.782	0.144
X2	0.396	0.304	0.192	0.810
X3	0.386	0.334	0.212	0.793
X1	0.299	0.305	0.377	0.707

为了获取具有较高理论意义和价值的因子结构，对测度变量进一步展开筛选，筛选标准主要有：其一，条目在特定因子上的负荷值达到较高水平；其二，条目在不同因子上的交叉负荷很低；其三，测度同一因子条目的内涵必须保持一致。根据初步因子分析结果，决定删除未完全达到以上三个标准的条目 X4，并进行新的因子分析，连续的因子分析过程后，进一步删除未达到标准的条目 X13、条目 X21 和条目 X23。最终结果如表 3－8 所示，萃取出 4 个因子，基本保留了前述提出的 4 个维度，总方差累计贡献率达到 89.676%，较为理想，最终保留了 19 个测量条目，每个条目在对应维度上的因子载荷均大于 0.5，在其他维度上的交叉载荷均较小，且不存在同一维度上载荷差小于 0.2 的情况。

表 3－8 探索性因子分析结果

维度	编号	因子 1	因子 2	因子 3	因子 4
扎实工匠基础	X2	**0.819**	0.373	0.193	0.311
	X3	**0.803**	0.363	0.215	0.338
	X1	**0.723**	0.300	0.382	0.267
良好数字素养	X6	0.255	**0.828**	0.292	0.245
	X9	0.245	**0.818**	0.237	0.306
	X10	0.210	**0.770**	0.330	0.297
	X7	0.246	**0.768**	0.348	0.258
	X8	0.341	**0.753**	0.329	0.267
	X5	0.263	**0.731**	0.234	0.393

续表

维度	编号	因子 1	因子 2	因子 3	因子 4
敏捷转型能力	X14	0.211	0.299	**0.852**	0.262
	X16	0.181	0.283	**0.851**	0.313
	X15	0.170	0.280	**0.842**	0.321
	X11	0.305	0.252	**0.810**	0.307
	X12	0.153	0.393	**0.788**	0.305
持续发展能力	X20	0.273	0.262	0.365	**0.809**
	X18	0.228	0.365	0.321	**0.796**
	X17	0.251	0.380	0.301	**0.792**
	X22	0.249	0.290	0.393	**0.785**
	X19	0.318	0.362	0.323	**0.768**

3.4.4　验证性因素分析

1. 一阶验证性因子分析

本研究通过 AMOS 对统计数据进行验证性因子分析。在进行一阶验证性因子分析时，通过比较竞争模型的拟合情况来确定最佳模型。主要构建了单因子、二因子、三因子和四因子嵌套模型来进行比较。其中单因子模型将 19 个条目只在 1 个公因子上负载；二因子模型将 19 个条目在 2 个公因子上负载（由于二因子嵌套模型个数较多，在此仅展示其中一种以做说明，三因子模型同）；三因子模型将 19 个条目在 3 个公因子上负载；四因子模型根据探索性因子分析的结果，将条目负荷在对应的因子上。嵌套模型如图 3 - 2 至图 3 - 5 所示。

各嵌套模型的拟合指标如表 3 - 9 所示，四因子模型的各项拟合指数均优于其他竞争模型，拟合程度最好。就四因子模型来看：首先，绝对拟合指数 χ^2/df 为 1.626，小于经验值 3.00；近似误差均方根 RMSEA 为 0.063，小于临界值 0.08；简约拟合优度指数 PGFI 为 0.667，大于临界值 0.50，表明模型是较为简约的；另外，NFI 为 0.934、TLI 为 0.969、CFI 为 0.973，均高于 0.90。综上，四因子模型拟合优度指标均达到较为理想的水平，说明扎实工匠基础、良好数字素养、敏捷转型能力、持续发展能力4个维度具有较好的区分效度，且四因子模型的结构是较为合理的。此外，验证性因子分析的因子载荷情况见图3-5。可以看出，所有测量条目在相应潜变量上的标准化载荷系数均高于0.5，且均通过了 t 检验，在 p < 0.001 的水平上显著。说明本研究的各变量具有较好的聚合效度，并进一步验证了4维结构的合理性。

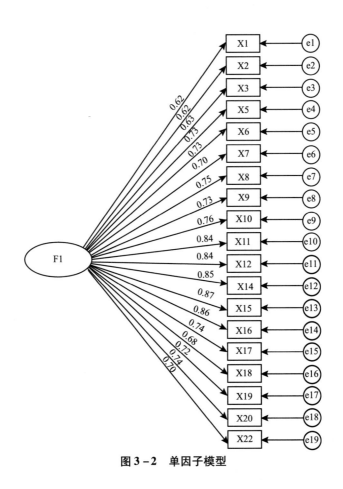

图 3 - 2 单因子模型

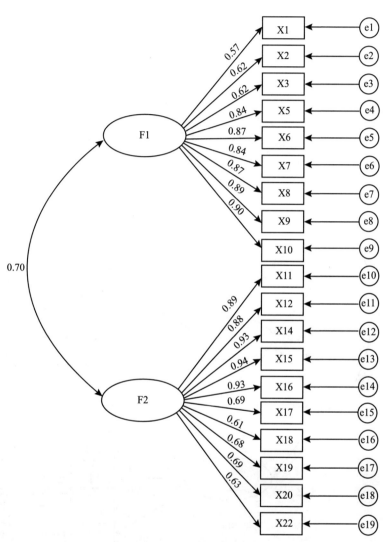

图 3-3 二因子模型

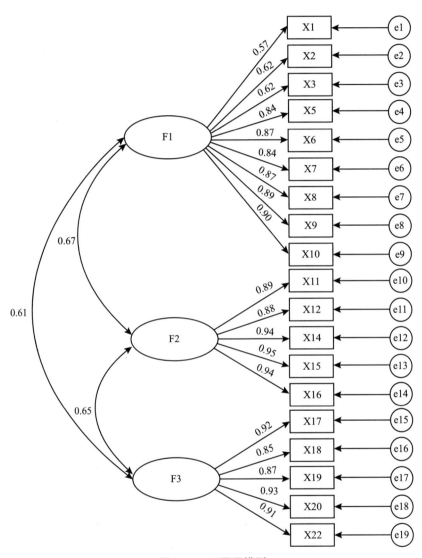

图 3 - 4　三因子模型

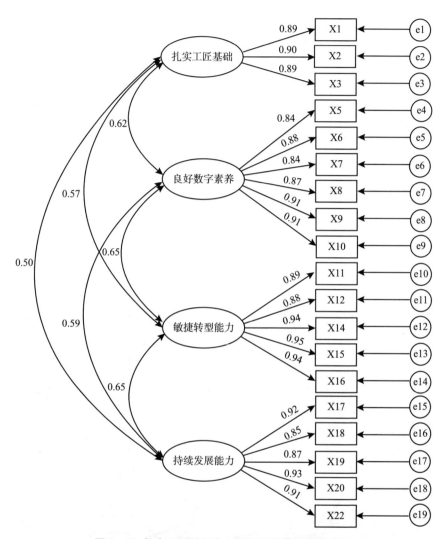

图 3 – 5　数字工匠胜任力四因子结构模型参数估计

表 3 – 9　　　　　各竞争模型验证性因子分析拟合指标

模型	χ^2	df	χ^2/df	RMSEA	PGFI	NFI	TLI	CFI
单因子	1533.023	152	10.086	0.239	0.307	0.571	0.543	0.594
二因子	1029.265	151	6.816	0.191	0.417	0.712	0.708	0.742
三因子	488.391	149	3.278	0.120	0.589	0.863	0.885	0.900
四因子	237.351	146	1.626	0.063	0.667	0.934	0.969	0.973
二阶模型	240.595	148	1.626	0.063	0.675	0.933	0.969	0.973

2. 二阶验证性因子分析

从图 3 - 5 中可以看出，扎实工匠基础、良好数字素养、敏捷转型能力、持续发展能力 4 个维度之间存在较高的相关性，表现为各相关系数均在 p < 0.001 的水平上显著。根据以往研究经验，当一阶验证性因子分析模型中出现因子高度相关时，可能存在着高阶的构念对各因子施加影响。为探究更为理想的构念模型，本研究对其进行了二阶验证性因子分析。

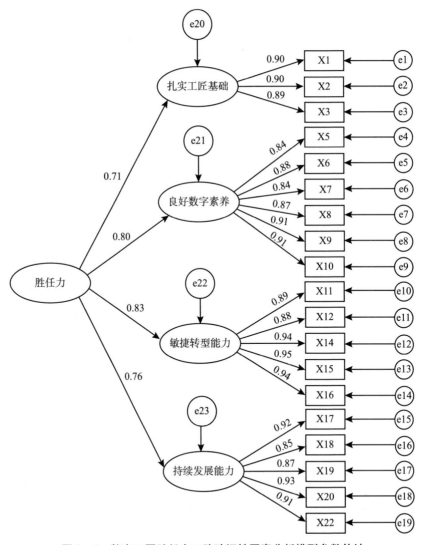

图 3 - 6　数字工匠胜任力二阶验证性因素分析模型参数估计

二阶因子分析将真实的潜在变量作为结构模型的测量变量，能较好地反映更高一层的潜在因素。二阶模型可以通过二阶因子与链接一阶因子的标准化路径指数来检验收敛效度。二阶结构方程模型结果如图 3－6 所示，扎实工匠基础、良好数字素养、敏捷转型能力、持续发展能力 4 个维度的路径系数均高于临界值 0.7，说明数字工匠胜任力的二阶结构方程模型的内在品质拟合度可以接受，4 个维度能较好地体现胜任力水平。另外，如表 3－9 所示，二阶结构模型的各拟合指标也达到理想水平。综上可以认为，假设的 4 个维度（扎实工匠基础、良好数字素养、敏捷转型能力、持续发展能力）可以较好地收敛于胜任力这一更高层面的概念。

3. 信效度检验

（1）信度检验。

为了检验数字工匠胜任力结构的可靠性，对最终确定的 4 个维度 19 个条目进行信度评估，主要通过计算各维度的 Chronbach's α 系数来展开。根据以往研究经验，量表的 Chronbach's α 系数达到 0.7 以上，可以认为具有较好的信度。结果如表 3－10 所示，胜任力 4 个维度的 Chronbach's α 系数均大于 0.7，量表总的 Chronbach's α 系数达到 0.877，由此认为量表具有良好的信度。

表 3－10　　　　　　　　量表的内部一致性信度系数

	扎实工匠基础	良好数字素养	敏捷转型能力	持续发展能力	总量表
Chronbach's α	0.922	0.950	0.966	0.953	0.960
题项个数	3	6	5	5	19

（2）效度检验。

为判定数字工匠胜任力测量量表的效度水平，本研究进一步展开了内容效度和区分效度检验。

内容效度反映的是量表在多大程度上代表了所测构念。所构建的测量量表要具备较好的内容效度必须避免三点：一是遗漏反映构念的测量指标；二是包含其他与构念内涵无关的指标；三是在整体结构上成分比例失调。数字工匠胜任力问卷的形成基于大量的实地访谈分析，为使测量条目具备更高的完整性和针对性，在形成问卷初稿后，请相关专家就条目的内涵和表述进行了定性分析，通过不断的修改完善，最终形成初始问卷。收集调研数据后，进一步通过定量分析的方法删除了不合适的条目。因此，本研究构建的数字工匠胜任力量表内容效度是合适的。

结构效度又分为收敛效度和区分效度。其中收敛效度是指使用不同方法测量同一构念的结果应高度相关，区分效度是指使用不同方法测量不同构念的结果应能加以区分。就收敛效度而言，胜任力量表中 4 个因子 19 个条目的标准化荷载系数均大于 0.5，并达到显著水平，且如表 3 - 11 所示，扎实工匠基础、良好数字素养、敏捷转型能力、持续发展能力 4 个因子的平均变异数抽取量 AVE 均高于 0.5，组合信度 CR 均高于 0.7，指标均满足标准，可以认为本研究开发的数字工匠胜任力 4 维结构具有良好的收敛效度。

表 3 - 11　　　　　　　　数字工匠胜任力结构的收敛效度分析

	扎实工匠基础	良好数字素养	敏捷转型能力	持续发展能力
AVE	0.798	0.767	0.847	0.804
CR	0.922	0.952	0.965	0.953

对于区分效度的检验，主要通过以下两步来进行判定。第一步，检验各维度是否产生高相关系数，出现多重共线性的问题。本研究中数字工匠胜任力的 4 个维度间相关系数如表 3 - 12 所示，各个因子间的相关系数均未达到临界值 0.85。第二步，比较各维度间的相关系数与相应维度平均变异数抽取量 AVE 的平方根，当前者小于后者，则可以认为相应维度间具有较好的区分效度。各因子 AVE 的算术平方根均大于该因子与其他因子的相关系数。因此，可以认为，本研究构建数字工匠胜任力 4 维结构具有良好的区分效度。

表 3 - 12　　　　　　　　数字工匠胜任力结构的区分效度分析

	扎实工匠基础	良好数字素养	敏捷转型能力	持续发展能力
扎实工匠基础	(0.893)			
良好数字素养	0.584 **	(0.876)		

续表

	扎实工匠基础	良好数字素养	敏捷转型能力	持续发展能力
敏捷转型能力	0.545 **	0.631 **	(0.920)	
持续发展能力	0.477 **	0.569 **	0.627 **	(0.897)

注：括号中为该因子的 AVE 值的算术平方根，** 表示 $p < 0.01$。

3.4.5 胜任力量表检验结果

以上通过问卷调查收集 319 份样本数据，遵循规范的心理学量表开发程序对数据进行探索性因素分析和验证性因素分析，对未通过统计检验的条目进行删除，最终得出了数字工匠胜任力测量量表。量表共包含 4 个维度、19 个题项，其中，扎实工匠基础维度有 3 个测量题项、良好数字素养维度有 6 个测量题项、敏捷转型能力维度有 5 个测量题项、持续发展能力维度有 5 个测量题项。量表的具体情况如表 3 – 13 所示。

表 3 – 13 数字工匠胜任力量表

编号	测量题项	维度
X1	我掌握产品逻辑并熟悉产品生产的工艺流程	扎实工匠基础
X2	我具有多个工序的作业经验，能够从生产全线的角度思考、解决问题	
X3	我具有精益生产理念，能够敏锐发现问题、深入分析问题并有效解决问题	
X5	我能熟练操作各种数字生产流水线和数字设备并掌握相关理论知识	良好数字素养
X6	我能理解并掌握数字化系统/设备的运作逻辑与生产数据的生成逻辑	
X7	我具有数据敏感性，能够通过数据敏锐识别出可能存在的生产问题	
X8	我能够合理利用图表、动画等可视化工具清晰有效地传达信息	
X9	我能够提供建设性的数字化系统/设备改进建议	
X10	我经常在数字技术应用中产生有价值的洞察，为生产发展提供创新性策略和方向	

续表

编号	测量题项	维度
X11	我具有较强的接受新事物的能力	敏捷转型能力
X12	我具备基础的信息、网络技术应用能力	
X14	我认同组织的数字化转型战略并对此有坚定的信心与决心	
X15	我严格执行组织/领导安排的数字化转型相关工作	
X16	我乐于探索数字技术并积极寻求相关技术人士的协助	
X17	我具有较强的团队建设与管理能力	持续发展能力
X18	我会从领导的角度看问题并积极与领导沟通以寻求资源	
X19	我具有较强沟通能力，能够做好跨部门交流与协作工作	
X20	我热爱学习，不断更新自身的知识与技能	
X22	我面对工作压力和逆境时，能够较快调整好情绪与心态并积极适应	

第4章 制造业数字工匠培养现状

在对数字工匠胜任力进行研究的基础上，调查分析我国制造业数字工匠的培养现状，可以为提出有针对性的数字工匠培养对策提供重要的现实依据。因此，本章主要运用问卷调查和访谈相结合的方法，从多个方面系统调查制造业数字工匠的培养现状，并深入剖析其中存在的问题及原因。

4.1 调查设计与实施

4.1.1 调查设计

1. 调查目的

本调查研究是通过对我国制造企业数字工匠培养现状的调查分析，探寻当前数字工匠培养存在的主要问题和关键影响因素，为提出我国制造业数字工匠培养对策提供基本依据。

2. 调查对象与方法

制造企业是我国数字工匠培养的核心主体之一，也是本书所关注的主要研究对象。在操作层面，主要采用问卷调查法对数字工匠的培养现状进行大规模调查，具体以数字化转型制造企业的人力资源管理人员为问卷调查对象，了解其所在企业的数字工匠培养情况及外部支持情况。

3. 调查内容

问卷调查主要包括四个方面的内容：一是调查对象所在企业的基本信息，包括企业性质、所属行业、成立时间、员工人数、数字工匠占比、数字化转型状况等；二是企业自身的数字工匠培养现状、存在问题和影响因素等；三是职业院校、政府等外部相关主体对企业数字工匠培养的支持情况及存在问题等；四是企业数字工匠培养中尚面临哪些问题或有什么建议（主观问答题）。

4.1.2 调查实施过程

1. 问卷设计

在对有关理论和文献资料进行系统分析的基础上，结合对地市级人社局、职业院校和典型制造企业的实地访谈，初步设计了《制造企业数字工匠培养现状调查问卷》。

2. 问卷发放

问卷发放通过问卷星和企业直发两种形式。首先选择 3 家企业直发，进行预调查，并根据企业反馈的意见对调查问卷进行了修改和完善，形成正式调查问卷（见附录 2）。然后，通过问卷星发放正式调查问卷。

3. 问卷回收

本调查共计发放调查问卷 450 份，回收问卷 423 份，剔除 7 份无效问卷后，得到有效问卷 416 份，有效问卷回收率达到 92.44%。

4.2 调查对象的基本情况

1. 企业的性质

在 416 家样本企业中，民营企业有 302 家，占总数的 72.59%，位居第一；国有企业 74 家，占比 17.79%；中外合资企业 23 家，占比 5.53%；外商独资企业 17 家，占总数的 4.09%，见图 4-1。

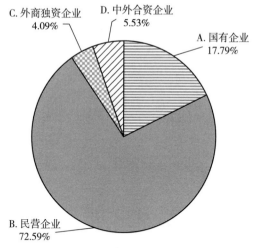

图 4 - 1　样本企业的性质分布

2. 企业所属行业

本次调研以国家统计局发布的制造业行业分类为依据，样本企业共涉及 30 个不同的行业领域（见图 4 - 2），范围较广，覆盖了绝大部分的制造业领域。其中，食品制造业以及计算机、通信和其他电子设备制造业这两个领域的企业数量最多，位居前两位，分别占比 16.83% 和 8.41%。此外，纺织服装、服饰业领域的企业数量排在第三位，占比 7.69%。

3. 企业成立时间

416 家样本企业中，成立时间在 1 年及以下的有 2 家（占比 0.48%）；成立时间为 2 ~ 5 年和 6 ~ 9 年的企业分别有 47 家（占比 11.30%）和 144 家（占比 34.61%）；成立 10 年及以上的企业最多，达到 223 家（占比 53.61%），超过样本总数的一半（见图 4 - 3）。总体来看，样本企业的成立时间较长，有着深厚的发展积淀，同时也具有较好的代表性。

4. 企业员工人数

416 家样本企业中，100 人以下的小型企业有 47 家，占比 11.30%；100 ~ 300 人和 301 ~ 500 人的企业分别有 182 和 88 家，分别占 43.75% 和 21.15%；501 ~ 1000 人的企业有 56 家，占总数的 13.46%；1001 人及以上的企业有 43 家，占总数的 10.34%（见图 4 - 4）。总体而言，样本企业的员工规模较大。

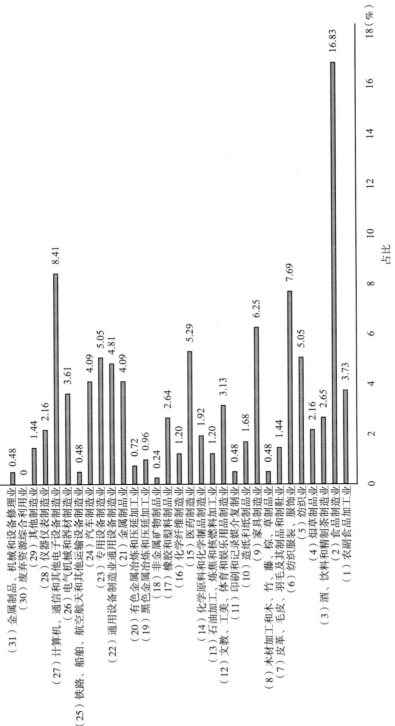

图4-2 样本企业的行业分布

注：由于四舍五入的原因，数据加总后与100%略有误差。

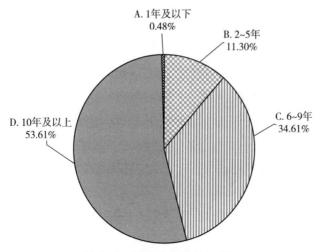

图 4 - 3　样本企业的成立时间

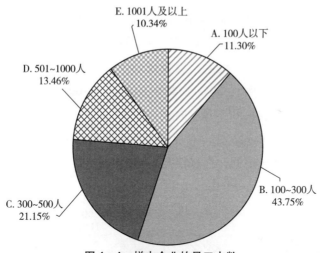

图 4 - 4　样本企业的员工人数

5. 企业大专及以上学历的生产工人数量

416 家样本企业中, 大专及以上学历生产工人所占比例为 10% 以内的企业有 52 家, 占企业总数的 12.50%; 所占比例在 10% ~ 20% 和 20% ~ 30% 的企业数量分别为 91 家 (21.87%) 和 117 家 (28.13%); 所占比例在 30% ~ 40% 的企业有 72 家, 占企业总数的 17.31%; 所占比例在 40% 以上的企业有 84 家, 占企业总数的 20.19% (见图 4 - 5)。由此可知, 样本企业的生产工人中大专及以上学历所占比例不高, 大多处于 40% 以下。

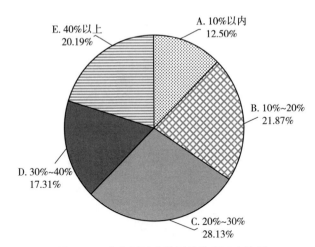

图 4 - 5 大专及以上学历的生产工人比例

6. 企业数字工匠状况

首先，数字工匠的比例。416 家样本企业中，数字工匠在生产工人中所占比例为 10% 以内的企业有 46 家，占企业总数的 11.06%；所占比例在 10% ~20% 和 20% ~30% 的企业数量分别为 151 家（36.30%）和 117 家（28.13%）；所占比例在 30% ~ 40% 的企业有 60 家，占企业总数的 14.42%；所占比例在 40% 以上的企业有 42 家，占企业总数的 10.09%（见图 4 - 6）。由此可知，样本企业的生产工人中数字工匠所占比例不高，大多处于 10% ~30% 之间，存在较大的培养空间。

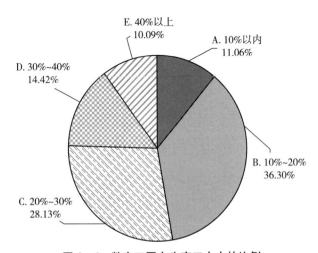

图 4 - 6 数字工匠在生产工人中的比例

其次，数字工匠的紧缺程度。416 家样本企业中，有 26 家企业的数字工匠"非常紧缺"，占企业总数的 6.25%；204 家企业的数字工匠"比较紧缺"，占企业总数的 49.04%；105 家企业的数字工匠紧缺程度处于"一般"水平，占企业总数的 25.24%；72 家企业的数字工匠"比较充足"，占企业总数的 17.31%；9 家企业的数字工匠"非常充足"，占企业总数的 2.16%（见图 4-7）。由此可知，样本企业的数字工匠紧缺程度较高，认为"比较紧缺"和"非常紧缺"的合计占比超过了一半，亟待加以大力培养。

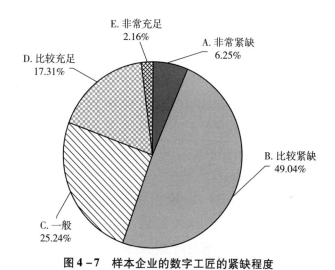

图 4-7　样本企业的数字工匠的紧缺程度

同时，按照五分制计算得到 416 家企业数字工匠的总体紧缺程度为 3.40 分（见表 4-1）。其中，员工人数在 100～300 人的企业数字工匠的紧缺程度最大，评分达到 3.52 分，其次是 501～1000 人和 301～500 人的企业，评分分别达到 3.36 分和 3.35 分，见表 4-2。

表 4-1　　　　　　　　　样本企业的数字工匠的总体紧缺程度

选项	比例（%）	分值
A. 非常紧缺	6.25	5
B. 比较紧缺	49.04	4

续表

选项	比例（%）	分值
C. 一般	25.24	3
D. 比较充足	17.31	2
E. 非常充足	2.16	1
总体紧缺程度（分）	—	3.40

表4-2   不同规模企业的数字工匠的总体紧缺程度

企业规模	总体紧缺程度（分）
A. 100 人以下	3.32
B. 100～300 人	3.52
C. 301～500 人	3.35
D. 501～1000 人	3.36
E. 1001 人及以上	3.14

7. 企业数字化转型状况

（1）企业数字化转型阶段（见图4-8）。416家样本企业中，有46家企业的数字化转型处于"初步上线"阶段，占企业总数的11.06%；处于"逐步实施"和"全面优化"阶段的企业数量分别为189家（45.43%）和114家（27.40%）；处于"成熟应用"阶段的企业数量仅有67家，占企业总数的16.11%。由此可知，样本企业的数字化转型程度不高，大多处于"逐步实施"和"全面优化"阶段。

（2）企业数字化战略的清晰情况（见图4-9）。416家样本企业中，有75家企业的数字化战略"非常清晰"，占企业总数的18.03%；276家企业的数字化战略"比较清晰"，占企业总数的66.35%；数字化战略清晰程度处于"一般"水平的有49家，占企业总数的11.78%；数字化战略"比较模糊"的企业数量仅有16家，占企业总数的3.84%。由此可知，绝大部分样本企业的数字化战略较为清晰。

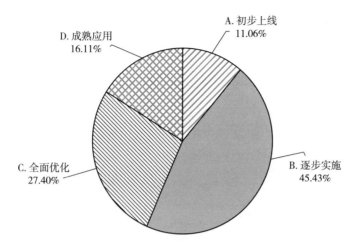

图 4-8　样本企业所处数字化转型阶段的分布

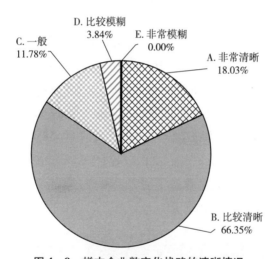

图 4-9　样本企业数字化战略的清晰情况

（3）企业数字化战略转型的组织保障（见图 4-10）。416 家样本企业中，有 75 家企业的数字化战略转型有专门的人员推动，但无专门的部门推动，占企业总数的 18.03%；281 家企业的数字化战略转型有专门的部门推动，且由公司领导班子主管，占企业总数的 67.55%；51 家企业的数字化战略转型有专门的部门推动，且由非公司领导班子主管，占企业总数的 12.26%；仅有 9 家企业的数字化战略转型没有专门的部门或人员推动，占企业总数的 2.16%。由此可知，绝大部分样本企业的数字化战略转型都有专门的部门或人员推动，且由公司高层负责推动的企业比例较高。

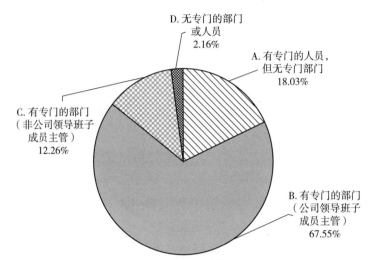

图 4 – 10　样本企业数字化战略转型的组织保障情况

（4）企业核心流程的数字化转型情况。416 家样本企业中，实施"生产"数字化转型的企业数最多，达到 330 家，占企业总数的 79.33%；有 259 家企业实施了"研发"的数字化转型，占企业总数的 62.26%；262 家企业实施了"采购"的数字化转型，占企业总数的 62.98%；252 家企业实施了"营销"的数字化转型，占企业总数的 60.58%；291 家企业实施了"管理"的数字化转型，占企业总数的 69.95%。由图 4 – 11 可知，大部分样本企业的数字化转型覆盖了研发、采购、生产、营销、管理等核心流程，其中生产环节的占比最高。

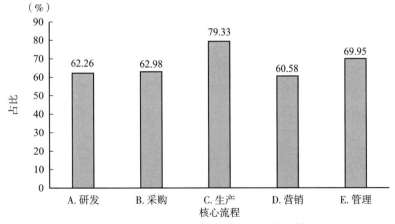

图 4 – 11　样本企业核心流程的数字化转型情况

4.3 数字工匠培养状况

数字工匠的培养是一个涉及政府、学校、企业等多主体的系统性工程。对于制造企业而言，数字工匠的培养涉及工人的培训、使用、激励等多方面内容。本节通过对上述调查问卷数据的统计，对 416 家样本企业的数字工匠培养情况进行较为详细的统计分析。

4.3.1 企业数字工匠的内部培养现状

1. 企业对数字工匠培养的重视程度

问卷调查显示，在 416 家样本企业中，有 165 家企业对数字工匠培养"很重视"，占企业总数的 39.66%；194 家企业对数字工匠培养"比较重视"，占企业总数的 46.64%；51 家企业对数字工匠培养"一般重视"，占企业总数的 12.26%；6 家企业对数字工匠培养"较不重视"，占企业总数的 1.44%（见图 4 – 12）。按照五分制计算得到 416 家企业对数字工匠培养的总体重视程度为 4.25 分（见表 4 – 3），可见样本企业对数字工匠培养的重视程度总体较高。

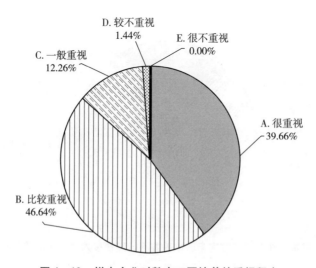

图 4 – 12 样本企业对数字工匠培养的重视程度

表 4 – 3 样本企业对数字工匠培养的总体重视程度

选项	比例（%）	分值
A. 很重视	39.66	5
B. 比较重视	46.64	4
C. 一般重视	12.26	3
D. 较不重视	1.44	2
E. 很不重视	0.00	1
总体重视程度（分）	—	4.25

2. 企业对工匠数字素养的培养经费投入

问卷调查显示，在 416 家样本企业中，有 45 家企业在工匠数字素养培养方面的经费投入占工人培养总经费的比例在 10% 以下，占企业总数的10.82%；有 187 家企业在工匠数字素养培养方面的经费投入占工人培养总经费的比例在 10% ~20% 之间，占企业总数的 44.95%；有 137 家企业在工匠数字素养培养方面的经费投入占工人培养总经费的比例在 20% ~30% 之间，占企业总数的 32.93%；有 47 家企业在工匠数字素养培养方面的经费投入占工人培养总经费的比例在 30% 以上，占企业总数的 11.30%（见图 4 – 13）。

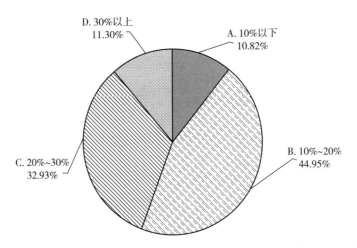

图 4 – 13 样本企业在工匠数字素养培养方面的经费投入占工人培养总经费的比例

按照取中值加权平均的方法，416 家样本企业在工匠数字素养培养方面的经费投入占工人培养总经费的平均比例为 19.47%（见表 4－4），还有较大的提升空间。其中，员工人数 1001 人及以上的企业在工匠数字素养培养方面的经费投入占工人培养总经费的平均比例最高，达到 21.51%；员工人数 100 人以下的企业和 100～300 人的企业在工匠数字素养培养方面的经费投入占工人培养总经费的平均比例较低，分别为 18.83% 和 18.90%（见表 4－5）。可见，随着企业规模的不断扩大，企业在工匠数字素养培养方面的经费投入占工人培养总经费的比例也逐步提高。

表 4－4　　　企业在工匠数字素养培养方面的经费投入占工人培养

总经费的平均比例　　　　　　单位：%

选项	企业比例（%）	经费占比中值
A. 10% 以下	10.82	5
B. 10%～20%	44.95	15
C. 20%～30%	32.93	25
D. 30% 以上	11.30	35
平均	—	19.47

表 4－5　　　不同规模企业在工匠数字素养培养方面经费投入

占工人培养总经费的平均比例　　　　单位：%

企业规模	平均比例
A. 100 人以下	18.83
B. 100～300 人	18.90
C. 301～500 人	19.20
D. 501～1000 人	20.71
E. 1001 人及以上	21.51

3. 企业数字化培训系统的建立情况

问卷调查显示，在 416 家样本企业中，有 47 家企业的数字化培训系统处于"初步上线"阶段，占企业总数的 11.30%；有 197 家企业的数字化培训系统处于"逐步实施"阶段，占企业总数的 47.35%；有 126 家企业的数字化培训系统处于"全面优化"阶段，占企业总数的 30.29%；有 45 家企业的数字化培训系统处于"成熟应用"阶段，占企业总数的 10.82%；有 1 家企业尚未建立数字化培训系统，占企业总数的 0.24%（见图 4 –14）。

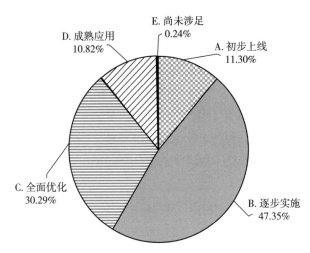

图 4 –14　样本企业数字化培训系统的建立情况

　　按照五分制计算得到 416 家企业数字化培训系统的总体完善程度为 3.40 分（见表 4 –6），可见样本企业数字化培训系统的总体完善程度不高，有较大的提升空间。其中，员工人数 1001 人及以上的企业数字化培训系统的完善程度最高，达到 3.74 分；其次是员工人数 301～500 人的企业，达到 3.44 分；员工人数 100～300 人的企业最低，仅有 3.30 分（见表 4 –7）。

表 4 –6　　　　　　　样本企业数字化培训系统的总体完善程度

选项	比例（%）	分值
E. 尚未涉足	0.24	0
A. 初步上线	11.30	2
B. 逐步实施	47.35	3
C. 全面优化	30.29	4
D. 成熟应用	10.82	5
总体完善程度（分）	—	3.40

表 4 - 7　　　　　　　不同规模企业数字化培训系统的完善程度

企业规模	数字化培训系统完善程度（分）
A. 100 人以下	3.40
B. 100~300 人	3.30
C. 301~500 人	3.44
D. 501~1000 人	3.39
E. 1001 人及以上	3.74

4. 企业工匠数字素养的培养方式

问卷调查显示，在 416 家样本企业中，"互联网企业观摩学习"是采用最多的工匠数字素养培养方式，选择的企业数多达 259 家，占企业总数的 62.26%；其次是"师带徒"方式，选择的企业数有 245 家，占企业总数的 58.89%；排在第三位的是"参加公共平台数字技能培训"，选择的企业数有 241 家，占企业总数的 57.93%；排在第四位和第五位的分别是"互联网企业专家授课"和"内部专家讲授"，选择的企业数分别为 223 家和 195 家，占企业总数的比例分别为 53.61% 和 46.88%（见图 4 - 15）。

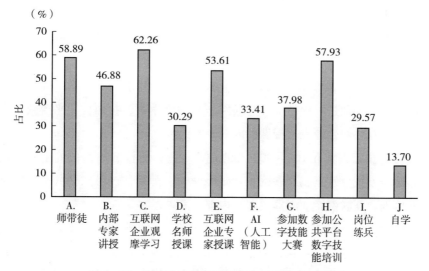

图 4 - 15　样本企业的数字化培训系统的建立情况

此外，不同规模企业选择的工匠数字素养培养方式的分类统计结果见表 4 - 8。

表 4 - 8　　　不同规模企业选择的排名前 5 位的工匠数字素养培养方式

企业规模	第 1 位	第 2 位	第 3 位	第 4 位	第 5 位
100 人以下	师带徒 (61.70%)	互联网企业 观摩学习 (59.57%)	参加公共平台 数字技能培训 (59.57%)	互联网企业 专家授课 (53.19%)	内部专家讲授 (40.43%)
100 ~ 300 人	互联网企业 观摩学习 (65.38%)	师带徒 (56.04%)	参加公共平台 数字技能培训 (55.49%)	互联网企业 专家授课 (53.85%)	内部专家讲授 (42.86%)
301 ~ 500 人	互联网企业 观摩学习 (55.68%)	互联网企业 专家授课 (53.41%)	参加公共平台 数字技能培训 (51.14%)	师带徒 (50.00%)	内部专家讲授 (45.45%)
501 ~ 1000 人	师带徒 (71.43%)	参加公共平台 数字技能培训 (64.29%)	互联网企业 观摩学习 (57.14%)	内部专家讲授 (51.79%)	互联网企业 专家授课 (50.00%)
1001 人及以上	互联网企业 观摩学习 (72.09%)	参加公共平台 数字技能培训 (72.09%)	师带徒 (69.77%)	内部专家讲授 (67.44%)	互联网企业 专家授课 (58.14%)

注：表中（ ）内的百分数，表示选择该培养方式的企业数占所在规模企业总数的比例。

（1）员工人数在 100 人以下的企业，选择的排名前 5 位的工匠数字素养培养方式分别是：师带徒、互联网企业观摩学习、参加公共平台数字技能培训、互联网企业专家授课和内部专家讲授。

（2）员工人数在 100 ~ 300 人的企业，选择的排名前 5 位的工匠数字素养培养方式分别是：互联网企业观摩学习、师带徒、参加公共平台数字技能培训、互联网企业专家授课和内部专家讲授。

（3）员工人数在 301 ~ 500 人的企业，选择的排名前 5 位的工匠数字素养培养方式分别是：互联网企业观摩学习、互联网企业专家授课、参加公共平台数字技能培训、师带徒和内部专家讲授。

（4）员工人数在 501～1000 人的企业，选择的排名前 5 位的工匠数字素养培养方式分别是：师带徒、参加公共平台数字技能培训、互联网企业观摩学习、内部专家讲授和互联网企业专家授课。

（5）员工人数在 1001 人及以上的企业，选择的排名前 5 位的工匠数字素养培养方式分别是：互联网企业观摩学习、参加公共平台数字技能培训、师带徒、内部专家讲授和互联网企业专家授课。

5. 企业开展的工匠数字素养培训内容

问卷调查显示，在 416 家样本企业中，"数字技术"是企业对工匠开展数字素养培训最多的内容，选择的企业数有 356 家，占企业总数的 85.58%；其次是"数字工具操作"，选择的企业数有 353 家，占企业总数的 84.86%；排在第 3 位的是"数字知识"，选择的企业数有 305 家，占企业总数的 73.32%；排在第 4 位和第 5 位的分别是"数字安全"和"数字意识"，选择的企业数分别为 285 家和 209 家，占企业总数的比例分别为 68.51% 和 50.24%（见图 4－16）。

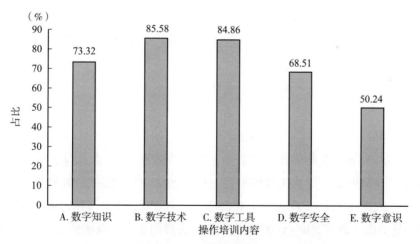

图 4－16 样本企业对工匠开展的数字素养培训内容

此外，不同规模企业选择的数字素养培训内容的分类统计结果见表 4－9。

表4－9 　　　　　不同规模企业对工匠数字素养培养内容的重视程度　　　　　单位：%

企业规模	数字知识	数字技术	数字工具操作	数字安全	数字意识
100 人以下	65.96	85.11	72.34	61.70	38.30
100～300 人	69.78	84.62	84.07	65.38	52.75
301～500 人	73.86	79.55	87.50	69.32	42.05
501～1000 人	80.36	92.86	85.71	71.43	57.14
1001 人及以上	86.05	93.02	95.35	83.72	60.47

（1）在数字知识培训方面，随着企业规模的不断增大，企业对数字知识培训的重视程度也在提高，其中员工人数在 1001 人及以上的企业对数字知识培训的重视程度最高，选择的企业比例达到 86.05%；其次是员工人数在 501～1000 人的企业，选择的企业比例达到 80.36%；排在第 3 的是员工人数在 301～500 人的企业，选择的企业比例达到 73.86%；员工人数在 100～300 人和 100 人以下的企业，选择的比例分别仅有 69.78% 和 65.96%。

（2）在数字技术培训方面，员工人数在 1001 人及以上的企业对数字技术培训的重视程度最高，选择的企业比例达到 93.02%；其次是员工人数在 501～1000 人的企业，选择的企业比例达到 92.86%；排在第 3 的是员工人数在 100 人以下的企业，选择的企业比例达到 85.11%；员工人数在 100～300 人和 301～500 人的企业，选择的比例分别仅有 84.62% 和 79.55%。

（3）在数字工具操作培训方面，员工人数在 1001 人及以上的企业对数字工具操作培训的重视程度最高，选择的企业比例达到 95.35%；其次是员工人数在 301～500 人的企业，选择的企业比例达到 87.50%；排在第 3 的是员工人数在 501～1000 人的企业，选择的企业比例达到 85.71%；员工人数在 100～300 人和 100 人以下的企业，选择的比例分别仅有 84.07% 和 72.34%。

（4）在数字安全培训方面，随着企业规模的不断扩大，企业对数字安全培训的重视程度也逐渐上升，其中员工人数在 1001 人及以上的企业对数字安全培训的重视程度最高，选择的企业比例达到 83.72%；其次是员工人数在 501～1000 人的企业，选择的企业比例达到 71.43%；排在第 3 的是员工人数在 301～500 人的企业，选择的企业比例达到 69.32%；员工人数在 100～300 人和 100 人以下的企业，选择的比例分别仅有 65.38% 和 61.70%。

（5）在数字意识培训方面，员工人数在 1001 人及以上的企业对数字意识培训的重视程度最高，选择的企业比例达到 60.47%；其次是员工人数在 501～1000 人的企业，选择的企业比例达到 57.14%；排在第 3 的是员工人数在 100～300 人的企业，选择的企业比例达到 52.75%；员工人数在 301～500 人和 100 人以下的企业，选择的比例分别仅有 42.05% 和 38.30%。此外，无论是什么规模的企业，与其他培训内容相比，"数字意识"培训的受重视程度均最低。

6. 企业内部举办的工匠数字素养培养效果

问卷调查显示，在 416 家样本企业中，企业内部举办的工匠数字素养培养效果"很好"的有 65 家，占企业总数的 15.63%；效果"较好"的有 268 家，占企业总数的 64.42%；效果"一般"的有 65 家，占企业总数的 15.63%；效果"较差"的有 18 家，占企业总数的 4.32%（见图 4－17）。

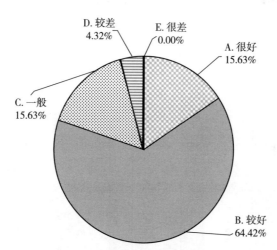

图 4－17 样本企业内部举办的工匠数字素养培养的效果

按照五分制计算得到 416 家企业的工匠数字素养培养的总体效果为 3.91 分（见表 4－10），可见样本企业的工匠数字素养培养的效果总体较好。

表 4 – 10　　　　样本企业内部举办的工匠数字素养培养的总体效果

选项	比例（%）	分值
A. 很好	15.63	5
B. 较好	64.42	4
C. 一般	15.63	3
D. 较差	4.32	2
E. 很差	0.00	1
总体效果（分）	—	3.91

7. 企业对数字工匠的激励方式

问卷调查显示，在 416 家样本企业中，"奖金"是企业对数字工匠采用最多的激励方式，选择的企业数有 354 家，占企业总数的 85.34%；其次是"晋升管理层"，选择的企业数有 302 家，占企业总数的 72.60%；排在第 3 位的是"荣誉表彰"，选择的企业数有 274 家，占企业总数的 65.87%；排在第 4 位的是"发展性培训教育"，选择的企业数有 243 家，占企业总数的 58.41%。与这些激励方式相比，"股票期权"是企业对数字工匠采用最少的激励方式，选择的企业数仅为 55 家，占企业总数的比例为 13.22%（见图 4 – 18）。

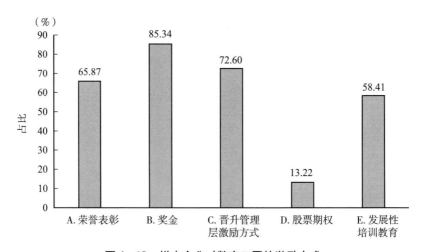

图 4 – 18　样本企业对数字工匠的激励方式

对于"晋升管理层"这一激励方式，问卷调查显示，在 416 家样本企业中，数字工匠五年内晋升到管理岗的可能性"很大"的企业有 54 家，占企业总数的 12.98%；可能性"较大"的有 249 家，占企业总数的 59.86%；可能性"一般"的有 100 家，占企业总数的 24.04%；可能性"较小"的有 13 家，占企业总数的 3.12%（见图 4 – 19）。按照加权平均法，计算得到 416 家企业数字工匠五年内晋升到管理岗的总体可能性为 76.54%（见表 4 – 11），可见样本企业数字工匠五年内晋升到管理岗的总体可能性接近"较大"水平。

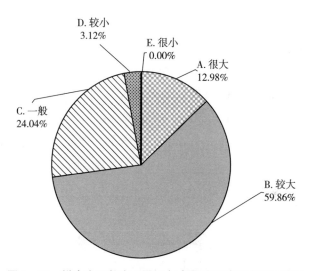

图 4 – 19 样本企业数字工匠五年内晋升到管理岗的可能性

表 4 – 11　　　样本企业数字工匠五年内晋升到管理岗的总体可能性　　　单位：%

选项	比例	权重
A. 很大	12.98	100
B. 较大	59.86	80
C. 一般	24.04	60
D. 较小	3.12	40
E. 很小	0.00	20
加权平均	—	76.54

8. 企业数字工匠培养的影响因素

（1）企业数字工匠培养的内部影响因素。

就数字工匠培养的内部影响因素而言，样本企业认可的关键因素主要有4个（见图4-20），这4个因素的被选择率超过或接近一半，从高到低分别是：缺乏先进的数字设备或软件、数字化培训课程开发不足、工人参与培训的积极性不高、缺乏专业化的师资。具体来看，在416家样本企业中，"缺乏先进的数字设备或软件"是企业认为最为关键的内部影响因素，选择的企业数有266家，占企业总数的63.94%；其次是"数字化培训课程开发不足"，选择的企业数有222家，占企业总数的53.37%；排在第3位和第4位的分别是"工人参与培训的积极性不高"和"缺乏专业化的师资"，选择的企业数分别为214家和205家，占企业总数的比例分别达到51.44%和49.28%；排在第5位和第6位的分别是"公司培养经费投入不足"和"数字化导师不够"，选择的企业数分别为196家和188家，占企业总数的比例分别达到47.12%和45.19%。此外，还有102家企业认为"数字工匠流失风险高"也是数字工匠培养的一个重要影响因素，占企业总数的24.52%。

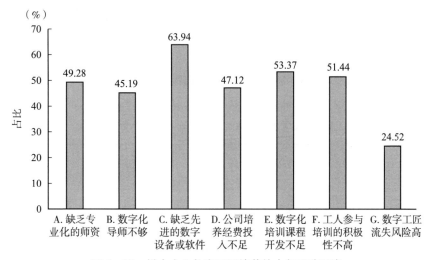

图4-20 样本企业数字工匠培养的内部影响因素

　　此外，不同规模企业选择的数字工匠培养内部影响因素的分类统计结果见表 4-12。

表 4-12　　　　不同规模企业数字工匠培养内部影响因素前五位排名

企业规模	第 1 位	第 2 位	第 3 位	第 4 位	第 5 位
100 人以下	工人参与培训的积极性不高（63.83%）	缺乏先进的数字设备或软件（53.19%）	缺乏专业化的师资（53.19%）	数字化培训课程开发不足（51.06%）	公司培养经费投入不足（31.91%）
100~300 人	缺乏先进的数字设备或软件（66.48%）	数字化培训课程开发不足（57.14%）	数字化导师不够（51.1%）	缺乏专业化的师资（50.55%）	公司培养经费投入不足（49.45%）
301~500 人	缺乏先进的数字设备或软件（65.91%）	数字化培训课程开发不足（57.95%）	公司培养经费投入不足（56.82%）	工人参与培训的积极性不高（51.14%）	数字化导师不够（42.05%）
501~1000 人	缺乏先进的数字设备或软件（60.71%）	工人参与培训的积极性不高（55.36%）	缺乏专业化的师资（53.57%）	数字化培训课程开发不足（46.43%）	公司培养经费投入不足（44.64%）
1001 人及以上	缺乏先进的数字设备或软件（60.71%）	缺乏专业化的师资（53.49%）	工人参与培训的积极性不高（46.51%）	数字化导师不够（41.86%）	数字化培训课程开发不足（39.53%）

　　注：表中（ ）内百分数表示选择该影响因素的企业数占所在规模企业总数的比例。

　　由表 4-12 可以看出：

　　①员工人数在 100 人以下的企业，选择的排名前 5 位的数字工匠培养内部影响因素分别是：工人参与培训的积极性不高、缺乏先进的数字设备或软件、缺乏专业化的师资、数字化培训课程开发不足和公司培养经费投入不足；

　　②员工人数在 100~300 人的企业，选择的排名前 5 位的数字工匠培养内部影响因素分别是：缺乏先进的数字设备或软件、数字化培训课程开发不足、数字化导师不够、缺乏专业化的师资和公司培养经费投入不足；

　　③员工人数在 301~500 人的企业，选择的排名前 5 位的数字工匠培养内部影响因素分别是：缺乏先进的数字设备或软件、数字化培训课程开发不足、公司培养经费投入不足、工人参与培训的积极性不高和数字化导师不够；

④员工人数在 501～1000 人的企业，选择的排名前 5 位的数字工匠培养内部影响因素分别是：缺乏先进的数字设备或软件、工人参与培训的积极性不高、缺乏专业化的师资、数字化培训课程开发不足和公司培养经费投入不足；

⑤员工人数在 1001 人及以上的企业，选择的排名前 5 位的数字工匠培养内部影响因素分别是：缺乏先进的数字设备或软件、缺乏专业化的师资、工人参与培训的积极性不高、数字化导师不够和数字化培训课程开发不足。

特别针对数字工匠流失风险进行分析。由图 4-21 可以看出，416 家样本企业中数字工匠近三年的年均流失率在 5% 以下的有 192 家，占比达到 46.15%；年均流失率在 5%～10% 的企业有 146 家，占比达到 35.10%；年均流失率在 10%～20% 的企业有 57 家，占比达到 13.70%；年均流失率在 20%～30% 的企业有 21 家，占比达到 5.05%。

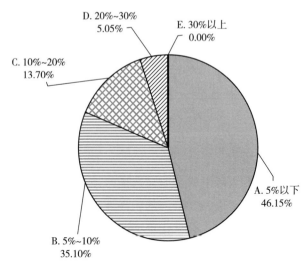

图 4-21　样本企业数字工匠近三年的年均流失率

按照取中值加权平均的方法，416 家样本企业的数字工匠近三年的年均流失率的平均值为 7.10%。可见，总体而言，样本企业数字工匠近三年的平均流失率不高（见表 4-13），但仍然会在一定程度上导致企业对数字工匠培养存在矛盾心理，影响了培养的力度和持续性。

表 4 – 13	样本企业数字工匠近三年的年均流失率的平均值	单位：%
选项	企业比例	流失率中值
A. 5% 以下	46.15	2.5
B. 5% ~10%	35.10	7.5
C. 10% ~20%	13.70	15.0
D. 20% ~30%	5.05	25.0
E. 30% 以上	0.00	35.0
平均	—	7.1

（2）企业数字工匠培养的外部影响因素。

就数字工匠培养的外部影响因素而言，样本企业认可的关键因素主要有 4 个（见图 4 – 22），这 4 个因素的被选择率超过或接近一半，从高到低分别是：公共数字技能实训基地缺乏、院校培训师资实操能力不足、职业院校培养的技能人才数字技能偏低、找不到合适的互联网企业合作。具体来看，在 416 家样本企业中，"公共数字技能实训基地缺乏"是企业认为最为关键的外部影响因素，选择的企业数有 281 家，占企业总数的67.55%；其次是"院校培训师资实操能力不足"，选择的企业数有 225家，占企业总数的 54.09%；排在第 3 位和第 4 位的分别是"职业院校培养的技能人才数字技能偏低"和"找不到合适的互联网企业合作"，选择的企业数分别为 222 家和 202 家，占企业总数的比例分别达到 53.37% 和48.56%；排在第 5 位和第 6 位的分别是"缺乏数字工匠认定标准"和"同行企业恶意挖人"，选择的企业数分别为 160 家和 158 家，占企业总数的比例分别达到 38.46% 和 37.98%。

4.3.2 企业数字工匠的外部培养现状

1. 职业院校数字技能人才培养状况

（1）职业院校培养的技能人才的数字素养状况。

问卷调查显示，在 416 家样本企业中，企业认为职业院校培养的技能人才最为缺乏的数字素养是"数字操作技能"，选择的企业数有 313 家，占企业总数的 75.24%；其次是"数字技术"，选择的企业数有 296 家，占

企业总数的 71.15%；排在第 3 位的是"数字意识"，选择的企业数有 215
家，占企业总数的 51.68%；排在第 4 位的是"数字知识"，选择的企业数
有 193 家，占企业总数的 46.39%（见图 4-23）。

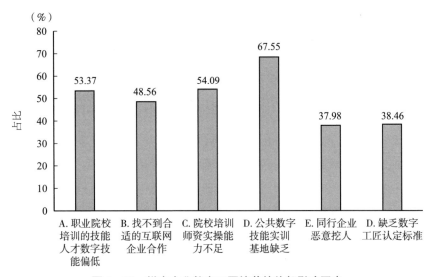

图 4-22　样本企业数字工匠培养的外部影响因素

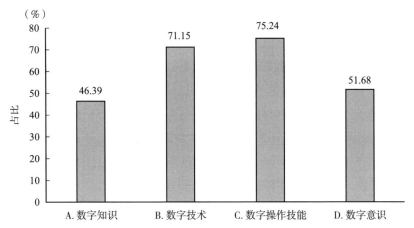

图 4-23　样本企业认为职业院校培养的技能人才最为缺乏的数字素养

（2）职业院校在数字技能人才培养方面存在的问题。

问卷调查显示，在 416 家样本企业中，企业认为职业院校在数字技能

人才培养方面最为关键的问题是"缺乏先进的数字化设备和软件等",选择的企业数有 267 家,占企业总数的 64.18%;其次是"校企合作不够深入",选择的企业数有 245 家,占企业总数的 58.89%;排在第 3 位的是"缺乏高素质的数字化师资",选择的企业数有 228 家,占企业总数的 54.81%;排在第 4 位的是"实习实践课程效果不佳",选择的企业数有 219 家,占企业总数的 52.64%;排在第 5 和第 6 位的分别是"数字化课程开设不足"和"数字化专业开设不足",选择的企业数分别为 199 家和 192 家,占企业总数的比例分别为 47.84% 和 46.15%(见图 4 – 24)。

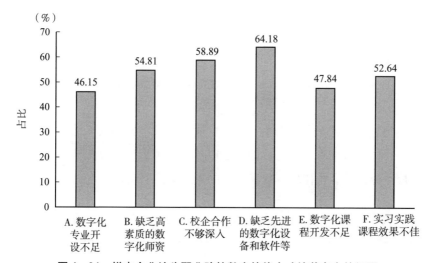

图 4 – 24　样本企业认为职业院校数字技能人才培养存在的问题

2. 校企合作培养数字技能人才状况

(1)企业对学校主导的校企合作培养数字工匠的支持态度。

问卷调查显示,在 416 家样本企业中,对学校主导的校企合作培养数字工匠"非常支持"的企业数有 139 家,占企业总数的 33.41%;"比较支持"的企业数有 244 家,占企业总数的 58.66%;持"中立"态度的企业数有 31 家,占企业总数的 7.45%;"较不支持"的企业数有 2 家,占企业总数的 0.48%(见图 4 – 25)。

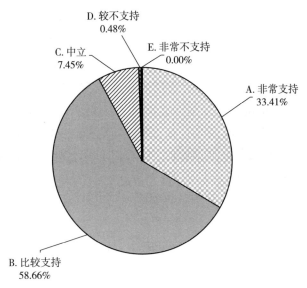

图 4 - 25　样本企业对学校主导的校企合作培养数字工匠的支持态度

按照五分制计算得到 416 家样本企业对学校主导的校企合作培养数字
工匠的总体支持率为 4.25 分（见表 4 - 14）。可见，总体而言，样本企业
对学校主导的校企合作培养数字工匠的方式支持程度较高。

表 4 - 14　　样本企业对学校主导的校企合作培养数字工匠的总体支持率

选项	比例（%）	分值
A. 非常支持	33.41	5
B. 比较支持	58.66	4
C. 中立	7.45	3
D. 较不支持	0.48	2
E. 非常不支持	0.00	1
总体支持率（分）	—	4.25

（2）企业主导开展企校合作培养数字工匠的状况。

问卷调查显示，在 416 家样本企业中，与 1 所学校开展企校合作的企
业数有 145 家，占企业总数的 34.86%；与 2 所学校开展企校合作的企业
数有 130 家，占企业总数的 31.25%；与 3 所学校开展企校合作的企业数

有 64 家，占企业总数的 15.38%；与 4 所及以上学校开展企校合作的企业数有 36 家，占企业总数的 8.65%；未与学校开展企校合作的企业数有 41 家，占企业总数的 9.86%（见图 4-26）。

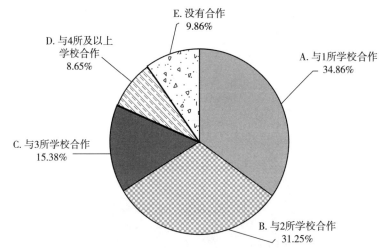

图 4-26　样本企业主导开展企校合作培养数字工匠的状况

采用加权平均的方法，计算得到 416 家样本企业主导开展企校合作培养数字工匠的平均学校数为 1.78 所（见表 4-15）。可见，总体而言，绝大部分样本企业都至少与 1 所学校进行企校合作来培养数字工匠。

表 4-15　　样本企业主导开展企校合作培养数字工匠的平均学校数

选项	比例（%）	学校数
A. 与 1 所学校合作	34.86	1
B. 与 2 所学校合作	31.25	2
C. 与 3 所学校合作	15.38	3
D. 与 4 所及以上学校合作	8.65	4
E. 没有合作	9.86	0
平均学校数（所）	—	1.78

（3）企业开展数字工匠企校合作培养的效果。

问卷调查显示，在416家样本企业中，企业开展数字工匠企校合作培养的效果"很好"的有55家，占企业总数的14.67%；效果"较好"的企业数有241家，占企业总数的64.27%；效果"一般"的企业数有75家，占企业总数的20.00%；效果"较差"的企业数有4家，占企业总数的1.06%（见图4-27）。

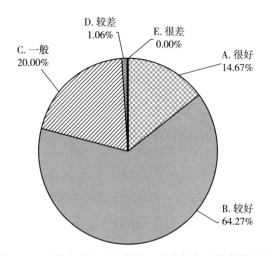

图4-27 样本企业开展数字工匠企校合作培养的效果

按照五分制计算得到416家样本企业开展数字工匠企校合作培养的总体效果为3.93分（见表4-16）。由此可知，样本企业开展数字工匠企校合作培养的效果总体较好。

表4-16 样本企业开展数字工匠企校合作培养的总体效果

选项	比例（%）	分值
A. 很好	14.67	5
B. 较好	64.27	4
C. 一般	20.00	3
D. 较差	1.06	2
E. 很差	0.00	1
总体效果（分）	—	3.93

（4）制约校企合作培养数字工匠的企业因素。

问卷调查显示，在 416 家样本企业中，有 292 家企业认为"学生培养和管理成本高"是制约校企合作培养数字工匠最为关键的企业因素，占企业总数的 70.19%；其次是"培养的人才留不住"，选择的企业数有 271 家，占企业总数的 65.14%；排在第 3 位和第 4 位的分别是"企业正常生产受到影响"和"学生安全风险大"，选择的企业数分别为 188 家和 179 家，占企业总数的比例分别达到 45.19% 和 43.03%；排在第 5 位的是"对公司缺乏有效的激励"，选择的企业数为 160 家，占企业总数的比例为 38.46%（见图 4 - 28）。

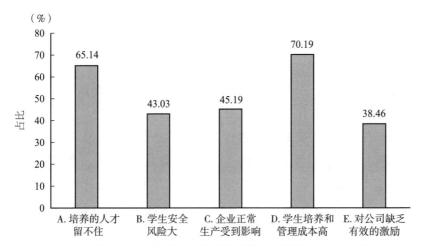

图 4 - 28　样本企业对制约校企合作培养数字工匠的企业因素的看法

（5）制约校企合作培养数字工匠的学校因素。

问卷调查显示，在 416 家样本企业中，有 259 家企业认为"培训课程实用性不足"和"培训教师实践教学技能不足"是制约校企合作培养数字工匠最为关键的 2 项学校因素，均占企业总数的 62.26%；其次是"缺乏先进的教学设备或软件等"，选择的企业数有 249 家，占企业总数的 59.86%；排在第 4 位和第 5 位的分别是"数字化课程开发不足"和"培训时间安排缺乏灵活性"，选择的企业数分别为 210 家和 172 家，占企业总数的比例分别达到 50.48% 和 41.35%（见图 4 - 29）。

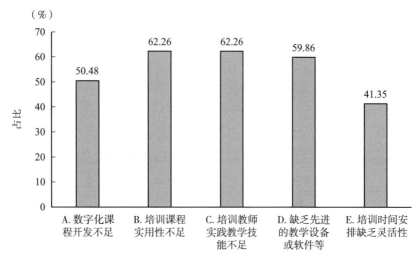

图4-29　样本企业对制约校企合作培养数字工匠的学校因素的看法

3. 企业与互联网企业合作培养数字工匠状况

问卷调查显示，在416家样本企业中，与1家互联网企业开展合作培养数字工匠的企业数有97家，占企业总数的23.32%；与2家互联网企业开展合作培养数字工匠的企业数有176家，占企业总数的42.31%；与3家互联网企业开展合作培养数字工匠的企业数有74家，占企业总数的17.79%；与4家及以上互联网企业开展合作培养数字工匠的企业数有31家，占企业总数的7.45%；未与互联网企业开展合作培养数字工匠的企业数有38家，占企业总数的9.13%（见图4-30）。

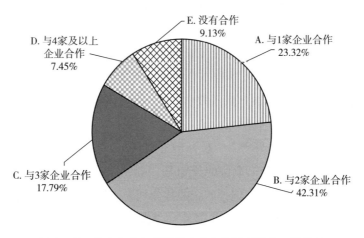

图4-30　样本企业与互联网企业合作培养数字工匠状况

采用加权平均的方法，计算得到与 416 家企业合作培养数字工匠的互联网企业数平均为 1.91 家（见表 4 - 17）。可见，总体而言，绝大部分样本企业都通过与互联网企业开展企校合作来培养数字工匠。

表 4 - 17　　与样本企业合作培养数字工匠的平均互联网企业数

选项	比例（%）	企业数
A. 与 1 家企业合作	23.32	1
B. 与 2 家企业合作	42.31	2
C. 与 3 家企业合作	17.79	3
D. 与 4 家及以上企业合作	7.45	4
E. 没有合作	9.13	0
平均互联网企业数（家）	—	1.91

4.3.3　政府部门对企业数字工匠培养支持的现状

1. 政府引导校企合作培养数字工匠的工作效果

问卷调查显示，在 416 家样本企业中，认为政府引导校企合作培养数字工匠的工作效果"很好"的企业数有 57 家，占企业总数的 13.70%；认为工作效果"较好"的企业数有 233 家，占企业总数的 56.01%；认为工作效果"一般"的企业数有 105 家，占企业总数的 25.24%；认为工作效果"较差"的企业数有 20 家，占企业总数的 4.81%；认为工作效果"很差"的企业数有 1 家，占企业总数的 0.24%（见图 4 - 31）。

按照五分制计算得到 416 家样本企业对政府引导校企合作培养数字工匠的总体效果评分为 3.78 分（见表 4 - 18），可见样本企业对政府在引导校企合作培养数字工匠方面的工作效果评价总体较好。

2. 政府举办的数字技能大赛的状况

问卷调查显示，在 416 家样本企业中，认为政府举办的数字技能大赛的效果"很好"的企业数有 72 家，占企业总数的 17.31%；认为效果"较好"的企业数有 201 家，占企业总数的 48.32%；认为效果"一般"的企业数有 129 家，占企业总数的 31.01%；认为效果"较差"的企业数有 12 家，占企业总数的 2.88%；认为效果"很差"的企业数有 2 家，占企业总数的 0.48%（见图 4 - 32）。

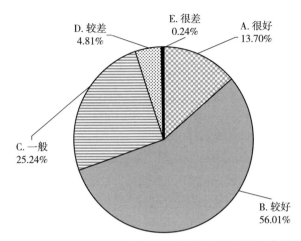

图 4 - 31　样本企业对政府引导校企合作培养数字工匠的工作效果的看法

表 4 - 18　　　　政府引导校企合作培养数字工匠的总体工作效果

选项	比例（%）	分值
A. 很好	13.70	5
B. 较好	56.01	4
C. 一般	25.24	3
D. 较差	4.81	2
E. 很差	0.24	1
总体工作效果（分）	—	3.78

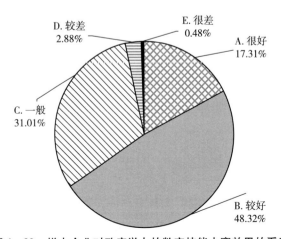

图 4 - 32　样本企业对政府举办的数字技能大赛效果的看法

按照五分制计算得到 416 家样本企业对政府举办的数字技能大赛的总体效果评分为 3. 79 分（见表 4 – 19），接近"较好"水平。

表 4 – 19　　　　　　　政府举办的数字技能大赛的总体效果

选项	比例（%）	分值
A. 很好	17. 31	5
B. 较好	48. 32	4
C. 一般	31. 01	3
D. 较差	2. 88	2
E. 很差	0. 48	1
总体效果（分）	—	3. 79

就政府部门举办的数字技能大赛存在问题而言，问卷调查显示，在 416 家样本企业中，有 291 家企业认为"宣传不够"是政府部门举办的数字技能大赛存在的最为关键的问题，占企业总数的 69. 95%；其次是"数字技能专项大赛举办少"，选择的企业数有 263 家，占企业总数的 63. 22%；排在第 3 位的是"规模不够"，选择的企业数有 228 家，占企业总数的 54. 81%；排在第 4 位和第 5 位的分别是"评奖名额少"和"奖金较少"，选择的企业数分别为 182 家和 173 家，占企业总数的比例分别达到 43. 75% 和 41. 59%；排在第 6 位的是"公平性不够"，选择的企业数有 57 家，占企业总数的 13. 70%（见图 4 – 33）。

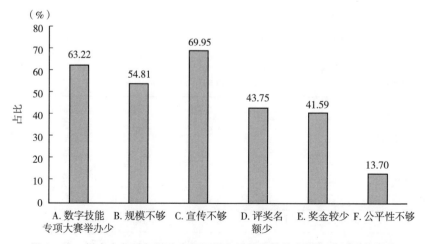

图 4 – 33　样本企业对各级政府部门举办的数字技能大赛存在问题的看法

3. 政府组织的数字技能培训的效果

问卷调查显示，在 416 家样本企业中，认为政府组织的数字技能培训的效果"很好"的企业数有 58 家，占企业总数的 13.94%；认为效果"较好"的企业数有 207 家，占企业总数的 49.76%；认为效果"一般"的企业数有 128 家，占企业总数的 30.77%；认为效果"较差"的企业数有 22 家，占企业总数的 5.29%；认为效果"很差"的企业数有 1 家，占企业总数的 0.24%（见图 4 – 34）。

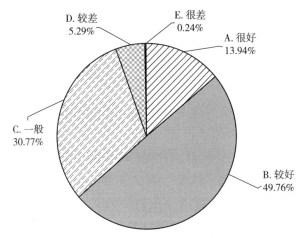

图 4 – 34　样本企业对政府组织的数字技能培训的效果的看法

按照五分制计算得到 416 家样本企业对政府组织的数字技能培训的总体效果评分为 3.72 分（见表 4 – 20），可见样本企业对政府组织的数字技能培训工作持有较为积极的评价。

表 4 – 20　　　　　政府组织的数字技能培训的总体效果

选项	比例（%）	分值
A. 很好	13.94	5
B. 较好	49.76	4
C. 一般	30.77	3
D. 较差	5.29	2
E. 很差	0.24	1
总体效果（分）	—	3.72

4. 政府部门需要改进的政策

问卷调查显示，416 家样本企业认为政府在数字工匠培养方面，最需要改进的 5 项政策分别是：对企业数字工匠培养经费投入给予补贴、对企业数字化改造项目给予奖励或补贴、支持公共数字课程资源建设、加强公共数字人才实训基地建设、加大公共数字基础设施建设，分别得到了 301 家（占比 72.36%）、292 家（占比 70.19%）、260 家（占比 62.50%）、258 家（占比 62.02%）和 253 家企业（占比 60.82%）的认同（具体见图 4 – 35）。总体来看，当前政府部门实施的相关政策存在较大的完善空间，需要进一步优化，以帮助企业更好地培养数字工匠，打造高素质的数字工匠队伍。

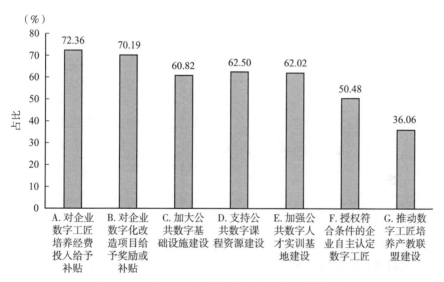

图 4 – 35　样本企业对部门需要改进的政策的看法

4.4　数字工匠培养存在的问题

以上根据问卷调查的统计结果，分析了我国制造业数字工匠的培养现状。总体来看，在制造企业、职业院校、政府部门等相关主体的协同合作下，我国制造业数字工匠的培养取得了一定的成效，但也存在一些不容忽视的问题。根据上述统计分析，结合对制造企业、职业院校、相关政府部门的访谈调研结果，以及调查问卷中的开放式题项"您所在企业数字工匠培养中尚面临哪些问题或有什么建议？"的统计结果，本研究总结提炼了我国制造业数字工匠培养存在的问题，具体分析如下。

4.4.1 数字工匠培养与企业数字化战略不够匹配

企业数字化战略目标决定了数字工匠的培养目标和方向，数字工匠的培养既支撑了企业数字化战略目标的实现，也有赖于企业数字化战略的实施。因此，数字工匠培养活动需要与企业数字化战略实施相匹配。然而，当前企业数字工匠培养与企业数字化战略实施出现了如下匹配不足的问题。

1. 数字工匠内部供给滞后于企业数字化战略发展需求

生产的数字化是制造企业数字化战略的核心内容之一，也是推动企业数字化转型的关键环节。数字工匠是支撑企业实现生产数字化的战略资源，并影响到企业数字化战略的实施。因此，数字工匠的规模和素质要与企业数字化战略实施的需求相适应。然而，从问卷调查结果来看，生产工人中数字工匠所占比例不高，大多处于 10% ~ 30% 之间（见图 4 – 6），超过一半的制造企业认为数字工匠"比较紧缺"，数字工匠的总体紧缺程度达到 3.40 分（见表 4 – 1），其中小型制造企业（指 100 ~ 300 人的制造企业）数字工匠的紧缺程度最高，达到 3.52 分（见表 4 – 2）。由此可见，从数字工匠的规模来看，当前制造企业数字工匠的内部供给明显滞后于企业数字化战略发展的需求。

在数字工匠的素质方面，根据企业访谈调查的结果，一方面，部分数字工匠较为缺乏数字安全意识和数字化创新意识，成为企业推动数字化转型的短板因素；另一方面，当前不少企业较为缺乏高层次的数字工匠，既影响到企业数字化技术的创新，也制约了"师徒制"培养模式的实施。可见，当前企业数字工匠的素质也滞后于企业数字化战略发展的需求。

2. 企业数字化战略实施难以支撑数字工匠培养需求

企业的数字化发展战略既为数字工匠的培养指明了方向，同时也为数字工匠培养提供了必要的基础条件。然而，当前仍有不少企业的数字化战略的实施不够深入，导致数字工匠培养所必需的数字化设备、软件、平台等缺乏，从而影响到数字工匠培养的顺利实施。

从企业数字化转型的阶段来看，总体而言，当前我国制造企业数字化转型的程度不高，部分企业对数字化转型的投入不足，导致企业数字工匠培养的设备、设施、软件等资源不足。根据图 4 - 8，大多数样本企业的数字化转型处于"逐步实施"和"全面优化"阶段，仅有 16.11% 的样本企业处于"成熟应用"阶段，还有 11.06% 的样本企业处于"初步上线"阶段。

从企业数字化转型的组织保障来看，仍有不少企业在数字化转型过程中缺少有力的组织保障，导致企业数字工匠培养缺乏专门的组织和人员保障。根据图 4 - 10，接近 1/3 的样本企业在数字化转型中缺乏专门的公司高层负责人推动，约有 1/5 的样本企业在数字化转型中没有专门的部门来推动。

从企业核心流程的数字化转型来看，不少企业在核心流程上的数字化转型不足，导致企业的数字化培训平台缺乏。由图 4 - 11 可知，尽管大多数企业都实施了生产的数字化转型，但仍有超过 1/5 的企业未实施生产的数字化转型，同时也有接近 1/3 的企业当前未实施管理的数字化转型。

4.4.2　企业数字工匠培养相关制度有待完善

科学、有效的培养制度是企业数字工匠培养的重要保障。然而，从当前企业数字工匠培养的实践来看，仍然存在培养方式较为单一、培训内容重技能轻意识、激励制度有待完善等方面的问题。

1. 培养方式较为单一

在培养方式上，当前企业对数字工匠的培养主要以"师带徒"为主要方式。根据图 4 - 15，接近 60% 的样本企业将"师带徒"作为数字工匠培养的主要方式；仅有 37.98% 的样本企业将参加数字技能大赛作为培养方式，29.57% 的样本企业选择将岗位练兵作为培养方式；对于新兴培养方式，仅有 33.41% 的样本企业选择将 AI（人工智能）培训作为培养方式。由此可见，企业应丰富数字工匠的培养方式，构建多元化的数字工匠培养体系。

2. 培训内容重技能轻意识

在培养内容方面,当前企业对数字工匠的培养存在重技能轻意识的现象。根据图 4-16,数字技术、数字工具操作是样本企业对工匠开展数字素养培训最多的内容,选择的企业数占样本企业总数的比例达到 85% 左右,而开展数字安全和数字意识培训的样本企业相对较少,选择的企业数占样本企业总数的比例分别仅为 68.51% 和 50.24%。结合企业访谈结果来看,当前不少制造企业生产工人的数字安全意识较为缺乏,数字化创新意识也较为不足。由此可见,当前企业在数字工匠培训中相对较为重视数字技术和数字技能的培训,而对工匠数字意识的培训则重视不够。

3. 激励制度有待完善

数字工匠培养的相关激励制度是指对接受培养的生产工人、数字工匠和数字化工匠导师进行物质和精神激励的制度。从企业数字工匠培养的实践来看,当前数字工匠培养的相关激励制度仍然存在生产工人培训参与激励不足、数字工匠激励不足、数字化工匠导师激励不足等问题。

(1) 在生产工人培训参与激励方面,根据图 4-20,超过一半的样本企业认为工人参与培训的积极性不高是影响数字工匠培养的关键内部因素,主要原因有两个方面:一是工人对企业数字化转型的认知不够理解,对岗位变化和技能转换的态度消极;二是企业对工人参与数字化培训的宣传和引导不足。

(2) 在数字工匠的激励方面,主要存在长期激励不足、发展性培训教育比例较低等问题。根据图 4-18,仅有 13.22% 的样本企业选择股票期权方式来激励数字工匠,可见当前较少的企业对数字工匠采用长期激励方式;有超过 40% 的样本企业对数字工匠没有采用发展性培训教育,可见当前仍然有较多的企业对数字工匠的发展性培训和教育激励不够重视。

(3) 在数字化导师激励方面,根据企业访谈结果,当前企业采用"师徒制"培养数字工匠的过程中,对数字工匠导师的荣誉激励制度相对较好,但是在物质激励方面则相对不足,大多数企业采用的是象征性奖金激励,这种激励方式不利于充分调动数字工匠导师带徒的积极性。出现这种现象的原因主要是由于不少企业认为,培养人才是数字工匠导师的职责,不需要给予较多的物质奖励。

4.4.3　企业数字工匠培养的基础条件不足

完善的培训平台、系统的培训课程以及高素质培训师资等是企业数字工匠的培养的基础条件。然而，当前在企业数字工匠的培养中仍然存在数字化培训平台不完善、数字化课程开发不够、数字化培训师资不足等问题，较大程度地影响了数字工匠的培养效果。

1. 数字化培训平台不完善

完善的数字化培训平台是企业数字工匠培养的重要载体，但是当前不少企业数字化培训平台较不完善，主要表现如下。

（1）在网络化的数字化培训系统方面，根据图 4-14，样本企业数字化培训系统的完善程度总体不高，仅有约 10% 的样本企业的数字化培训系统处于成熟应用阶段，超过一半的样本企业的数字化培训系统处于初步上线或逐步实施阶段。由此可见，不少企业的数字化培训系统亟待完善。

（2）在数字化培训的设备设施和软件方面，根据图 4-20，六成以上的企业认为缺乏先进的数字设备或软件是影响数字工匠培养最为关键的内部因素。究其原因主要有两个方面：一是部分企业领导层对数字化转型认知不足，尚未认识到数字化转型对企业发展的重要意义；二是一些企业在数字化转型中忽视对先进数字化设备和软件的投入。

2. 数字化培训课程开发不够

数字化培训课程是企业数字工匠培养的重要基础条件。然而，当前许多企业对数字化培训课程的开发不够重视，导致工匠的数字素养培养内容缺乏体系性，难以满足企业数字工匠的培养需求。

根据图 4-20，超过一半的样本企业认为数字化培训课程开发不足是影响数字工匠培养的关键因素。另外，从图 4-16 来看，有 15% 左右的样本企业未开展数字技术培训和数字工具操作培训，超过 1/4 的样本企业未开展数字知识培训，接近一半的样本企业未开展数字意识培训。由此可见，企业急需加大数字化课程的开发力度，构建系统的数字化培训课程体系。

3. 数字化培训师资不足

数字化培训师资是企业数字工匠培养的重要队伍保障，但是当前不少企业在数字工匠培养中存在数字化培训师资短缺、师资队伍素质不高等问题，对企业数字工匠培养计划的实施效果产生了较大影响。

由图4-20可知，接近一半的样本企业认为缺乏专业化的师资是影响数字工匠培养的重要内部因素；45.19%的样本企业认为数字化导师不够是"师徒制"培养数字工匠的关键制约因素。究其原因，一是当前企业数字工匠的内部培训师主要来源于企业的高技能数字工匠，他们虽然具备较高的数字知识和操作技能，却缺乏丰富的授课经验和技巧，且缺少专业化的师资培训；二是企业中高层次的数字工匠数量不足，致使"师带徒"培养中出现师徒比例失调的问题。

4.4.4　企业数字工匠协同培养不够深入

从社会层面来看，数字工匠培养是一项由政府、院校、企业等多主体协同的系统工程。制造企业在立足自主培养外，还需要与职业院校、互联网企业等开展校企合作、企企合作，以提升数字工匠的培养效果。从当前企业开展合作培养数字工匠的现状来看，仍然存在校企合作不够深入、与互联网企业合作不足等问题。

1. 校企合作不够深入

校企合作是当前数字工匠协同培养的主要模式，企业通过与职业院校合作，既可以招聘到具有较强数字素养的技能人才，同时也能利用职业院校的师资培养生产工人的数字知识、数字技能和数字意识。然而，当前企业与职业院校的合作仍然存在不足。

从企业开展合作的职业院校的数量来看，根据表4-15和图4-26，样本企业主导开展企校合作培养数字工匠的平均学校数不到2所，接近10%的样本企业从未开展企校合作。可见，在数字工匠的协同培养方面，当前企业开展合作的职业院校的数量不高。

从校企合作的方式来看，根据企业访谈结果，当前很多企业没有采用订单班、冠名班等合作模式，主要原因是在订单班、冠名班合作模式中，企业担心签订合同的学生毕业后不留在该企业就业。同时，一些企业不太愿意采用教学见习、顶岗实习合作模式，主要源于学生安全风险大、培养和管理成本较高、培养的学生留不住等。此外，在数字工匠培训中，部分企业选择以内部培训师为主，而与职业院校的合作较少，原因在于这些企业认为职业院校存在培训课程的实用性不足、培训教师的实践技能不足、缺乏先进的教学设备或软件、培训时间安排缺乏灵活性等问题。

2. 与互联网企业合作不足

数字素养是数字工匠最为重要的核心素质。因此，在制造企业数字工匠的培养中，要将数字知识、数字技能和数字意识等数字素养作为关键的培养内容。互联网企业作为数字技术的主要提供者和服务者，在技术培训方面具有显著的优势。可见，与互联网企业合作培养数字工匠，也是当前制造企业进行数字工匠培养的有效方式。

然而，从调研情况来看，制造企业与互联网企业之间的合作较为不足。根据图 4－30 和表 4－17，与样本企业合作培养数字工匠的平均互联网企业数不到 2 家，有接近 10％ 的样本企业从未与互联网企业合作培养数字工匠。究其原因，一方面是由于部分制造企业对于与互联网企业合作开展数字工匠培养不够重视；另一方面，一些制造企业由于自身实力、信息不对称等原因，导致合作渠道受阻，找不到合适的互联网企业开展合作。

4.4.5　企业数字工匠培养的外部支持不足

从系统的观念来看，数字工匠培养是政府、职业院校和企业等主体共同参与、协同合作的过程。因此，企业数字工匠的培养需要获得政府和职业院校等外部培养主体的有力支持。然而，当前企业数字工匠培养的外部支持仍然不足，以下分别从政府和职业院校两个方面进行具体分析。

1. 政府的支持力度不够

企业数字工匠的培养离不开相关政府部门的引导和支持。根据表 4－18，样本企业对政府引导校企合作培养数字工匠的总体效果评分为 3.78 分。可见，样本企业对政府在引导校企合作方面的工作效果评价总体较好，但也存在如下一些需要改进的问题。

（1）数字工匠培养经费支持不足。在政府部门对企业数字工匠培养经费的支持方面，由图 4－35 可知，72.36％ 的样本企业认为政府需要对企业数字工匠培养经费投入给予补贴，70.19％ 的样本企业认为政府需要对企业数字化改造项目给予奖励或补贴。可见，政府部门需要进一步加大对企业数字工匠培养经费方面的支持力度。

（2）公共数字人才培训资源不足。在公共数字人才培训资源方面，根据图4-35，超过六成的样本企业认为政府需要加强公共数字人才实训基地建设和支持公共数字课程资源建设。由此可见，当前公共数字人才实训基地和公共数字课程资源相对不足，有待政府部门进一步加大建设力度。

（3）数字技能大赛制度不完善。在数字技能专项大赛支持方面，从表4-19和图4-33来看，样本企业对政府举办的数字技能大赛的总体效果评分达到3.79分，接近"较好"的水平，但仍然存在宣传力度不够、数字技能专项大赛举办少、大赛规模不够、评奖名额少和奖金较少等方面的问题。可见，相关政府部门需要进一步优化数字技能大赛举办的相关制度。

（4）数字工匠认定标准缺乏。在数字工匠认定标准方面，根据图4-22和图4-35，接近四成的样本企业认为缺乏数字工匠认定标准是影响数字工匠培养的一个关键因素，一半以上的样本企业认为政府可以授权符合条件的企业自主认定数字工匠。由此可见，政府部门需要加快制定数字工匠的认定标准，并完善数字工匠的认定机制。

2. 职业院校的数字化技能人才培养不足

在数字经济背景下，随着企业的数字化转型，企业对招聘的生产工人的数字素养提出了越来越高的要求。然而，作为企业生产工人招聘的主要来源，职业院校培养的数字化技能人才仍然难以满足企业的招聘需求。

（1）职业院校培养的数字化技能人才数量不足。根据企业访谈调查结果，当前企业仍然存在数字化技能人才招聘困难的现象，主要原因有三个方面：一是学生报考职业院校时选择生产制造类专业的意愿不高，导致职业院校中生产制造类专业的毕业生总量不足；二是部分职业院校对人才培养的数字化转型重视不够、投入不足，导致数字化技能人才培养的规模不够；三是一些毕业生不愿意选择到制造企业生产一线就业，使得可供企业招聘的学生供给不足。

（2）职业院校培养的技能人才数字素养不足。根据图4-23，超过四分之三的样本企业认为职业院校培养的技能人才缺乏数字操作技能，超过一半的样本企业认为职业院校培养的技能人才缺乏数字意识，接近一半的样本企业认为职业院校培养的技能人才缺乏数字知识。由此可见，当前职业院校培养的技能人才的数字素养不容乐观，难以满足企业数字化人才的招聘需要。

（3）职业院校数字化技能人才培养管理不足。从职业院校的数字化技能人才培养管理实践来看，当前职业院校在数字化专业开设、数字化课程开设、数字化师资培养、数字化设备和软件配置等方面仍然存在不足，具体分析如下。

一是数字化专业开设不足。在数字化专业开设方面，根据图 4-24，46.15% 的样本企业认为数字化专业开设不足是职业院校在数字化技能人才培养方面存在的关键问题之一。根据企业访谈结果，不少制造企业在校园招聘一些特定专业的数字化技能人才的过程中，时常出现招聘难的现象。由此可见，职业院校需要进一步加快数字化专业的开设。

二是数字化课程开设不足。在数字化课程开设方面，根据图 4-24，47.84% 的样本企业认为数字化课程开设不足是职业院校在数字化技能人才培养方面存在的关键问题之一。数字化课程开设不足，直接影响到了学生数字素养的培养质量，使得毕业生的质量难以满足制造企业的招聘需求。

三是缺乏高素质的数字化师资。在数字化师资建设方面，根据图 4-24，54.81% 的样本企业认为缺乏高素质的数字化师资是职业院校在数字化技能人才培养方面较为关键问题之一。究其原因，一方面，由于不少职业院校的教师缺乏在企业数字化岗位工作的实践经验，导致其数字化操作技能不够熟练；另一方面，职业院校在师资引进和培养中，对数字化操作技能方面的重视不够。

四是缺乏先进的数字化设备和软件。在数字化设备和软件配置方面，根据图 4-24，64.18% 的样本企业认为缺乏先进的数字化设备和软件是职业院校在数字化技能人才培养方面最为关键的问题。究其原因，一方面在于部分职业院校对人才培养数字化转型的认知不足，从而对购置数字化教学设备和软件的经费投入不够；另一方面，则是由于部分职业院校对校企合作共建实习实训基地方面的重视程度不够。

第5章 制造企业数字工匠培养典型案例

当前，我国大量制造企业正在积极推进数字化转型，其中有部分企业取得了较为显著的成效，起到了很好的典型示范作用。江苏作为全国制造业发达地区之一，在制造业数字化转型和高质量发展方面也走在了全国前列，涌现出了一批优秀的数字化制造企业。故此，本研究聚焦江苏，选取中天储能科技有限公司、北汽蓝谷麦格纳汽车有限公司、中集安瑞环科技股份有限公司、添可智能科技有限公司、京东方杰恩特喜科技有限公司5个公司①进行访谈和案例分析（访谈提纲见附录3），挖掘这些企业在数字工匠培养方面的有益经验，为其他制造企业提供借鉴。

5.1 中天储能科技有限公司案例分析②

中天科技集团1992年起步于光纤通信，2002年迈入智能电网，2011年布局新能源，产品出口160多个国家和地区，业务实现"一带一路"全覆盖。公司顺应"清洁低碳"新经济秩序，争当"双碳"超长赛道主力军，致力成为对区域经济承担责任的绿色制造科技集团。现已形成新能源、海洋、电网、通信、新材料、工业互联网等多元化产业格局，拥有80多家子公司、16000多名员工，设有54个海外办事处和13个海外营销中心，运营印度、巴西、印尼、摩洛哥、土耳其和德国6家海外基地，是南

---

① 在本章，5个公司按照调研的先后时间顺序排列。
② 本部分内容根据公司官网、新闻报道、政策文件、访谈等整理而来。

通市最大的先进制造业企业，中国企业 500 强，国家重点高新技术企业、全国质量奖和中国工业大奖获得单位，获评全国首批数字领航企业，2022年销售收入突破 900 亿元[①]。

中天储能科技有限公司位于江苏省南通市经济技术开发区。2012 年开始布局储能产业，主要提供以锂电池及其系统集成为核心的系统化产品、解决方案及运营服务，专注于新型电力储能全场景系统应用的研发、制造、销售和服务。2016 年，公司是第一家被工信部评为智能制造试点示范项目的锂电池企业，2023 年荣获金藤奖"中国储能行业最具投资潜力企业"。

目前，中天储能科技有限公司拥有支撑应用领域的电池材料、电池系统等产业一体化关键核心技术优势及可持续研发能力，形成了"料－芯－组－舱－站"全产业链式一体化产品供应与服务。2022 年销售额突破 20亿元，被评为"国家级专精特新小巨人企业"，大型储能系统连续中标蒙古国、通威天门、江西电建、中广核等 12 个项目[②]。在国家"双碳"政策的指引下，中天储能科技有限公司坚持绿色储能系统的研发制造，为客户提供定制化的储能系统解决方案，致力于成为"世界一流的储能系统集成方案提供商"。

5.1.1　公司数字工匠培养实践

中天储能科技有限公司始终秉承"崇善厚德、人尽其才"的理念，坚持以人才引领为核心的创新管理体系，积极打造人才供应链，把人力资源作为企业的核心资源，持续加强高端化、战略性人才队伍建设。当前，大数据、人工智能等新一代信息技术的应用不断加快，为打造"智改数转"、绿色发展的核心竞争力，公司持续培养数字化高技能人才，大力弘扬工匠精神，着力打造一支高素质的数字工匠队伍。

1. 招聘

（1）职业院校输送。公司结合自身的产业布局和数字化转型实践，遴选了一批设置有新能源、自动化等相关专业的职业院校，如江苏工程职业

---

①② 本部分内容根据公司提供的材料整理而来。

技术学院、南通工贸技师学院等，使其成为紧密型院校合作伙伴，共同培养符合公司需要的数字化技能人才，每年会接受一定数量的学生到企业内实习。通过这种方式，相关职业院校长期、持续、稳定地为公司输送了大批满足岗位需求的技能人才，为数字工匠培养提供了可靠保障。

（2）社会化招聘。公司拥有严格的社会化人才招聘流程，通过线上＋线下协同的方式，发布明确的岗位技能需求，广泛吸纳人才。一方面，公司借助 Boss 直聘、智联招聘、南通市人才公共服务平台等线上方式招聘技能人才；另一方面，公司在"校招季"走进多个高校进行线下宣讲，挖掘能够胜任岗位要求的员工，遵循严格的投递简历、简历筛选、笔试、面试、录用签约、体检等环节，方可正式入职。

2. 培训

（1）实施新型学徒制培养。公司在数字工匠的培养方面，主要采用产教融合的方式，与职业院校合作育人，以中天科技学院为依托，以校企高技能导师为支撑，培养大批数字化高技能人才，实施以"招生招工一体化、企校主导联合育人"为主要内容的新型学徒制人才培养模式。与江苏工程职业技术学院、南通工贸技师学院等相关院校开展合作，建立"订单班"，培养公司需要的特定人才。公司提前 1 年在相关专业中选拔在校生组成"订单班"，针对具体的用工需求为他们制定培养标准，"订单班"学生接受特定的培训，由公司组织人员对学生进行授课及实践指导。"订单班"采用"2＋1"形式，即 2 年的时间在学校里学习理论知识和掌握最基本的技能，1 年在企业进行"项目实训""轮岗实训"和"顶岗实习"，实行工学结合，实现从学生到员工身份的无缝衔接。

（2）建立产教融合实训基地。公司与职业院校共同建立校内实训基地，为学生提供职业化、岗位化、企业化的实训环境，满足专业课程多样化的教学需求。在实训基地投入专业软硬件设备，学生在实训过程中能够接触、使用到行业最先进、最齐全的设备，充分拓宽视野、了解行业最新动态、提升技术技能水平。同时，安排企业大师进行现场指导，助力学生动手技能和综合素养的提高。除了校内实训基地，公司还建有校外实训基地，联合新能源行业的相关企业，为学生提供基本技能和综合能力的实践环境，使学生得以在真实的环境下进行岗位实践。

（3）师徒结对培养。为了有效提高新员工的工作技能，充分体现"人尽其才、才尽其用"的管理思路，公司采用"双导师制"培养模式，即配置 1 名业务（技能）导师和 1 名生活导师。新员工结束入职培训之后，由相关部门统一安排师徒制岗位培训，进行一对一或一对多的方式，双方签订师徒协议，公司为师傅发放聘书。在技能培训过程中，由技能导师向徒弟介绍具体设备的操作流程、使用规范等方面内容，并实践指导新员工的设备操作过程。这种培养模式给予了工匠师傅们导师身份，能够在言传身教的同时增加更多的责任意识。除了传授岗位知识技能的导师外，还有 1 名导师充当了学徒们的人生导师，关心新员工的衣食住行以及情绪情感与心理健康方面的问题，真正让新员工体会到了工厂如家的亲切感，促进了员工专业技能水平和组织认同感的提高。

3. 技能评定

公司结合实际生产需要，自主开展技能人才评价，围绕数字工匠的技能要求，开展定级考评。根据员工的岗位条件、日常表现、工作业绩、技能竞赛等多种评价方式，将数字工匠分为高能型、多能型和传能型三种类型。其中，"高能工匠"是指在某一岗位上技艺精湛、能力突出的工匠；"多能工匠"是指在两个及以上岗位上能力素质特别突出的工匠；被评为"传能工匠"的员工，意味着他们擅长带出优秀徒弟，能够将岗位的技能要领传承下去。此外，公司打破学历、资历、年龄、比例等方面的限制，对技艺高超、业绩突出的技能人才，按照相关规定，认定他们为工匠大师。

4. 激励机制

（1）创新激励。公司厚植创新沃土，为技能人才打造"我工作、我思考、我建议"的提案创新平台，公司为提案创新的工匠，分别独自设立知识产权账户，按其贡献大小进行积分并兑换奖励，依此分享公司进步和发展的成果。公司聚焦"谋创新就是谋发展，抓创新就是抓未来"主题，集中表彰创新活动中表现突出的技术创新项目、优秀技改成果团队及优秀人才，展现出对科技创新和人才资源的持续高度重视，也进一步推动工匠人才进步和企业发展的同频共振。

（2）薪酬激励。公司坚持"多劳者多得、技高者多得"的激励导向，打造"多元薪酬激励"保障平台，实施虚拟股权、分红等激励政策，根据数字工匠的技能等级发放相应的薪资奖励，等级越高，薪酬越丰厚。同时，公司还设有数字工匠专项津贴，对作出突出贡献的优秀高技能人才实行特岗特酬，这不仅调动了工匠的责任意识，也进一步增强了人才的凝聚力和公司的可持续发展。

（3）荣誉激励。公司通过共同使命、核心价值观和文化基因牵引，将"劳模精神""工匠精神"融入企业的经营管理理念中，形成员工自我奋斗驱动力。引导广大员工钻研技术、精练技能，促使自己不断由"工人"向"工匠"转变成长，相继推出"十大奋斗者""中天工匠"能级梯队"中天勋章""技工之星"职业技能竞赛等奋斗激励机制。公司的食堂、餐车还有大巴座位，都设有数字工匠专门窗口和专座，获得特殊荣誉的员工工作服上也有专属荣誉勋章。公司对员工精神素质的重视和培养，激励了中天更多"有理想、守信念，懂技术、会创新，敢担当、讲奉献"的高技能人才，在企业高质量发展道路上不断发挥着工匠力量。

5. 职业生涯管理

公司坚持以客户需求为导向，以组织能力建设为驱动，构建专业性岗位的任职资格标准，形成由学徒工、初级工、中级工、高级工、技师、高级技师、特级技师、首席技师构成的"八级工"职业技能等级序列，坚持"用人所长、内部优先"的选聘原则，鼓励高技能人才参加公司的岗位竞聘。搭建"H"型职业发展通道，数字工匠既可以纵向发展，不断提升技能水平，晋升为工程师、技术专家等，也可以通过中天科技学院的"再学习"转向营销岗、管理岗等横向发展通道。"双通道"模式让包括数字工匠在内的各级各类人才在企业内部合理地流动，更好发挥个人特长，使人才更充分地实现职业发展。

5.1.2 案例小结

由上可知，中天储能科技有限公司始终秉持"产、学、研合作；人才，是我们的第一资源；崇善厚德、人尽其才"的人才理念，持续加强高端化、战略性人才队伍建设。其中，围绕数字工匠队伍建设，通过招聘、培训、技能评定、激励等多种途径，构建了一套较为完善的数字工匠培养机制。特别地，公司在"双导师制"培养、数字工匠分类评定、荣誉激励等方面形成了鲜明的特色，保障了数字工匠培养的有效进行和公司的高质量发展。

5.2 北汽蓝谷麦格纳汽车有限公司案例分析①

北汽蓝谷麦格纳汽车有限公司（以下简称"北汽麦格纳"），于 2019 年 12 月 26 日正式注册成立。由北汽蓝谷和麦格纳共同投资成立，其前身是北汽（镇江）汽车有限公司。依托原北汽镇江基地进行全面转型升级，集智能化、透明化、绿色化、国际化于一体，建设高水平的新能源汽车创新中心和工业化 4.0 的多平台智能工厂。北汽麦格纳致力于智能电动汽车的研发和生产，并开发和生产 ARCFOX 极狐品牌高端电动汽车产品。以数据驱动业务，秉承创新、协调、绿色、开放、共享的发展理念，智能方面，建立人机一体化的信息物理系统，实现数字化网络化智能化制造。以数据驱动业务，实现精准高效运营。基于大数据进行预测性分析、优化及维护，实现"零"故障、"零"缺陷、"零"损失的目标。绿色方面，减少运营能耗，降低燃动费用，资源循环利用，建立低碳体系。共享方面，北汽麦格纳设立之初，定位开发共享工厂，承接汽车代工生产，可为多客户提供 OEM 服务。创新方面，搭建先进制造技术试验验证平台，探索创新将 5G、大数据、人工智能、云计算、边缘计算、虚拟仿真等前沿技术与工厂制造相结合，持续升级工厂智能制造能力，培养高精尖人才队伍。

5.2.1 公司数字工匠培养实践

北汽麦格纳秉持"以人为本，尊重人才，培养人才，成就人才，共同成长"的理念，注重引进、培养、发展和保留优秀人才，提供专业、技术和管理培训，提升整体人才核心竞争力，实现共赢与长远发展。作为数字化工厂，北汽麦格纳通过设备数字化改造、信息化系统升级及识别引导技术应用，为培养高素质的数字化人才创造了优越的学习和发展环境，为数字工匠的培养奠定了坚实基础。

---

① 本部分内容根据公司官网、新闻报道、政策文件、访谈等整理而来。

1. 招聘

（1）校企合作。北汽麦格纳通过与职业院校建立合作关系，为公司寻找合适的职业院校合作伙伴，如江苏省交通技师学院、江苏农林职业技术学院、江苏航空职业技术学院等。重点选择自动化、汽车等专业的班级，向学生提供实习机会。实习期间对他们进行系统培训，让他们从起步阶段开始接触企业业务和数字化工厂的实际运作，这样的实习计划使学生成为数字工匠的重要培养对象。在实习结束后，公司有意向的学生将有机会转正成为公司的员工，这种转正机制为年轻学子提供了一个实现自我价值和个人职业规划的机遇。除了接受实习生，公司还注重招聘应届毕业生，这些应届毕业生通常是学校中表现优秀、专业基础较扎实的学生，公司将为他们提供全方位的职业培训，包括技术知识的学习和实践技能的培养。通过校企合作，公司得以招揽到一批年轻有为的学子，并为他们提供全方位、系统性的培训，帮助他们逐步成长为具有高水平数字化技能和创新能力的优秀数字工匠。同时，这种合作也有助于公司吸纳新鲜的知识和技术，促进公司不断更新和进步。

（2）社会招聘。公司对一线工人的招聘有一定的学历要求，通常要求中专及以上学历，以确保员工在技术和专业知识方面有一定的基础。对于技术含量较高的岗位，公司采取在岗位上进行培养和学习的方式，这有助于员工在实际工作中不断提高技能和专业水平。在招聘过程中，公司倾向于招聘自动化、汽车、机械、电子等理工类专业的毕业生。这些专业的学生通常在数字化工厂的运作和相关技术方面有较强的学习背景和理论基础，更容易适应数字化工厂的需求，且能更快地在实际工作中发挥作用，从而更迅速地成为公司所需的数字工匠。

（3）企业内部招聘。生产制造岗位通常会被划分为普通岗、关键岗、高技能岗三个类别。其中，关键岗位人才的重要性不言而喻，一旦关键岗位的人才出现空缺，公司会优先考虑在内部招聘中进行补位，即从公司内部寻找合适的员工来填补这些关键岗位。内部招聘可以充分发掘员工的潜力，提高员工的积极性和归属感，降低员工的流失率。员工知道公司重视内部培养和晋升，也会更加积极努力工作和学习，还有助于推动公司内部人才的整体提升和优化。然而，对于关键岗位的内部招聘，公司也会慎重考虑。虽然内部招聘有利于员工的成长和发展，但有时也可能会造成一些普通岗位的空缺。因此，公司需要在内部招聘和外部招聘之间取得平衡，确保关键岗位的补位不会对公司正常运营造成较大的影响。

2. 培训

北汽麦格纳对于数字工匠技能的定向培养由内部和外部相配合，以"公司＋部门＋特定平台"的形式进行三方协同，来培养具备数字化素养的复合型人才，为公司的数字化转型和可持续发展提供坚实的人才支撑。除了采用传统的培训手段，公司还采取了一系列创新的培训模式。

（1）公司内部培训。公司内部培训是根据公司对人才需求的不同，邀请相应领域的专家来为员工授课，确保培训内容与实际岗位要求相符。为了增强培训效果，公司会精心设计课程的流程和互动环节。同时，公司在听课人员的选择上也采取了创新的方式。虽然任何员工都可以报名成为听课人员，但最终的听课者需要通过竞选的方式选出。这种做法可以让员工更加珍惜学习机会，更自觉地完成学习任务。在一线工人的培养方面，工会也起到了积极的作用。工会组织劳动竞赛，以技能竞赛为主，通过竞赛激发员工的学习兴趣和主动性，提高其技能水平。此外，公司还搭建了创新工作室和技能工作室两个平台，作为员工内部培训的重要平台。这些平台为员工提供了学习和发展的机会，有助于促进员工的技能提升和综合素质的提高。

（2）部门内部培训。针对员工发现的问题，各个部门也会开展一系列培训措施，旨在提高员工的技能水平和综合素质，确保数字化工厂高效运转。首先，部门会定期组织日常培训，涵盖本部门各个岗位的基本操作和流程，以确保员工遵循最佳实践，提高工作效率和质量。其次，技能培训是部门内部的重要培训内容之一，针对员工需求，涉及新技术、工艺和现有技能的提升等方面，以适应数字化工厂的快速发展。另外，在排查故障方面，部门也会进行相关培训，传授排查方法和快速解决问题的能力，以保障数字化工厂的稳定运行。最后，实际操作培训能提供真实的工作环境，增强员工的工作掌握和应对能力。

（3）外部特定平台培训。在数字工匠培养过程中，公司充分利用外部资源，例如与大型机器人企业合作，对员工进行外部培训。在员工完成外部培训后，他们需要将所学的知识和经验资料带回公司，开展公司内部的转训，以便将外部培训所得的知识与公司实际情况相结合，更好地应用于公司的业务中。由于能够接受外部培训的员工通常具备一定的技术基础，比如工程师等职位。这些员工在参加外部培训后，不仅拥有更深入的专业知识，还具备了先进的工作技能和经验。回到公司后，他们需要经过内部的转训，这样能够确保他们对企业特定的业务流程、技术标准以及内部文化有更加全面的了解。同时，他们还需要将外部培训所获得的知识进行内部传授，对企业其他员工进行培训，从而实现知识的传播分享。

（4）党建引领数字工匠培训。公司党委发挥引领作用，推动数字工匠培训。党工团等组织根据员工需求，开展多样化培训活动。内容涵盖新能源汽车装调、三电检测与维修，以及机器人技术课程如坐标系建立、轨迹调试等。对于机器人技术方面的课程，邀请保全技术科长进行授课，教授员工如何操作机器人进行新能源汽车的调试。通过培训，提升了员工的数字技能和操作自动化设备的能力，使其更好地适应数字化环境。此举不仅仅注重基础技能培养，更关注实现数字工匠培养目标，提升员工的综合素质。部分课程设置了有限名额，采用"饥饿营销"策略，激发员工的学习热情，让他们珍惜学习机会，为公司的数字化转型增添新动力。

（5）"师带徒"培养模式。公司数字工匠的"师带徒"培养不同于传统的师徒制模式。首先，公司在内部挑选经验丰富、公认能力卓越的大师傅，每个师傅最多带领 3 名徒弟。师傅自主选择徒弟，并签署"师带徒"协议，明确双方的权利和义务。这一培养模式注重徒弟的全面成长，视其为公司高职能岗位的后备和储备人才。由于培养周期相对较长，需 6 个月至 2 年，徒弟学成后成为富有经验和高技能的数字工匠。培训期间，徒弟得到师傅的悉心指导，培养解决问题和团队合作的能力。在激励方面，徒弟享受相对较高的岗位工资，优于普通岗位待遇。"师带徒"模式建立了良好的学习和传承机制，可以充分发挥内部员工的互动和促进作用，有助于培养优秀的数字工匠，提升公司的技术水平和竞争力。

3. 岗位技能等级评定

关于技能等级，公司针对每个具体岗位划分了 1/4～4/4 四个档位。1/4 阶段，要求员工对工艺操作标准、工艺要求、安全和质量要求等基础知识有一定了解，并通过理论知识考核后，才能进入 2/4 阶段。2/4 阶段，在师傅的指导下进行在岗实践操作，员工需要能正确操作工艺，并达到质量标准。在完成一定数量汽车的操作后，进行 3/4 考核，3/4 更看重员工是否能够在标准时间内独立、正确地操作工艺并达到质量标准。3/4 考核通过后，员工可成为熟练工人。岗位技能的最高等级为 4/4，这意味着该工人在特定工艺操作上可以成为其他工人的师傅。要达到 4/4 状态，工人需要在同一岗位上至少操作 6 个月。公司根据这样的阶段式流程，培养"一岗多人"和"一人多岗"，强调准确评估员工在数字化工厂运作和技术方面的实际水平与能力。每个等级都需要经过严格的评估和培训，确保员工的技能与相应等级要求相匹配。这有助于更好地评估员工的能力和潜力，帮助他们在数字化工厂中发展和成长，同时也有利于公司更好地配置人力资源，提高数字化工厂的运营效率和生产质量。

公司将薪酬等级分为 B1、B2、B3 三个级别，分别对应着初级工、中级工和高级工的薪资水平。同时，岗位的划分又包括普通岗、关键岗和高技能岗，不同岗位对应着不同的职责和要求。这种细致的薪酬和岗位划分，有助于公司更准确地评估员工的能力和贡献，并为员工的职业发展提供明确的方向和目标。此举还能够激励员工更加努力地工作，提高工作效率和绩效水平，从而促进公司的稳步发展和进一步的数字化工匠培养。

4. 绩效考核

绩效考核包括技能考核和常规的月度绩效考核两个方面。其中，技能考核由制造工程师和质量工程师负责，他们根据员工的技能掌握情况来评判其绩效。在技能考核中，重点考察员工是否能够按照标准化作业指导书执行操作，以及在生产过程中是否能够达到标准尺寸、合规要求，并确保生产质量符合标准。技能考核结果将直接影响员工的绩效考核成绩。

而月度绩效考核通常从安全、质量和效率 3 个维度对员工进行评估，在安全绩效方面，会考虑员工是否遵守安全操作规程，是否积极参与安全培训和活动，以及是否主动发现和报告安全隐患；在质量绩效方面，会关注员工的生产质量表现，包括产品的合格率、不良品率，以及是否参与质量改进活动；在效率绩效方面，会考虑员工的工作效率和生产产出情况，包括工作完成时间、生产效率等。根据员工在这 3 个维度的表现，绩效考核会给予相应的评分和奖惩。

绩效考核是对员工在数字化工厂运作和生产过程中的实际表现进行全面评估的重要手段，通过技能考核和月度绩效考核，公司可以客观地了解员工的工作能力、工作态度和工作表现，从而有针对性地提供培训和奖惩，帮助员工不断提高技能水平和综合素质，进一步推动数字工匠队伍的建设和企业的持续发展。

5. 职业生涯规划

公司建立了两条职业发展通道，分别是技能通道和管理通道，员工的职业生涯发展可以在这两个通道之间跨越。其中，技能通道是指基层工人从初级工逐步晋升为中级工和高级工、初级技师、中级技师、高级技师的过程。在技能通道中，员工会通过不断学习和实践，逐渐掌握更高级别的技能和知识，具备较高的技术水平和经验。技能通道为员工提供了在技术领域不断成长和提升的机会，使他们能够在数字化工匠的道路上稳步前进。

管理通道则是另一条职业发展路径，其涉及的职位侧重于管理层级。从基层工人开始，员工有机会晋升为班组长，进而成为工段长。管理通道的发展路线注重培养员工的领导和管理能力，使其逐步成为协调、组织和指导团队工作的能力强大的管理者。在管理通道中，员工将学习领导技巧、团队管理、生产计划和资源调度等管理知识和技能，为他们在管理职位上的成功发展打下坚实基础。

两条通道的设立，为员工提供多样化的职业发展选择。员工根据个人兴趣和优势，在技能通道和管理通道之间进行灵活转换。这种发展模式为员工提供了广阔前景，也为公司构建高技能和有效管理的数字化工匠队伍奠定了基础。同时，还有助于激发员工的积极性和创造性，促进公司实力的提升。

5.2.2　案例小结

北汽麦格纳对于数字工匠的培养不仅关注专业技能的传授，更注重综合素养的培养。通过招聘、培训、岗位技能等级评定、绩效考核以及职业生涯规划等一系列举措，完善了数字工匠培养机制。其中，党建引领数字工匠培训、跨部门"师带徒"培养模式以及4阶段技能等级评定等做法都具有公司特色。并且，内外协同的定向培养策略以及创新的培训模式，能够更好地培养出适应数字化时代需求的高素质数字工匠人才，从而保持公司的竞争优势并推动公司的可持续发展。

5.3　中集安瑞环科技股份有限公司案例分析①

中国国际海运集装箱（集团）股份有限公司（简称"中集集团"），是世界领先的物流装备和能源装备供应商，成立于 1980 年 1 月，总部位于中国深圳。作为一家为全球市场服务的跨国经营集团，中集在亚洲、北美、欧洲、澳洲等地区拥有 300 余家成员企业，客户和销售网络分布在全球 100 多个国家和地区②。2022 中国制造业企业 500 强榜单发布，中集集团位列第 70 位③。

中集集团始终坚持"以人为本　共同事业"的核心人力资源理念，将企业的发展与个人的发展紧密结合在一起。在 21 世纪，迈入多元化发展之路的中集，通过施行分层管理、建立 5S 战略管控体系等重大变革，导入精益管理 ONE 模式，继续焕发业务板块及全体员工的活力与激情，参与到中集"世界级企业"的"共同事业"目标之中，保持中集业绩持续健康地增长。

中集安瑞环科技股份有限公司（简称"中集安瑞环科"），原名南通中集罐式储运设备制造有限公司，成立于 2003 年 8 月，是中集集团能源化工食品装备板块的重点企业。公司专业从事化学品物流装备、化工过程装备、承压零部件、环保关键装备等研发和制造业务，产品远销亚洲、欧洲、美洲、澳洲等全球上百个国家和地区。

作为中国最早的一家罐式集装箱供应商，中集安瑞环科从 2002 年引进罐箱生产制造技术至今，始终以"行业受人尊重的全球领先企业"为目标，不断探索产品多元化、产线柔性化、制造自动化、管理精益化的升级发展之路，为世界能源化工领域提供了最可靠、快捷的关键装备和最齐全的系统解决方案，连续 10 多年成功实现多产品、多领域世界领先。

---

①　本部分内容根据公司官网、新闻报道、政策文件、访谈等整理而来。

②　本部分内容来源于中集集团官网（https：//www. cimc. com/index. php？m = content&c = index&a = lists&catid = 5）。

③　9 月 6 日，2022 中国制造业企业 500 强榜单在北京发布 ［EB/OL］. 新浪财经，http：//finance. sina. com. cn/zt_d/subject – 1662367741/.

5.3.1 公司数字工匠培养实践

1. 招聘及选拔

（1）外部招聘。公司的外部招聘渠道和方式一般有招聘网站、社交媒体、代理招聘机构、员工推荐和校园招聘等几种类型，主要是根据招聘职位采用不同的招聘渠道，具体如下。一是生产线工人的招聘。学历要求相对较低，主要面向具有中专、大专学历的应聘者，通过招聘网站、员工推荐、代理招聘机构及校园招聘等方式获取。其中，员工推荐可以在保证招聘质量的同时，极大地提高他们的稳定性与归属感，已成为生产线工人招聘的主要渠道之一。二是专业技术人才招聘。主要通过招聘网站、社交媒体、校园招聘等方式，来吸引求职者。三是高端专业技术与领军人才招聘。这类人才具备深厚的专业造诣与丰富的工作经验，公司会提前做好人才规划，主要通过猎聘、行业协会、行业峰会或论坛等方式建立人才库，定期与潜在人才进行沟通与交流，以更好地匹配公司业务发展所需的专业技术人才。

随着整个制造业数字化的逐步推进，每家企业的设备和产品都存在着显著差异。因此，在数字工匠的外部招聘中，新员工可能需要时间在生产线上根据新工种和新环境进行培训，招聘时往往更看重其"数字技术"的使用。在一线数字化人才招聘方面，公司主要依托南通市本地的高职学校，建立校企合作，建立智能制造定制专班进行定向培养。基于数字化技能人才所需具备的核心能力素质，相关学校开设了系列通用与专业课程，如公司概况与企业文化、智能制造、精益 ONE 管理等课程。学生在大三阶段提前一年来公司实习，熟悉了解公司的生产制造流程，参与公司的"智改数转"项目，以进一步夯实专业理论基础和提升专业技能。此外，为了突破数字化瓶颈，公司与高校建立了产学研项目，并依托集团推介的一些知名高校的实验室与合作项目，与学术界共同探讨数字化方面的先进应用。

就数字工匠的外部招聘而言，过去几年公司主要专注于招聘传统的信息化专业人才，集中在数字工程师等岗位，以保障公司的正常运营和管理信息化。现如今，公司已经认识到未来需要加快数字化、自动化和智能化方面的步伐，正着眼于如何将生产线的数据加以有效运用，在外部招聘时更关注人才的大数据分析与处理能力。尽管目前在这一领域尚处于起步阶段，但公司已经明确了对于这类具备数据分析处理能力人才的需求，并将在未来进一步加大数字工匠的招聘力度。

（2）内部选拔。除了传统的外部招聘，公司也很关注内部人才的培养与选拔，采取了一系列有效措施，有意识地提前做好人才发展规划与布局，以应对生产线调整和数字化转型所带来的人员变动。公司目前有员工2500人，其中生产中心拥有一线员工约2000人，依据公司产品业务的不同，分为五个生产部，在生产中心设立了综合管理部，负责整个生产中心人员的统筹调配管理，将整个生产中心的技能人才建立内部人才库进行统筹调配，其中数字工匠约占20%[①]。

近两年，公司每年都会组织人才盘点，根据员工的学历、技能水平和业绩表现等建立内部人才库，重点关注员工在数字化、电子、电气等领域的学习能力。公司基于各个生产数字化项目的需求，进行人才胜任力评估。具体而言，结合前期的评价结果，并通过管理者与员工的定期沟通，了解员工学习新技能的意愿和适应新岗位的素质能力，对员工进行梳理和筛选，挑选适合参与新项目的员工进行调岗，甚至还会考虑员工的年龄及玩游戏水平等因素，因为这能在某种程度上反映员工的数字技术接受能力。因此，公司的内部选拔标准并不唯一，而是管理者基于员工的专业技能、学习意愿以及项目匹配度等多方面进行综合考虑的。在人才内部流动的过程中，公司对员工的意见和想法非常重视。尤其是在引进第一批机器人设备时，管理层经常会与员工进行交流，了解他们关于工作前景担忧、机器换人焦虑等方面的想法，关注员工物质层面和精神层面的需求，并与其保持密切的沟通。公司表示在过去几年内从未有过裁员的情况，今后也将基于员工意愿和个人能力进行转岗和培训，以提升员工的技能水平，满足岗位要求。

2. 高技能人才（"数字工匠"）评定

关于高级技能人才的技能等级评定，公司虽然没有明确的数字工匠评定相关文件，但在实际操作中已经对员工的技能水平进行了全面、客观的

---

① 本部分内容根据公司提供材料整理而来。

评估。公司每年组织人才盘点时会重点关注一线技能人才，通过技能等级评定，定期对这些员工进行复盘，识别出高技能人才和数字工匠。技能等级在公司内部划分为八级，参照国家评定标准，并结合员工的实际技能水平进行管理，以确保评定的准确性和公正性。技能等级评定主要以知识经验、持证与技能、业绩和成果等几个重要维度为基础，进行逐项评分。同时，公司非常关注员工在数字化项目和重大变革项目中的表现，针对项目优秀成员给予加分，以奖励有创新想法、价值贡献突出的员工。

员工的技能等级与其薪酬相挂钩。技能水平达到一定等级的员工，将获得相应的技能津贴，这体现了公司对其在技术方面贡献的肯定，以激励员工不断提升个人的技能水平，实现更好的成长。

3. 持续培养

不管是外部招聘还是内部选拔，公司的目标都是在企业数字化转型背景下，充分发掘有培养价值的员工，通过培训来培养出一批优秀的数字工匠，并根据新项目的需求进行调配，最终实现人才资源的合理配置。

关于数字工匠的培养，公司主要采用四种培训方式。

（1）内部培训。这是公司的一个主要培训方式，公司依据项目安排，定期组织项目相关培训。骨干员工在融入新项目之前可能在某些领域表现出色，但进入新项目后仍然需要不断提升能力。因此，内部培训与专题会议为骨干员工提供了持续学习的机会，帮助他们不断学习和进步，并且在会议中员工还可以相互传递经验和知识，促进公司学习氛围的形成。

（2）供应商现场培训与日常设备培训。公司在与项目的设备供应商签订合同前，会事先洽谈好所需的人才和培训计划。在设备调试阶段，员工会跟随供应商一起学习设备的操作和维修技能，以确保员工熟练掌握设备的使用和维护方法，以应对日常生产中可能出现的问题，提高生产效率和减少故障率。公司希望将一线员工培养成数字工匠这类复合型人才，要求他们不仅懂得生产操作，还要具备维修和编程能力，以提高生产线的灵活性、高效性和稳定性。此外，每天公司会汇总设备问题和质量问题，并对员工进行相应的设备培训，让他们学会如何判断和处理故障。总之，供应商现场培训和日常设备培训，能够让员工亲身参与到实际操作中，加深对设备的了解和掌握。

（3）示例组带教，传帮带制度。公司设立了示范组，由经验丰富的师傅负责对新员工进行带教，师傅会对学员进行指导，让他们了解工作中的要点和技巧。在带教的过程中，师傅会重点关注学员的进步情况，及时给予帮助和指导。公司为师傅们制定了激励措施，例如给予津贴作为鼓励，如果带教的学员能够留下来并且尽快适应工作，津贴会得到相应增加。此外，公司也会注意在分配新员工进行人数平衡时，避免将大量新员工交给同一个师傅，以确保培训的针对性和有效性。这种培训方式激励了师傅们更好地培养新员工，提高新员工的技能水平，并增强了员工之间的合作与团队精神。

（4）数字技术相关的外部培训。为满足数字化转型的技术升级挑战，公司也会与高校合作进行外部培训。例如与外省某院校合作，为管理干部和技术工人提供机器人培训，计划今年下半年组织管理干部赴外省进行为期两周的培训，通过与一线员工同步学习，推动管理干部了解数字化和机器人技术应用。对于培训对象的选拔标准，公司不仅仅考虑学历，更尊重员工个人的学习意愿，给予公平机会。这类外部培训主要集中在数字化应用相关课程，致力于推动公司的数字化转型进程，培养一批优秀的数字工匠。

4. 绩效考核

公司对所有员工都实施绩效考核。其中，针对一线技能人才，主要从工作质量、生产效率、成本控制等维度进行考核，通过以下方式进行评价：

（1）日常评分。在生产现场，公司基于员工的工作质量、效率、成本、态度、表现和安全6大维度的情况进行打分，并用表格予以记录，这些日常评分会形成月度评分的重要基础。

（2）月度评分。公司会对员工的日常得分进行加权平均，得出月度绩效评分，并公示在班组内，确保员工对评定结果没有异议，保证绩效考核的透明和公正。同时，公司还会根据月度评分，分别选出班组内表现最优和最差的5%员工，调整他们的绩效考核系数。

员工的绩效考核结果，将直接应用到员工的薪酬分配中。通过绩效管理，有效引导员工的行为，将员工的活动与公司战略目标紧密相连，使其与组织的战略目标保持一致，促进公司战略目标的实现。

5. 职业生涯管理

公司针对一线工人的职业晋升采取"双通道"的模式，依据个人的专业能力与领导力，选择走管理通道还是专业通道。对于专业技能优秀的人才，如果还同时具备一定的领导力，结合组织需要可以转行到管理通道。在管理通道上，一线工人可晋升的管理岗位并不局限于生产线管理，还包括技术部门等其他专业管理职位。这种"双通道"的职业生涯规划，为技能人才提供了更广阔的晋升机会和发展空间。

5.3.2　案例小结

由上可知，中集安瑞环科传承并发扬了中集集团"以人为本 共同事业"的理念，致力于鼓励员工与公司的同步发展、共同进步。通过外部招聘、内部选拔、技能评定、持续培养、绩效考核、职业生涯管理等一系列优秀的人力资源管理实践，将一线工人逐步培养为兼具数字素养和工匠精神的数字工匠。其中，公司基于生产中心人才定期盘点的内部选拔、多元化培训、绩效考核等方面的举措具有一定的特色，很好地促进了数字工匠的培养与成长。

5.4　添可智能科技有限公司案例分析①

科沃斯集团始创于 1998 年，总部位于江苏省苏州市，现已发展成为以自主研发和创新为驱动，掌握核心机器人及智能技术，拥有"ECOVACS 科沃斯"与"TINECO 添可"两大国际化消费科技品牌，以及完备产业链布局的集团型上市公司。

科沃斯集团作为服务机器人与高端智能电器两大行业的引领者和开拓者，旗下科沃斯品牌推出了中国第一台扫地机器人地宝（DEEBOT），添可品牌推出了中国首台智能洗地机芙万（FloorOne），在全球范围内均取得成功并构建了广泛的用户群体。科沃斯以"让机器人 服务每个人"为使命，

---

① 本部分内容根据公司官网、新闻报道、政策文件、访谈等整理而来。

产品涵盖家庭服务机器人和商用服务机器人两大领域，致力于发展成为全球顶尖的机器人品牌。添可以"智能科技创造梦想生活"为使命，在智能清洁、智能料理、智能个护和智能健康等领域致力于打造高端智能电器物联网生态圈。

添可智能科技有限公司（简称"添可"）是科沃斯集团旗下独立的品牌，创立于 1998 年。作为一家专注于智能科技的创新公司，添可持续推动技术研发与革新，致力于以智能科技创造梦想生活。

在高端智能生活电器领域中，添可通过不懈的技术研究和创新拥有全球超千项专利技术，其中发明专利超过 300 项。其成果荣获红点奖、IF 设计奖和艾普兰创新奖等多个国际大奖的认可。这种独特的白科技创新力量，为消费者提供了高品质幸福生活的解决方案。

目前，添可将精力集中在四个主要赛道的发展：智能家居清洁、智能烹饪料理、个人智能护理以及健康生活方式。尤其在家居清洁市场上，"芙万"系列的洗地机在全球范围内占据领先地位，市场占有率超过了70%，仅在中国市场中，该系列产品一年内就售出一百万台以上，给上百万家庭带来了便利和新潮的生活体验①。

5.4.1　公司数字工匠培养实践

1. 招聘

添可的招聘渠道主要分为两个方面：社会招聘和校园招聘。

在社会招聘方面，学历、专业和经验都是重要的考虑因素，尤其注重人才的数字化能力。应聘者不仅需要具备专业知识并具有实战经验，还需要对生产过程有深刻理解并能将其反哺到研发中，以此帮助企业实现标准化数字化转型。人才来源主要有两种：一是从一些知名的工厂引进专家型人才，如美的、海尔、西门子等这类在数字化转型方面取得成功的先驱型企业；二是通过招聘网站，招募精益专家和数字化布局规划等专业型人才。

而在校园招聘方面，主要面向本科及以上的电气、机械、电子等相关

---

① 本部分内容根据公司提供材料整理而来。

专业应届毕业生。这些新晋员工将进入公司的数字化变革部门和工厂规划部门等工作。在这一阶段，公司更关注评估候选人的专业技能水平和个人软性素质。两方面的考察是为了了解他们是否拥有扎实的专业知识以及能否适应快速发展的智能制造企业的环境。因此，校园招聘流程首先是通过面试筛选出一批虽然没有工作经验但符合学习条件的应届生，再根据他们在观察期的表现来评价他们的个人品质和对工作的适应性。

添可在选拔新人时并不追求最强大的人选，而是寻找最适合的人才。这表明个人的软技能必须与添可的企业价值观相契合，包括能吃苦耐劳和创新务实的精神。在新员工的第一个月里，他们需要在生产线上亲身参与实际工作。这种安排不仅可以核实候选人是否有足够的工作意愿，还可以评测他们是否能应对多样化的挑战，尤其是在如此快节奏的数字工匠培养实践环境中持续成长和发展。

2. 培训

添可注重多样性和实用性的培训机制，致力于培养数字工匠。通过"添可学院"等培训平台，公司构建了一套全面而有针对性的培训体系，旨在培养员工的综合素质和实际应用能力，实现持续成长与进步。

首先，公司成立了"添可学院"作为员工内部学习的平台。该学院提供多样化的课程，涵盖学徒到基层、中层再到高层的完整成长路径，为员工的职业发展提供了规划和可持续发展的支持。例如入职培训中的"新添可人"课程以及针对管理层的"领导力"培训等。学院的师资力量中，有75%来自公司内部，这得益于公司多年来对课程的积累。通过培训，公司发现了一些具备教学素质的优秀员工，通过"蒲公英计划"等项目，他们成为传授知识的教师。

其次，公司构建了高质量课程的线上平台。该平台与知名高校的商学院合作，提供与公司实际业务结合的培训课程。例如，针对信息技术部门员工开展的产品经理班，学员的出勤率要求严格；培训机会更多地授予真正有学习意愿的员工，培训的考核制度更加注重实际效果；线上课程配备了考试环节，由公司自主出卷，确保学员对课程的学习效果。此外，针对不同部门的需求，公司提供了定制化的线上课程，采用先进的线上教育系统，确保培训的完整性和课程的质量。公司的培训模式融合了内外部优势，注重培训与实战的结合。

另外，公司组织员工参观外部企业。通过参访其他企业，员工可以开阔视野，拓展认知。例如，数字规划部门组织员工与第三方咨询机构一起实地参观其他企业。这种培训方式有助于了解行业内的最新动态和数字化战略布局。借助咨询机构的支持，员工可以学习其他企业在数字化转型方面的卓越经验。这种参观和培训方式结合了现场实际情况，帮助添可制定数字化转型的蓝图规划。

公司通过多样化和实用性的培训机制，注重数字工匠的培养实践。通过"添可学院"等培训平台，公司构建了全面且有针对性的培训体系，培养员工的综合素质和实际应用能力，实现持续成长和进步。此外，公司还通过线上平台和外部企业参访培训等方式，让员工了解行业前沿技术和数字化战略，提升创新能力和解决问题的能力。

3. 创新精神培养

添可高度重视员工的创新精神培养，将其作为核心价值观之一的"务实创新"深入贯彻到公司人才培养的日常实践中。以下是公司在培养员工创新精神方面的具体做法。

首先，公司积极引入人工智能技术，为员工提供最新的技术支持。公司投入大量资金将人工智能技术，如 ChatGPT，嵌入到内部端口，并开通了全体员工的使用权限。公司鼓励员工积极探索 ChatGPT 在多样化应用场景中的潜力，并提供了内部知识库的"喂养"，使得智能助手能够解答员工的日常工作问题，甚至替代人工客服的角色。公司还致力于将 ChatGPT 技术更广泛地应用于工业设计、排产计划、物流规划等业务场景，以满足数字化转型工作需求的变化。

其次，公司创办了"AI 小夜校"计划，为创新人才创造了一个分享经验的平台。该计划每周举行两次知识分享，员工可以跨部门参与。公司的核心目标并非仅仅传授技术工具的使用方法，更重要的是培养愿意突破现状、勇于创新的员工。这些员工被公司称为"金种子"，即愿意迎接变革、在领域内表现优异的创新型员工。在"AI 小夜校"分享中，主讲人都是公司内部的"金种子"。目前已有 218 位"金种子"参与其中，这一计划在公司内部形成了持续学习和积极创新的浓厚氛围。一旦"金种子"崭露头角，公司会将他们安置到适合的岗位上，并由有实力的师傅来指导他们的成长。尽管师徒制度的资源有限，但只有"金种子"才能受到这种培养。

当"金种子"学成后，他们将通过"AI小夜校"与其他员工分享所学的知识。

最后，公司注重将技术创新最大化地应用于公司的业务场景中，以实际项目为衡量标准，真正实现"务实创新"。公司鼓励内部子项目能够迅速立项并取得成果，并持续演变。公司在项目的不断发展中营造了积极的创新氛围，不仅提升了员工的技术能力，还让员工能够在实践中不断挑战自我，获得更多的成就感。这种强调实际应用的创新培养方式，进一步推动了公司的数字化转型进程。

公司通过引入最新技术、创办"AI小夜校"分享平台，促进员工的创新能力培养。公司强调将技术创新应用于实际项目中，通过实践中的不断突破与成就，进一步推动了公司的数字化转型进程。

4. 薪酬激励

添可注重薪酬激励，根据不同职级等级制定薪酬体系，并定期调整以与市场薪酬保持一致。公司制定了一套针对应届毕业生的薪资体系，根据不同专业背景制定不同的薪资标准，入职初始薪资根据市场薪资分位数、业绩贡献和绩效评定等因素进行调整。针对数字工匠等技术高级人才，公司给予更高的薪酬水平，以体现他们的价值和对他们的高期望。

公司的薪酬差异化设计激励了员工的积极进取和专业发展。对于刚入职的新员工，差异化薪酬激励鼓励他们积极参与项目，通过工作经验积累不断成长。对于数字工匠等技术高级人才，更高的薪酬水平不仅激励他们在工作中追求卓越，也激励他们在知识分享和新人培养方面发挥更大的作用。

公司的薪酬体系促进了公司内部的多元人才生态，鼓励不同层次的员工相互学习和协作，共同推动公司整体的数字化进程。通过差异化的薪酬设计，公司激励员工的才能和潜力，创造了更高的工作意义感，促进了员工的专业发展和个人成长。

5. 职业生涯规划

（1）"T序列"晋升通道。公司采取T序列的晋升通道机制，为员工提供清晰的职业发展蓝图和明确的目标方向，以激发他们在职业生涯中的成长动力。该体系根据不同岗位设定了9个级别，这些级别的划分涵盖了从基础技能到管理再到专业领域的各个层次。T序列的晋级条件与评定标

准是根据各级职责要求进行设定的。公司会定期开展绩效考核,评估员工
在工作期间的表现和对公司的贡献;通常每半年一次考核,以便及时了解
员工的业绩表现和工作能力发展趋势。而每年的年度评定时,会对上一年
度的绩效成绩、岗位职责和发展潜力等多方面因素综合考量后,做出客观
公正的决定,是否给予员工晋级资格或破格提拔的机会等。在制定职业发
展规划时,公司也会充分考虑员工作为个体的发展潜力和发展方向等因
素,并加以引导和支持其个性化发展的需求,满足员工相应学术领域和实
践机会的提升。同时,针对不同的层级也有着对应的年限规定以及特定领
域的深度知识掌握的要求,作为晋级的硬性指标,确保选拔出来的管理者
具有足够的资质担任更高层次的职务,对团队组织实现良好治理目标负有
使命感,承担相应的责任,加强干部队伍优化,提升士气,打造更加精锐
能干的精英管理层,形成标杆榜样效应,带动整个团队蓬勃向上,共同为
公司的数字化转型新征程蓄力铸魂,继续书写亮丽辉煌篇章。

(2)"金种子"破格晋升。在添可,定义了一种独特的员工类型——
"金种子"。这些是那些运用数字技术、具有创新思维并将其成功应用于实
际工作中的优秀人才。作为"金种子",他们将享有打破常规晋升限制的
特权,甚至有可能超越前辈,这是公司对独特且富有成效的员工的一种认
可和激励方式。

这种"金种子"的培养策略旨在发掘并培养那些具备出色创新能力的
人才。一旦被识别为"金种子",他们会获得更多的资源支持以及公司在
晋升和薪酬体系方面的更多关注与倾斜。选拔标准并不局限于人数或规
模,更重要的是个人是否敢于开拓思路、愿意持续学习,并将新的思维方
式应用到真实的业务场景中去的能力。目前,添可已有 218 位这样的"金
种子",不仅限于制造部门,而是遍布所有部门,他们在数字化领域表现
出色。

公司的"破格晋升"机制重要原则在于突破年限和经验的约束而不破
坏绩效的基础。该机制允许员工以创新的思考方式和工具提升工作效率,
尤其是在数字化的应用方面。这一机制鼓励员工尝试不同的方法来提高他
们的表现水平,同时也提供了一个平台去实现个人的职业发展目标。

5.4.2 案例小结

添可通过一系列实践举措，如招聘、培训、创新精神培养、薪酬激励和职业生涯规划等，成功打造了一支高素质的数字工匠队伍。其中，"金种子"计划是一个重要的特色措施，旨在发掘并培育具备出色创新能力的人才。这些"金种子"能够运用数字技术并在实际工作中展现出卓越的能力，是公司的宝贵财富和创新源泉。同时，公司在人才培养方面也具有独到之处，例如开设"AI 小夜校"，激发员工的创新意识和学习热情。这种对员工潜力的充分挖掘和对创新的积极鼓励，不仅有助于提升公司业绩，同时也为其他公司提供了一个学习和借鉴的良好范例。

5.5 京东方杰恩特喜科技有限公司案例分析①

京东方科技集团股份有限公司（简称"BOE"）创立于 1993 年 4 月，是一家领先的物联网创新企业，为信息交互和人类健康提供智慧端口产品和专业服务，形成了以半导体显示为核心，物联网创新、传感器及解决方案、MLED、智慧医工融合发展的"1 + 4 + N + 生态链"业务架构。作为半导体显示产业的龙头企业，京东方带领中国显示产业实现了从 0 到 1 的突破，解决了中国"少屏"难题，目前全球每四个智能终端就有一块显示屏来自京东方。截至 2022 年，京东方累计自主专利申请已超 8 万件，在年度新增专利申请中，发明专利超 90%，海外专利超 33%，覆盖美国、欧洲、日本、韩国等多个国家和地区②。继 2022 年首次上榜，京东方再次入选科睿唯安"2023 年度全球百强创新机构"，成为中国大陆 4 家上榜企业之一。

京东方杰恩特喜科技有限公司是一家以从事科技推广和应用服务为主的企业，由北京京东方视讯科技有限公司和韩国 JNTC CO,. LTD. 共同投资建设，并由京东方控股。该公司位于京东方（苏州）智造服务产业园内，

---

① 本部分内容根据公司官网、新闻报道、政策文件、访谈等整理而来。
② 本部分内容来源于京东方公司官网（https://www.boe.com.cn/about/index）。

建筑面积 37077 平方米，主要发展 3D 玻璃盖板生产销售等相关业务。近年来，公司致力于新技术新产品新工艺的开发，年研发投入占营业收入的比例超 3%，形成了集"屏幕主材生产、显示技术应用、产品内供外销"于一体的经营模式。2020 年，公司的"3D 精密成型车间"成功入选"江苏省示范智能车间"。

5.5.1　公司数字工匠培养实践

公司秉承"人才培养与发展优先于企业利润增长"的人才发展理念，不断强化人才管理与激励机制，充分调动人才的积极性、主动性和创造性。通过体系化培养项目，将人才培养贯穿于职业生涯全周期，并通过不断强化人才的选、育、用、留体系，坚持打造高水平的数字工匠，推动公司长期稳定高质量发展。

1. 招聘

（1）校园招聘。公司的校园招聘对象主要集中于北方院校，如黑龙江林业职业技术学院、黑龙江交通职业技术学院、辽宁省交通高等专科学校等在内的大专院校。公司每年在校招季进行线下宣讲活动，主要招聘机械、数控、电气等理工科专业的应届毕业生。随着公司战略转型的推进，京东方对高素质技能人才的需求日益增长，员工结构逐渐呈现出高学历、专业化的发展趋势。公司积极与高校合作交流，举办多种训练营活动，吸引优秀学生加盟京东方，如 BOE 晶英计划、Star 星云计划等；与高校合作举办暑期夏令营，在夏令营中表现优异的学员有机会获得 S 级 offer。此外，公司还与高校合作举办校园创新挑战赛，鼓励学生积极组建团队，提交项目计划书，参赛学生更有机会获得高管直通面试卡和实习机会。通过举办创新大赛的方式，不仅给全球大学生搭建了一个创新思维涌现、创意火花碰撞的平台，也为公司拓展了人才招聘渠道。

（2）社会招聘。公司通过多种渠道不定期面向社会招募专业人才，根据岗位需求在公司官网以及智联招聘、猎聘、58 同城等各大求职类网站发布岗位信息，通过社会化招聘来的员工大多有着丰富的工作经验，而且与具体岗位的匹配度较高，能够直接上岗工作。因此，对招聘对象的技能和学历要求较高。公司依据社会招聘人员的专业技能按技术付薪，以期通过他们的专业知识、经验和技能，帮助公司改进产品和服务，更好地满足客户的需求。

2. 培训

（1）京东方大学。为满足企业高速发展的人才需求，京东方集团在2015年成立了专业化人才培养平台——京东方大学。京东方大学以"学术驱动、专业引领"为宗旨，致力于挖掘和传承京东方基因的智慧资产，形成京东方特色的人才队伍培养模式，加速关键专业人才成长。大学共设八大学院、四大中心，从产业人、专业人、管理者和领军人四大方向出发，为不同阶段人才提供针对性的培养方案。针对数字工匠的培养机制，京东方大学制定了完善的培训项目，包括专业资格认证培训和专业能力提升培训等项目，根据具体的岗位任职要求，为专业人员提供系统的专业能力培训以及进阶类专业培训。培训采用线上、线下相结合的模式，线下鼓励公司的资深专业人士担任大学内部的兼职讲师进行授课教学、编写课程教材等活动，通过这种方式，一方面能够让专业人士的知识智慧汇集，另一方面也为人才培养提供了专业化和体系化的培训内容。2022年，集团搭建了全新的线上数字化学习平台，员工可通过账号登录京东方大学堂在线学习网站进行课程学习，平台还设置了问答专栏供学员交流探讨。线上学习平台为课程内容推荐、学习激励、学习社交等方面提供了更便捷、有效的支持，员工可根据自身时间安排，合理进行专业知识的获取，不断提升公司的学习效能。

（2）组建订单班。公司为打造高素质技能人才，避免人才培养的盲目性，与黑龙江林业职业技术学院等院校合作开设"京东方"班，共同制定人才培养方案，在课程开发设置、师资培养、学生就业、实习实训等多个方面展开合作。订单班采用"定向专业、定向招生、定向就业"的运作模式，根据京东方各岗位要求的知识水平和技能等级，在有关院校选取一批学生进行定向培养，主要专业范围包括机械、电子信息、化学化工等。学生加入"京东方"班之后，公司会派企业文化讲师去学校开展课程教育，还有专门的企业工程师、部门经理到学校授课，组织素质拓展、实训等培训内容，公司还会安排学生赴海外学习培训，让学生在校期间就了解企业和工作岗位相关内容。入选"京东方"班的学员在实习期间，岗位分配上会拥有优先选择权，转正后在职级晋升、班组长竞选方面也将被优先考虑。订单班人才培养模式实现了在校生与在职员工的角色零转换，为公司定向培养了大批高素质高技能的应用型人才，实现了学校、学生和企业的"三赢"。

（3）"师带徒"培养模式。根据具体的岗位技能需求，以公司一线岗位的技能员工为重点，公司选拔有丰富工作经验和较高技能水平的导师担任新入职员工的师傅，负责新员工的岗位技能培训工作。师徒本着"有利于指导、有利于培养、有利于工作"的原则进行双向选择，正式签订师徒合同，明确师徒责任。导师指导徒弟的操作工作，讲解操作要领，并定期对徒弟的工作态度、工作业绩和工作能力进行考核。这种"传帮带"的培养方法，一方面促进了新员工岗位技能的快速提升，传承了工匠精神，为公司培育一批专业化、年轻化的人才队伍。另一方面，导师在指导过程中也能不断提升自身的专业水平，有利于公司的数字工匠培养。

（4）组织培训项目。公司为不同岗位类型的员工安排特定的培训项目，分为产业人养成、专业人养成和专家养成三大培训类型，这三大培训类型又可继续细分为多种培训项目。例如，为提高公司及部门的工作效率和精度，公司着重就编程、数据统计及分析、机器工作原理等数字化课程针对不同员工开展培训，并不定期举行各类技能大赛，校验员工的培训结果、学习情况，形成良性循环。

3. 技能评定

为加快数字工匠的培养，提升专业技能素质，公司定期对生产一线的技术工人自主进行技能等级考核评定工作。工人的技能等级共分为 5 级，分别为高级技师、技师、高级技工、中级技工和初级技工，公司按照政府规定的程序进行证书申报工作。在考核过程中，公司灵活运用多种评价方法，关注员工的实操能力、工匠精神以及职业道德，重点考察员工的执行操作规程、安全生产、解决生产问题和完成工作任务的能力。与此同时，公司还开展多种职业技能竞赛，并将竞赛结果与职业技能等级认定相衔接，政府也会派专门的督导员来监督企业的技能评定自主认定工作，确保技能人才评价工作的公正透明。为鼓励员工积极参与技能评定工作，公司设立了专项补贴金，为获得相应证书的员工发放鼓励金，同时技能等级高低还会与职级晋升挂钩，等级越高，晋升速度就越快。

4. 薪酬福利

公司坚持"为岗位付薪、为能力付薪、为绩效付薪"的付薪理念，同时兼顾外部竞争性和内部公平性，针对高技能人才建立激励机制，包括提质增效激励金、冲产激励、提案改善激励等多种激励方式。在福利方面，公司为员工提供人身意外伤害险、重大疾病险、医疗险等商业保险，为员工建立起多层次的保障体系。同时，公司还提供免费工作餐、集体宿舍、生日慰问、年度健康体检等多种福利待遇，不仅增强了员工对公司的认同感，也为企业吸引保留了大批高技能人才，大大提升了企业的凝聚力和创造力。

5. 绩效考核

公司实行全员绩效考核机制，包括刚通过考核的正式员工，考核主要聚焦"业绩、能力、态度"三个方面。其中，业绩指标主要采用关键业绩指标 KPI 作为评价员工关键业绩贡献的重要依据；能力指标是反映员工岗位胜任能力的重要指标，它不仅对员工现存的能力素质提出目标要求，还对员工能力素质水平的提高有目标规定，是公司数字工匠胜任力提高的重要依据；态度指标主要用来反映员工的工作态度，包括客户导向、团队协作、敬业精神、责任心和成就动机等方面。同时，员工绩效按照 S、A、B、C、D 5 个等级来划分，绩效优异的员工在优秀员工、优秀党员评选中会被优先考虑。例如，绩效考核为 S、A 的员工有资格参与京东方员工最高荣誉——"京东方人"的评选，还有资格优先获得职级职务的晋升，同时这些人还会作为高技能人才的重点培养对象，优先给予培训机会；而年度绩效结果为 C 及以下的员工，原则上不得参与次年的职级评定。绩效考核与员工激励相挂钩的特点，大大提升了员工的工作积极性，为公司数字工匠的培养奠定了坚实基础。

6. 职业生涯发展

（1）畅通职业通道。公司重视人才在企业中的成长和能力提升，为员工提供了多元化发展路径，搭建了"管理＋专业"双向人才发展机制和轮岗机制，帮助员工在专业力与管理力两个方面实现快速提升。其中，在专业方向，以岗位深度为价值取向，通过以定岗定编、岗位价值及能力为中心的职级评价，实现专业职级晋升，开发与培养各细分领域的专业技能人才；在管理方向，通过管理职务与管理职级的晋升，培养专业能力和管理能力兼备的复合型管理人才。职业发展双通道晋升平台的设计，使员工更好地从自身个性和专业出发选择合适的职业发展路径，让员工在不同岗位、不同的发展阶段都能找到自己的位置。在推动轮岗工作的同时，公司还根据业务需要，结合员工以往的业绩、能力表现以及未来的工作潜质，将员工调配至公司或集团的相关岗位工作，包括内部调动、借调、外派等，在实现人岗匹配的同时也为员工提供了更好的工作和发展机会。

（2）关注员工心理健康。为了帮助员工应对来自工作和生活等方面的心理压力，公司自 2013 年起为员工提供心理健康专业服务——EAP（Employee Assistance Program，员工帮助计划）。服务覆盖所有员工及其直系亲属，包括 7×24 小时咨询预约热线、电话＆现场＆线上咨询、心理健康测评、微信公众号、员工门户网 EAP 专区、心理培训、在线微课堂、危机干预等多种服务途径。同时，公司还邀请苏州大学心理学教授来企业开展系列讲座，解决员工多种情绪问题。除苏州工厂外，集团还在北京、合肥、重庆、南京等 14 个城市开设了"心灵氧吧"，为员工提供一对一、面对面的心理咨询服务。

（3）关爱员工生活。公司关爱员工的日常生活，为员工搭建愉悦身心、展示自我的平台，让员工的兴趣爱好得到发展。例如，公司 2022 年打造 O·Family 项目，邀请员工及员工家人参与项目活动，在公司内部营造了温暖舒适的"家文化"氛围。同时，丰富多彩的社团活动也是京东方业余生活的一大亮点，公司建立了 120 余个社团组织，包括各种球类、音乐、舞蹈、瑜伽、摄影、自行车等项目，还有射箭比赛、棒球挑战赛、电竞比赛等文体竞赛类活动。员工在参与业余活动的过程中逐渐融入企业大家庭，不断增强对企业的认同感和归属感。

5.5.2　案例小结

由上可知，京东方杰恩特喜科技有限公司以员工作为公司发展的第一资源，不断深入推动"人才强企、万马奔腾"的发展战略，优化员工结构，全方位培养、引进、用好人才。在技能人才的招聘、培训、技能评定、薪酬福利、绩效考核和职业生涯发展等人力资源管理模块形成了独特的竞争优势，为员工搭建了与企业共生发展的平台，充分发掘员工的各项潜能，培养数字时代的高技能人才队伍，为实现企业与员工的共同理想并肩奋斗。

5.6 案例总结与启示

以上较为系统地介绍了中天储能科技有限公司、北汽蓝谷麦格纳汽车有限公司等 5 个公司在培养数字工匠方面的典型做法，充分体现了各个公司的人才管理理念、制度和组织文化。从总体上来看，虽然每个公司在培养数字工匠方面采取的实践举措存在一定的差异性，但相互之间依然具有很多共性和普遍的规律，可以为其他制造企业探索构建数字工匠培养机制提供有益的借鉴，下面进行简要的概括分析。

1. 注重企校协同，为公司输送优秀人才

在数字化转型过程中，优秀技能人才的招聘是制造企业人力资源管理工作的重要内容，会对后续的数字工匠培养产生重要影响。从企业数字化技能人才的供给来看，职业院校和有关高校无疑是主要来源。因此，以上 5 个案例企业基本上都很重视与相关院校的合作，甚至会与学校建立订单班，按照企业的人才需求进行联合培养，从而为公司输送符合自身要求的优秀人才。例如，中天储能科技有限公司与江苏工程职业技术学院、南通工贸技师学院等学校建立了紧密型的合作伙伴关系，确保了优秀技能人才的稳定供给；中集安瑞环科技股份有限公司与南通市本地的高职学校，建立了智能制造定制专班，全方位定向培养人才；京东方杰恩特喜科技有限公司重点面向黑龙江林业职业技术学院、黑龙江交通职业技术学院、辽宁省交通高等专科学校等学校，合作开设"京东方"班，定制化培养人才。同时，公司还与有关高校举办训练营、夏令营、校园创新挑战赛等活动，吸引和招募优秀人才加盟。总之，在优秀技能人才尤其是数字化人才紧缺的现实背景下，通过与学校建立良好的合作关系，有利于企业获得稳定的人才供给，提高人才招聘的效率和质量，为数字工匠培养奠定基础。

2. 注重岗位培训，提高人才胜任力

从技能人才成长的角度来看，入职之后的岗位培训是提高他们胜任力水平的重要途径。总体上而言，学校阶段的人才培养，通常侧重于理论知识的传授，毕业生的实践能力往往不足，难以满足企业的需求，再加上数字化转型带来的知识更新迭代的速度提高，如何做好培训工作就成为企业的一门"必修课"。上述 5 个案例企业无一不重视数字工匠的培训，采取了多元、有效的培训举措，收效良好。其中，在技能人才培养方面，"师徒制"作为一种传统的培训模式，在中天储能科技有限公司、北汽蓝谷麦格纳汽车有限公司、中集安瑞环科技股份有限公司、京东方杰恩特喜科技有限公司 4 家企业得到了应用，有助于传承工匠精神和操作技能，保障数字工匠的培养质量。

此外，每家企业还都实施了各具特色的培训举措。例如，中天储能科技有限公司建立了产教融合校内外实训基地，提升学生的动手技能和综合素养；北汽蓝谷麦格纳汽车有限公司充分发挥党建引领作用，开展多样化培训活动，同时，还与外部企业合作进行数字人才培训，增强培训效果；中集安瑞环科技股份有限公司与项目的设备供应商进行合作，由供应商负责培训技能人才的设备操作和维修能力；添可智能科技有限公司着力打造员工的培训平台，成立了"添可学院"，并建立了高质量课程的线上学习平台；京东方杰恩特喜科技有限公司依托集团的"京东方大学"，系统开展完善的线上、线下相结合的培训项目等。

随着制造企业数字化转型的逐步推进，数字化技能人才的培训需求不断增多，培训要求也日益提高。为此，企业需要针对自身的特点，灵活采取内外联合、线上线下结合的多元化培训方式，以适应数字工匠的成长需要。

3. 注重技能评定，促进人才成长

技能评定是对员工技能水平的评价与认定，建立科学、完善的技能评定机制，可以帮助员工明晰自身的技能水平，促进自我成长。同时，也可以为员工的薪酬确定、岗位调整等提供重要依据。从现实来看，数字工匠这样的新生群体，不同于传统意义上的技能人才或工匠，目前尚未有明确的评定标准。为此，不少案例企业针对数字工匠的技能评定进行了积极探索。例如，中天储能科技有限公司基于员工的岗位条件、日常表现、工作业绩、技能竞赛等多个评价维度，创新性地将数字工匠分为高能型、多能型和传能型 3 种类型；北汽蓝谷麦格纳汽车有限公司针对每个具体岗位划分了 1/4 ~ 4/4 四个档位，并据此制定了阶段式的培养和考核流程，有效地增强了数字工匠的技能水平和多岗位适应能力，也有利于公司更加灵活地配置人力资源。此外，中集安瑞环科技股份有限公司、京东方杰恩特喜科技有限公司这两个公司并没有单独针对数字工匠设计技能评定体系，而是参考了国家制定的技能人才职业技能等级评价制度。总之，由于数字工匠在工作方式、内容和要求等方面呈现出新的特点，非常有必要从理论和实践上探索建立相适应的技能评定体系，促进数字工匠培养工作的顺利实施。

4. 注重绩效考核，激发人才动力

绩效考核是企业人力资源管理的核心工作，可以为员工的自我发展以及企业的员工培训、薪酬管理、岗位管理等其他人力资源管理环节提供重要依据。以上选取的案例企业，都非常注重发挥绩效考核在数字工匠培养中的重要作用。例如，北汽蓝谷麦格纳汽车有限公司确立了涵盖技能考核和月度绩效考核两个方面的绩效考核机制，有助于全面了解数字工匠的技能水平和综合表现，促进数字工匠队伍发展；中集安瑞环科技股份有限公司针对一线技能人才的考核主要通过日常评分和月度评分来实施，并根据考核结果调整薪酬分配，保障了考核的公平和公正；添可智能科技有限公司为员工设计的"T序列"晋升和"金种子"破格晋升机制，正是建立在绩效考核的基础上；京东方杰恩特喜科技有限公司的绩效考核关注"业绩、能力、态度"3个维度，将考核结果划分为S、A、B、C、D 5个等级，并据此实施差异化的考核结果应用。总之，鉴于绩效考核的重要作用，企业需要根据数字化技能人才的工作特点与要求，设计科学的绩效考核机制，并通过考核结果应用来促进他们的自我成长与公司培养的"同频共振"，提高数字工匠培养效果。

5. 注重生涯管理，拓展人才成长空间

基于马斯洛的需求层次理论可知，自我实现是员工最高层次的需要。通常情况下，员工到企业任职，一般都会谋求较好的职业发展，以实现自己的人生抱负。因此，对企业而言，从组织层面加强员工的职业生涯管理，为员工创造良好的职业发展平台和环境，就显得尤为重要。从现实情况来看，在数字化转型过程中，不少制造企业生产车间的环境得到了明显改观，生产工人的工作时间灵活度上升，工作负荷也出现了下降，自我实现就成为很多工人的主导需求，也是促进他们成长为数字工匠的内在动力。以上5个典型企业，均高度重视一线技能人才的职业生涯发展，为他们设计了清晰的晋升路径。其中，中天储能科技有限公司、北汽蓝谷麦格纳汽车有限公司、中集安瑞环科技股份有限公司、京东方杰恩特喜科技有限公司 4 家企业均设计了较为完善的技术和管理晋升"双通道"，为优秀技能人才提供了广阔的发展空间。此外，添可智能科技有限公司为包括技能人才在内的全体员工打造了"T 序列"晋升通道以及"金种子"破格晋升机制，有力地促进了优秀技能人才的脱颖而出和快速成长；京东方杰恩特喜科技有限公司非常关注员工的心理健康和业余生活，着力提高员工的幸福感和组织认同感，推动员工的全面发展。事实上，在数字工匠的培养过程中，员工自身的职业成长需求与公司为他们提供的职业发展空间之间可以呈现出一种良性互动关系。对于有职业追求的技能人才来说，公司对他们在职业发展上的关心，可以有效地激发其成长动力并提升其对组织的归属感。

第6章 国内外数字人才培养实践与启示

本章对欧盟、美国等主要发达地区和国家以及国内广东、上海、浙江、江苏等省市数字经济发展进行梳理，分析数字经济发展概况、数字人才培养主要做法和特色优势，并提炼对我国数字人才培养的启示，为我国进一步完善包括数字工匠在内的数字人才培养机制提供参考。

6.1 国外数字人才培养政策举措

6.1.1 欧盟数字人才培养情况

1. 基本概况①

欧盟作为发达经济体，在数字人才培养方面全球领先，现有 27 个成员国，人口 4.4 亿人。欧盟十分重视数字人才培养，在人才体系构建、科研创新发展、数字基础设施建设等多个领域制定战略规划，着力推动数字经济可持续发展（薛新龙和岳云嵩，2022）。经过多年探索实践与积累沉淀，欧洲培养数字人才的成效不断彰显。欧洲统计局数据显示，掌握基本数字能力的公民占总就业人口的比例持续提升，欧盟国家平均超过 54%，其中荷兰和芬兰超过 80%。2021 年 3 月 9 日，欧盟委员会发布《2030 年数字指南针》规划，提出四个方面愿景及目标。一是增加数字技能公民与高技能数字专业人才，到 2030 年至少有 80% 的成年公民掌握基本数字技能，

---

① 本部分根据相关网页资料、政策文件、学术文献等整理而来。

高技能数字专业人才突破 2000 万人。二是建设安全可靠的数字基础设施，到 2030 年欧洲家庭千兆网络连接、人口密集区 5G 网络全覆盖，先进可持续半导体芯片产量全球占比 20%。三是促进企业全面数字化转型，到 2030 年使用云计算服务、大数据和人工智能的欧洲企业超 75%，超 90% 的中小型企业达到基本数字化水平，估值超 10 亿美元的独角兽企业数量翻番。四是推动公共服务数字化升级，到 2030 年所有关键性公共服务均可线上获取，全体欧盟公民都能访问电子医疗记录，80% 的欧盟公民都应使用电子身份证件解决方案。

2. 主要做法

欧盟坚持理论和实践相结合，提倡企业实训和学校教育互促并进，以观念、制度和实践较完善的"双元制"人才培养体系为依托，大力培养实践型数字人才。校企双方与行业协会在实习培训目标、计划、内容、方式等方面有序衔接，共同实施教学与培训计划。欧盟凭借其强大的资源整合能力，动员多方利益主体共同参与培养数字人才。2016 年 12 月发起成立了"数字技能与就业联盟"，将各成员国教育主管部门、数字化企业协会、高等院校及大学校长协会、培训机构与欧洲投资基金等多个利益相关方纳入数字教育框架，成立常设管理机构协调日常事务，为在校学生提供相匹配的数字能力培训与认证。例如，德国跨企业培训中心作为德国数字技能培训网络的重要组成部分，承担职业教育校企协同育人和中小企业员工培训的任务。

3. 特色优势

（1）起步实施较早。欧盟各成员国均十分重视实用技能人才培养，早在 1957 年签订了《罗马条约》，设立职业教育与培训政策十项基本原则，为更好地协调教育治理、实施职业教育提供了指导纲领（杜海坤和李建民，2018）。在 21 世纪初率先提出"数字能力"这一前沿概念，将数字人才培养作为提升产业竞争力、推动经济增长的关键之举。

（2）能力导向鲜明。坚持以数字能力为导向开展数字教育实践，2013～2017 年短短五年间先后发布了《数字能力框架》1.0、2.0、3.0 三个版本，数字能力内涵不断丰富。1.0 版将数字能力定义为"在工作、学习、娱乐以及社会参与中自信及创造性地使用 ICT（信息与通信技术）的知识、技能和态度"。2.0 版将数字能力进一步量化为数字化内容编辑应用等 5 大领域 21 种能力，针对每种能力又根据不同学习阶段细分为八个不同层级。通过精细精准界定数字能力，欧盟有针对性地将数字能力迁移拓展至教育领域，并提出了数字人才培养目标、指导原则、课程大纲等方案，由此描绘出数字人才培养图谱。3.0 版聚焦培养 ICT 领域高层次、专业型人才，为不同领域的多学科交叉复合型数字人才培养提供了行动指南。目前，多数欧盟成员国实施了数字能力框架以及相应评估标准，为各级教育和培训机构培养数字人才及技能认证提供了重要指导和规范标准。

（3）战略规划系统。作为"里斯本战略"和"欧洲 2020 战略"中的重要内容，欧盟将数字人才纳入十年发展规划，先后出台《网络学习行动计划》（2005）、《21 世纪数字技能：提升竞争力、增长和就业》（2007）、《欧洲新技能议程》（2016）、《数字教育行动计划》（2018）等系列文件（隆云滔和李怡洁，2021）。在欧盟成员国推广普及教育标准与评价工具，通过搭建在线教育平台、开发数字课程体系、普及网络安全和人工智能教育等方式，在各级学校系统推广数字人才培养模式。

6.1.2　美国数字人才培养情况

1. 基本概况

作为超级大国，美国数字经济规模全球第一，先后经历野蛮生长、稳步推进、快速发展、巩固提升等阶段。1993 年，克林顿政府发布了"国家信息基础设施行动计划"，奠定了美国数字经济发展基础。2000 年以来，受小布什政府支持减弱、科技股泡沫破灭等影响，数字经济转入稳步推进阶段。奥巴马上台之后，相继颁布《网络空间国际战略》等一系列政策文件，再次确立了数字经济在国家经济发展中的重要作用，涌现出苹果、亚马逊、谷歌等一批全球知名的头部领军企业。2018 年之后，特朗普政府颁布了《政府信息开放和可机读的总统行政命令》《开放政府命令》《开放政府合作伙伴》等政策文件，明确规定政府分类分级开放数据共享。同时，提出"国际网络空间战略"，把网络空间安全上升至与军事安全和经济安全同等重要位置，将网络与数据视为与国家海陆空及外太空权同等重要的国家级基础设施（檀春耕，2023）。此外，还发布《加强 21 世纪职业与技术教育法》《规划成功之路：美国 STEM 教育战略》等法律法规和引导政策，着力提升劳动者数字技能水平，增强产业全球竞争力。

2. 主要做法

面对新技术、新需求、新挑战，美国政府着力构建适应数字经济发展需要的人才教育新生态。加强在科学、技术、工程和数学（STEM）领域吸引海外人才的政策供给。2022 年 1 月，美国国务院、国土安全部等部门宣布新人才行动以吸引国际 STEM 人才，优化教育生态。2022 年 12 月底，美国白宫科技政策办公室（OSTP）正式发布"改变美国'科学，技术，工程，数学和医学'（STEMM）生态系统的愿景"，提出培育新教育生态系统的国家行动。一是加强终身教育渠道扩展。OSTP 指出，要确保所有人在一生中可以公平获得受教育的机会，并可为科学和技术进步作出贡献。二是培养数量更多、技能更新的教师团队。OSTP 明确提出要支持教师在计算机科学等高需求领域获得初始、附加或高级认证。三是建立整体科技生态系统的问责制，将进一步加强教育体系中数据分析。2023 年 3月，OSTP 披露"下一个联邦'科学，技术，工程，数学'（STEM）战略计划"听证会情况，表示正制定 2023～2028 年联邦 STEM 教育规划。新的STEM 规划将作为美科技生态的关键支撑，将从教育参与、劳动力发展、创新能力等五个方面系统性布局。OSTP 指出，制定下一代人才教育计划的关键原因之一是"当前科学和技术应用远远超出了书本上、校园内所教授的范围"。OSTP 提出，未来教育必须结合真实 STEM 学习与实践经验，学校将提供来自不同背景的 STEM 技能人才培训机会，并提供相应实践。

3. 特色优势

美国的高校在数字人才培养中发挥了重要作用，特别是一些研究型大学，顺应互联网发展趋势，主动进行组织机构变革，优化专业课程体系，在人工智能产业浪潮中劈波斩浪。比如，2018 年卡内基梅隆大学开设了全美第一个人工智能学士学位，把计算机科学、数学统计、机器学习、人文艺术等多个领域知识内容纳入核心课程；斯坦福大学于 2019 年率先成立"人工智能研究院"，集聚了一大批涉及计算机科学、神经生物学、经济学、哲学等多学科领域的研究人员以及业界专家顾问，组成跨学科研究团队共同攻关人工智能领域的前沿课题。

6.1.3　其他国家数字人才培养做法

澳大利亚教育部门理念较为前沿，自 2017 年起将数字素养作为与学习、阅读、写作、表达沟通、计算并列的第六种核心素养纳入核心技能框架，并在 2020 年发布的《面向未来的基础技能》中明确了学生未来需要掌握的数字技能标准框架（薛新龙和岳云嵩，2022）。新加坡通信和信息部 2018 年印发《数字准备蓝图》，公布了公民基本数字技能框架，包括信息管理能力、沟通交流能力等，并在提升国民数字素养方面提出了开设数字技能课程等一系列具体举措。韩国政府于 2020 年出台了《韩版新政综合规划》，提出建立未来型职业培训体系，培养 18 万名新技术领域的核心实务人才。

6.2　国内数字人才培养政策举措

《产业数字人才研究与发展报告（2023）》指出，当前我国数字人才总体缺口在 2500 万人至 3000 万人左右。人社部发布的《中华人民共和国职业分类大典（2022 年版）》中，首次标注的 97 个数字职业占到了职业总数的 6%。2021 年 10 月，中央网络安全和信息化委员会印发《提升全民数字素养与技能行动纲要》（简称"《行动纲要》"），提出"提高产业工人数字技能"，要"健全企业职工培训制度，针对产业工人系统开展面向生产全环节的数字技能培训，持续壮大现代产业工人队伍，培养数字领域高水平大国工匠，提升数字化生产能力"。

2021 年 12 月，国务院印发了《"十四五"数字经济发展规划》，明确提出要"以数据为关键要素，以数字技术与实体经济深度融合为主线，加强数字基础设施建设，完善数字经济治理体系，协同推进数字产业化和产业数字化，赋能传统产业转型升级，培育新产业新业态新模式，不断做强做优做大我国数字经济,为构建数字中国提供有力支撑"①。这标志着我国数字经济发展转向深化应用、规范发展、普惠共享的新阶段,也对数字经济研究及人才培养提出了新的更高要求。广东省、上海市、浙江省、江苏省等经济发达省市在数字经济发展和数字人才培养方面走在全国前列。

6.2.1　广东省数字人才培养经验

1. 广东省数字经济发展概况

广东作为全国改革开放前沿省份,既是贸易强省,也是数字强省。广东省政府工作报告提出,加快发展数字经济,推进网络强省、数字广东建设,促进数字经济和实体经济深度融合。数据显示,2022 年广东省数字经济规模 6.41 万亿元,连续六年全国第一,数字经济占 GDP 比重达到 49.7%②。

(1)强化政策规划引领。2021 年 6 月 30 日出台《广东省制造业数字化转型实施方案(2021 – 2025 年)》,聚焦 10 个战略性支柱产业集群和 10 个战略性新兴产业集群,以深化新一代信息技术与制造业融合发展为主线,以工业互联网创新应用为着力点,深入推进制造业数字化转型和高质量发展。《实施方案》提出,到 2025 年,战略性产业集群数字化水平显著提升,广东省工业互联网国家示范区引领作用显著,推动超过 5 万家规模以上工业企业数字化转型,带动 100 万家企业上云用云降本提质增效③。同时,出台《广东省制造业数字化转型若干政策措施》配套文件,详细列出支持龙头骨干企业数字化转型,支持中小型制造企业数字化转型,支持产业园、产业集聚区数字化改造,支持工业软件研发及应用推广,支持数字化基础设施建设等 9 条措施;8 月出台《广东省数字经济促进条例》,分 10 个篇章共 72 条,立足广东实际,聚焦"数字产业化、产业数字化"两大核心,突出制造业数字化转型,做好数据资源开发利用保护和技术创

---

① 国务院关于印发"十四五"数字经济发展规划的通知(国发〔2021〕29 号)[EB/OL].中国政府网,https://www.gov.cn/zhengce/content/2022 – 01/12/content_5667817.htm.

② 广东数字经济发展指数位居全国前列 [EB/OL].人民网,http://gd.people.com.cn/n2/2023/0817/c123932 –40534563.html.

③ 广东省人民政府关于印发广东省制造业数字化转型实施方案及若干政策措施的通知 [EB/OL].广东省人民政府网,http://www.gd.gov.cn/zwgk/wjk/qbwj/yf/content/post_3338922.html.

新，加强粤港澳大湾区数字经济规则衔接、机制对接。

（2）深度融合实体经济。近年来，广东省锚定数字产业化与产业数字化两大核心，促进数字经济与实体经济双向发力、深度融合。培育发展新一代电子信息产业、软件与信息技术服务业、人工智能和大数据产业等数字经济核心产业和新兴产业，协同推进产业、企业、园区等数字化转型、智能化改造、高端化攀升。聚焦关键核心领域技术创新，着力破解"卡脖子"技术难题，推动成立湾区半导体、广大融智、智能传感器等产业集团，设立总规模超千亿元的 6 只投资基金，支持广州、深圳、珠海等地建设集成电路产业集聚区。以华为、腾讯、格力、大疆等数字经济头部企业为代表的创新主体快速壮大，综合创新能力大幅提升，全省实现数字化转型的规上工业企业超 2.25 万家、"上云上平台"的中小企业超 65 万家①。

（3）厚植数字基础设施。数字基础设施建设是发展数字经济的"基石"，为了支撑数字经济发展，广东不断加大新型数字基础设施建设力度，重点发展集成电路、核心软件、基础电子元器件，高标准建设 5G 基站、千兆光纤网络、工业互联网、智算中心等基础设施，引导交通运输、生态环境、水利电力、邮政通信、应急管理等领域数字化改造。全省累计建成5G 基站 17.1 万座，21 个地市数据中心全覆盖（陈伟光和刘泰山，2023）。

（4）统筹整合数据资源。广东数字经济发展势头强劲，"增效、增值、增富"效能凸显。以全面建设"数字广东"为统领，探索"互联网＋政务服务"新模式，先后上线了"粤省事""粤政易""粤商通"等智能网络平台，有力推动了社会治理提质增效。目前，"粤省事"移动政务服务平台有实名注册用户约两亿户，1000 多个办事项目实现"零跑腿"。广东将继续释放政策叠加效应，强化资源整合，优化产业生态，培育数据要素市场，壮大数字经济优势，实现让数字安全管起来，数字资源用起来，数字赋能强起来，数字治理实起来，为推动高质量发展迈上新台阶注入新动能。

2. 数字人才培养主要做法

（1）摸清底数加强顶层设计。广东省充分认识到数字化人才在迎接新

---

① 广东累计推动 2.25 万家规上工业企业数字化转型［EB/OL］. 广东省人民政府网, https：//www. gd. gov. cn/gdywdt/zwzt/zqsk/ywsd/content/post_4075798. html.

一轮科技革命和产业变革机遇挑战、推动产业数字化转型升级、构建新发展格局、增创发展新优势等方面的作用，增强数字化人才队伍建设的紧迫感，推动数字化时代人力资源体系整体转型。深入认识数字化人才成长规律和需求特征，制定数字化人才培养培训、评价选拔、绩效考核等标准。编制数字化人才发展规划，实施数字化人才专项行动和人才计划，将数字经济领域人才纳入各类人才计划支持范围，积极探索高效灵活的数字化人才激励政策。发挥广东省数字经济起步早、发展快，数字化基础设施好，以及市场、产业、开放、区位和人才优势，打造数字人才强省。

（2）建设粤港澳大湾区数字化人才高地。广东省将数字化高端人才引育纳入粤港澳大湾区高水平人才高地建设和人才强省建设目标，将粤港澳大湾区建设成数字化人才聚集地和辐射源。利用"双区"建设和两个合作区建设机遇，开展数字化人才发展体制机制综合改革试点。粤港澳携手引育高端数字化人才，加快职业资格互认，畅通数字化人才在大湾区的流动。全面推进"数字湾区"、广州人工智能与数字经济试验区、国家5G中高频器件创新中心、横琴先进智能计算平台建设，推动数字人民币、国家区块链创新应用等试点落户，聚集一批国际国内数字化领域知名高校、科研院所、企业、中介机构。发挥广东省大数据智能化产业、企业和创新优势，组建数字化工业软件联盟，布局建设工业软件总部基地，推动广州、深圳、佛山、东莞等地市建设特色攻关基地与新型工业互联网创新中心等创新载体。

（3）加强重点领域高端数字化人才培养。依托粤港澳大湾区综合性国家科学中心、国家技术创新中心、鹏城实验室、广州实验室、国家新型显示技术创新中心等各层级创新平台、高校院所、互联网和数字经济领军企业，围绕5G＋、工业互联网、大数据、区块链、云计算等重点领域，打造高端数字化人才育基地，加强数字化领域科技领军人才和创新团队培养。优化数字化领军人才发现机制和项目团队遴选机制，着力培养具有数字化战略、数字化思维、突出技术创新能力、善于解决复杂工程问题的复合型卓越工程师队伍及具备数字化领导力的企业家队伍。

（4）加强数字化基础人才培养。重视中小学信息技术课程建设，全面推进新工科、新农科、新文科建设，引导高校发展新兴前沿学科专业，增加人工智能、数据科学与大数据技术、机器人工程、网络空间安全等与商科结合的专业设置，优化专业结构与课程体系。以产业需求为导向，突出实用性、交叉性与综合性，注重以产业和技术发展最新成果来丰富优质数字化教学内容资源供给，实现从专业分割转向跨界交叉融合，形成开放融合的工程教育新生态。加强教师数字化实践指导能力建设，强化工程人才数字化综合技能实践，扩大优质数字化基础人力资源供给。

3. 特色优势

（1）数字产业基础扎实。发挥已形成的数字经济优势，促进数字经济创新活动向生产领域渗透，促进数字经济与实体经济双向赋能、融合发展，持续推进数字产业化和产业数字化转型，为数字化人才创造丰富多样的数字化就业创业机会。顺应数字经济发展规律，抢占发展先机，推动大数据、人工智能、区块链、物联网等新一代信息技术产业繁荣发展和转化应用，大力培育壮大新技术、新产业、新业态、新模式，不断拓宽数字化人才的"职业版图"，夯实留用数字化人才的产业基础。

（2）数字技术技能培训体系完善。实施数字技能提升专项培训工程，依托职业院校（技工院校），面向传统互联网从业人员、农村劳动力、困难群体、过剩产能领域职工等重点人群开展数字技术技能培训，针对"智能制造"数字人才缺口，加大先进制造技术、智能控制技术、电子信息技术、软件网络技术等重点领域数字化人才培养培训。推动产教融合，支持校企专业共建、人才共育，共建数字化人才培训培养平台和实训基地。发挥高校院所学科优势，搭建工业互联网继续教育平台，向传统实体企业、传统互联网企业提供数字化技术技能培训，挖掘存量人才潜能，提升数字化执行、数字化创新能力。支持互联网企业与传统实体企业携手合作，联合培养数字化人才，着力增强传统制造业从业人员的数字化意识和技能，推动传统互联网人才向现代复合型人才转变，做到既懂 ICT 技术，又擅长企业经营管理，为实体中小微企业数字化转型化解人才掣肘。

（3）数字化人才发展环境优越。建立健全数字经济人才市场，设立数字经济专家库，畅通互联网人才在政府、企业间有序流动渠道，打造全省数字经济人才输送交流平台，为数字经济人才和企业提供一站式供需对接渠道。强化服务保障，加强数字人才权益保障，出台补充政策，对已获国家认证的新职业，出台相关配套的人才政策，扩大人才政策覆盖面，不断完善新职业的职业认证机制和新职业从业群体的社会保障体系。加快数据

市场化配置改革，完善公共数据资源开发利用法规和标准体系，全面推广
首席数据官制度，建设省数据交易场所，打造数据要素市场化配置改革先
行区①。提升数字广东建设水平，实现 5G 网络全覆盖，加大 5G 赋能行业
应用推广力度，营造良好数字生态。

6.2.2　上海市数字人才培养经验

1. 上海市数字经济发展概况

上海数字经济发展基础好、潜力大、速度快。为深入贯彻落实党的二
十大精神和习近平总书记关于发展数字经济系列重要讲话精神，上海以
《上海市数字经济发展"十四五"规划》为引领，围绕数字新产业、数据
新要素、数字新基建、智能新终端等重点领域，加快布局数字经济发展，
加快建设具有世界影响力的国际数字之都。

（1）政策支持和多层次发展。上海市出台了吸引和激励科技人才，提
供创新资金支持，建立专业的孵化器和加速器以及促进人工智能产业发展
等一系列政策，支持数字经济快速发展。此外，上海市积极加入国际数字
经济贸易规则制定者和顶尖创新中心，如全球数字经济合作组织（GD-
CO）、亚太经合组织（APEC）、全球人工智能与机器人创新联盟等，追求
数字经济高水平对外开放。多方位的政策支持和多层次的数字经济发展，
为数字经济在上海的快速崛起奠定了坚实基础。

（2）数字经济基础设施建设。基础设施建设是发展数字经济的前提。
上海将数字经济发展纳入城市整体发展战略中，将"互联网＋"作为新的
经济增长点，大力推进信息化建设，积极布局 5G 基站建设，打造城市智
能化。截至 2022 年底，上海市累计建成室外基站超 6.8 万个，并计划到
2023 年底累计建设室外 5G 基站超 7.2 万个②。此外，还建设了数据中心、
工业互联网平台等数字化基础设施，为进一步推动数字经济发展提供硬件
支撑。

---

① 政府工作报告——2022 年 1 月 20 日在广东省第十三届人民代表大会第五次会议上 [EB/OL].
南方日报网，https：//epaper. southcn. com/nfdaily/html/202201/24/content_10003110. html.

② 上海：计划到 2023 年底，累计建设超 7 万个室外 5G 基站 [EB/OL]. 澎湃新闻网，ht-
tps：//www. thepaper. cn/newsDetail_forward_22197883.

（3）数字智能技术创新。上海市委、市政府十分重视数字智能技术的创新和应用，培育发展了哔哩哔哩、叮咚买菜、饿了么等一批在线新经济领域头部企业，还扶持包括人工智能、物联网、大数据等技术领域的数字智能技术创新企业，并积极开展技术转移和技术推广。此外，上海积极开拓数字经济的应用场景，打造了城市大脑、智慧医疗、智慧交通等数字化的场景，提高城市治理智能化水平。

（4）数字经济产业培育与发展。数字经济产业已成为上海市经济发展的重要引擎，近年来全市数字经济核心产业增加值保持平稳较快增长，规模已超过5500亿元。上海2023年政府工作报告提出，今后五年数字经济核心产业增加值占GDP的比重将提高到18%。围绕生产、流通、服务三个主攻方向，上海重点培育数字经济，包括IT软件和信息服务、电子商务和现代物流、数字创意与文化等。结合城市数字化转型要求，进一步推动数据要素产业发展、促进数字红利释放、提升数字经济质量，上海2023年7月发布了《立足数字经济新赛道推动数据要素产业创新发展行动方案（2023－2025年）》[①]。此外，上海市还建设了产业生态圈、创客空间、技术转移中心等，提高数字经济创新创业的成功率和效益。

2. 数字人才培养主要做法

（1）强化顶层规划设计。上海作为"改革开放排头兵、创新发展先行者"，按照党中央国务院的决策部署，抢抓数字经济新赛道，培育高质量发展的新动能，充分发挥人才第一资源作用，依托产教融合、校企合作，着力培养复合型人才，助力创新链、产业链、人才链融合发展。

（2）强化高校学科建设。在数字经济发展背景下，上海部分高校纷纷布局，加大数字人才培养力度。比如，上海财经大学依托经济学、管理科学与工程、统计学、计算机等学科优势，成立数字经济系，聚焦国家数字经济战略前沿和制高点领域，全面开展高水平的科学研究和人才培养工作，是在新一轮全球科技革命背景下，回应国家重大发展战略需求、努力推进学科交叉融合建设的战略性布局与探索。

---

① 上海市人民政府办公厅关于印发《立足数字经济新赛道推动数据要素产业创新发展行动方案（2023－2025年）》的通知［EB/OL］. 上海市人民政府网，https：//www.shanghai.gov.cn/202316bgtwj/20230829/5472ef31541a49c9b84bac918e27b540.html.

（3）强化产教联合体建设。在此基础上，上海近几年也加大产教联合体建设，2023 年 7 月 13 日，上海市漕河泾新兴技术开发区市域产教联合体正式成立，这是上海成立的 14 个市域产教联合体之一，该联合体各成员单位将发挥各自优势，聚焦培养全生命周期数字人才。

3. 特色优势

（1）经济实力强劲。上海不仅是我国的经济中心、金融中心、贸易中心、航运中心和科技创新中心，还是国内数字经济发展标杆，正加快形成以创新为主要引领和支撑的数字经济。《数字中国发展报告（2022 年）》[①]显示，上海的数字化综合发展水平位居全国前列。全面推进城市数字化转型，率先试点金融、交通等公共数据授权运营，积极布局数字经济新赛道，推动公共服务更加普惠包容，创新打造数字文化平台，大力推动数字贸易蓬勃发展。在未来，上海数字经济将在政策引导下继续延伸，形成数字经济生态可持续发展，助力上海市成为全球数字经济中心城市。

（2）人才储备充足。《长三角地区数字经济与人才发展研究报告》[②]显示，上海的数字人才在产业分布上比较均衡，信息通信技术、制造、零售、医疗、金融等行业都具备良好的数字人才基础，在长三角地区的人才发展方面处于领先地位。上海拥有一批顶尖的数字技术人才和数字应用的创新专家。包括计算机科学、大数据、人工智能、云计算和网络安全等方面的技术人才，也有大数据分析、智能分析、流程优化、存储架构、应用软件开发等创新专家。在金融、制造、交通、能源、城市、生物科技和其他领域，都有大批数字技术应用专业人士，利用大数据、人工智能等新技术，针对企业的现有需求，实时调用、分析和挖掘其他相关数据，协助企业建立数字化营销、供应链以及产品研发开发的新业务模式。上海数字人才储备能力突出。

（3）产业升级加快。上海正努力构建全面开放的市场格局，加快实施数字化经济发展战略，实现转型升级。不仅给传统产业带来了重大变革，也推动了数字人才的发展。在新一轮扩大开放的大潮下，上海的数字人才

[①] 国家互联网信息办公室发布《数字中国发展报告（2022 年）》[EB/OL]. 中国网信网, http: //www. cac. gov. cn/2023 - 05/22/c_1684602318492248. htm.

[②] 清华、上海科技政策所、领英联合发布《长三角地区数字经济与人才发展研究报告》[EB/OL]. 中国日报网, http: //sh. chinadaily. com. cn/2018 - 10/23/content_37123554. htm.

质量和积累越来越受到重视，为数字技能累积、数字转化和实现数字能力最大化发挥了积极作用。

6.2.3 浙江省数字人才培养经验

1. 浙江省数字经济发展概况

近年来，浙江省深入贯彻落实习近平总书记关于发展数字经济的重要论述精神，忠实践行"八八战略"、奋力打造"重要窗口"，抢抓新一轮科技革命和产业变革加速演进的新机遇，以数字化改革为引领，深入实施数字经济"一号工程"，高水平建设国家数字经济创新发展试验区，着力构建以数字经济为核心的现代化经济体系，率先形成与数字变革时代相适应的生产方式、生活方式、治理方式，奋力打造数字变革高地，为浙江省推进"两个先行"提供强大引擎。浙江省数字经济综合实力、创新力、竞争力实现重大跃升，"三区三中心"建设取得明显阶段性成效，数字化改革取得开创性成效，已成为推动浙江经济社会高质量发展的"新引擎"。2022年，全省数字经济核心产业增加值8977亿元，比上年增长6.3%。数字经济核心产业制造业增加值增长10.7%，增速比规模以上工业高6.5个百分点[①]。数字经济在地区生产总值中的支柱地位更加稳固，引领增长作用日益凸显。浙江确定新一轮小目标——到2027年，力争数字经济增加值和核心产业增加值突破7万亿元和1.6万亿元，实现"双倍增"[②]。

（1）数字科创动能更加强劲。2022年8月初发布的《浙江省数字经济发展白皮书》显示，截至2021年全省有数字经济高新技术企业1.1万家、科技型中小企业1.8万家，均为2017年的3.4倍；规上数字经济核心产业研发强度达到7.3%，是全社会研发投入强度的2.5倍；实施215项数字经济重大科技攻关项目，突破形成138项进口替代成果。杭州城西科创大走廊成为数字经济创新策源地，国家实验室、大科学装置实现零的突破，数字科技创新战略力量培育成效显著，部分数字技术实现从跟跑向并跑乃

① 2022年浙江省国民经济和社会发展统计公报［EB/OL］. 浙江政务服务网，http：//tjj. zj. gov. cn/art/2023/3/16/art_1229129205_5080307. html.
② 省经信厅在全省数字经济创新提质"一号发展工程"大会上作汇报［EB/OL］. 浙江政务服务网，https：//jxt. zj. gov. cn/art/2023/4/4/art_1657977_58930284. html.

至领跑的跨越。

（2）数字产业集群做大做强。《浙江省数字经济发展白皮书》显示，2021 年，全省规上电子信息制造业营业收入达到 15916 亿元，软件业务收入达到 8303 亿元，稳居全国第三、第四位；数字安防和网络通信、集成电路、高端软件、智能计算、智能光伏、数字内容六大千亿级数字产业集群在数字经济核心产业中主导地位日益凸显。截至 2021 年，拥有年营收超千亿级数字经济企业 2 家、超百亿级企业 45 家，头部企业引领数字经济创新发展态势明显。全省打造省级数字经济特色小镇 30 家、数字经济"万亩千亿"产业新平台 13 家，成为数字产业集聚发展主阵地。

（3）产业数字变革全面深化。浙江利用数字化新技术、新理念，全方位、全链条改造制造业、服务业、农业，产业数字化水平稳居全国第一。制造业数字化转型步伐加快，累计认定未来工厂 32 家、智能工厂（数字化车间）423 家；获批共建长三角工业互联网一体化发展示范区，"1 + N"工业互联网体系日益完善，建设省级工业互联网平台 285 家，培育上云企业 47 万家；服务业数字化加速升级，网络零售额突破 2.5 万亿元，稳居全国第二；品质消费普及普惠体系加快构建，数字生活新服务指数居全国第一；智慧农业亮点纷呈，县域数字农业农村发展总体水平稳居全国第一①。

（4）数据价值红利加速释放。一体化智能化公共数据平台建设成效显著，截至 2021 年底，全省开放近 2 万个数据集，60 亿条数据，"中国开放数林指数"连续 2 年居省域标杆第一。数据要素市场化指数居全国第二；累计遴选省级大数据应用示范企业 206 家，入选工信部大数据产业发展试点示范项目 39 个，均居全国前列②。数据安全政策和规则供给不断加强，基于数据采集、标注、分析、存储等全过程的数据资源化进程不断深化。

（5）数字基础设施优化升级。全力打造数字新基建创新示范省，《浙江省数字经济发展白皮书》显示，截至 2021 年底，全省建成开通 5G 基站 10.5 万个，率先实现县城、乡镇全覆盖和行政村基本覆盖，补齐乡村数字基础短板，助力共同富裕；累计建成各类数据中心 202 个，其中大型及以上数据中心 20 个，数量规模居全国前列；城市大脑平台、视觉感知平台入

---

① ②　浙江省数字经济发展白皮书（2022 年）［EB/OL］. 浙江省人民政府网，https：//www.zj. gov. cn/art/2022/8/3/art_1229630150_4049. html.

选国家新一代人工智能开放创新平台，数字经济发展的基础支撑不断夯实。

2. 数字人才培养主要做法

浙江省人力社保厅、省财政厅出台《浙江省数字技术工程师培育项目实施方案》，提出到 2030 年末，要围绕人工智能、物联网、大数据、云计算等数字技术工程应用领域，培育数字技术工程师 1 万人以上。这份《实施方案》中首次推出的这一培育项目，是浙江对数字人才的新一轮布局。

（1）创新技能人才评价机制。提出实施"一试双证"试点工作，探索企业标准和国家职业技能标准的互通、互认，即劳动者通过一次考试可以同时获得企业认证证书和职业技能等级证书，既得到业内头部企业的认可，又可领取职业培训补贴、享受人才政策。

（2）加强技能人才培训力度。鼓励职业院校（含技工院校）加强与数字经济优质企业、科研机构的全面合作，也鼓励应用型本科高校加大力度对在校生开展数字技能培训。提出提高职业培训补贴标准，制定差异化培训补贴制度，引导社会机构大力开展数字技能培训，吸引更多劳动者参加数字技能考核认证。鼓励开发紧缺急需的数字新职业，可以先制定省内通行的数字专项职业能力考核规范，同时积极向人社部申报较为成熟的数字新职业，争取纳入国家职业标准体系。定期举办数字职业技能大赛，发挥技能竞赛对技能人才的培养具有引领作用。浙江确立浙江大学、浙江工业大学和杭州电子科技大学 3 家数字工程师培育项目培育机构，分别针对区块链、智能制造、大数据工程技术人员开展专业培训。

（3）构建技能人才培育生态圈。提出建立以优质企业为主体、以职业院校（含技工院校）为基础、培训机构为补充的数字技能人才共育体系，政府、企业、行业、院校、社会机构等各方力量联合起来，做好人才培育顶层设计，构建以产教深度融合为特征的政产学研一体化人才培养生态，实现向整个行业赋能。在政府指导下，由优质企业、行业协会、科研机构、各类院校等共建数字技能人才培育联盟。建立数字技能人才公共服务平台，信息查询、政策指导、培训学习、技能认证、赛事报名、就业推荐等数字技能人才的需求一站式完成。

3. 特色优势

（1）数字经济起步早。率先探索"产业大脑 + 未来工厂"融合发展新路径，数字经济系统构架基本成型，打造了智造荟、关键核心技术攻关在线、对外贸易应用、金融综合服务应用等一批重大应用，获评省级最佳应用 8 个，"企业码""知识产权在线"等应用得到中央部委肯定，"政采云"等应用走出浙江、走向全国。加快推进 30 个细分行业产业大脑建设，推进化工、电机、数控机床等 10 个行业大脑上线运行，形成理论成果 122 项、制度成果 181 项，有力推动经济领域数字化改革逐步深化①。早在 2016 年浙江率先启动实施"最多跑一次"改革，标志着人才工作数字化转型已开启，这一阶段，通过"一窗受理、集成服务、一次办结"的模式创新，全方位提高人才服务效能（陈丽君和朱蕾蕊，2021）。

（2）数字治理能力强。浙江以数字化改革为引领，省域数字治理能力和治理现代化水平走在全国前列。"掌上办事""掌上办公""掌上治理"之省建设成效显著，形成"浙里办""浙政钉"等一系列标志性成果，全省依申请政务服务事项"一网通办"率达到 85%②。数字抗疫贡献浙江智慧，首创"健康码"并面向全国推广。浙江敢为人先，率先出台数字经济促进条例、公共数据条例、电子商务条例，率先设立杭州互联网法院、制定平台经济监管 20 条、制定数字经济核心产业统计体系等创新举措，在推动数字经济治理体系变革、构建数字经济新型生产关系中加快形成"浙江样板"。

（3）人才服务意识强。在提升人才行政审批服务效能基础上，为全方位支持人才创业创新，促进创新链、产业链、资金链、人才链、政策链"五链"融合，集成人才服务、政策宣传、资源对接、联谊交流等功能的一站式人才服务综合体在浙江各地全面推广普及，人才服务工作实现点式服务向链式服务、零散服务向常态服务、小众服务向普惠服务转变。比如，杭州市余杭区围绕人才生活、创业、就业，系统集成了人才落户居住、安家补助、职业租房、交通出行等 13 类 93 个人才服务事项和政策，率先推出人才创新创业全生命周期"e 件事"平台和线下专窗，以等级类、职称类、技能类、学历类和海外类 5 类 23 种人才身份为主线索，"一站式"智能匹配推送人才高频事项，实现人才事项办理"菜单式选择、自定

①②　浙江省数字经济发展白皮书（2022 年）［EB/OL］. 浙江省人民政府网，https：//www.zj.gov.cn/art/2022/8/3/art_1229630150_4049.html.

义组合"。

（4）数字赋能空间大。人才服务与数字化转型紧密融合，已经历"提升服务效率""集成服务资源""整合服务事项""实现'码上服务'"4个阶段。作为人才工作数字化转型的最高阶段，"数字赋能宏观人才管理决策"尚处在局部探索期，具有较大成长空间。比如，杭州市滨江区积极对接城市大脑应用场景，大力建设滨江数据驾驶舱，并拓展了数据驾驶舱在人才工作领域的多种应用，如通过数据驾驶舱数据比对简化人才政策兑现流程；通过人才和企业大数据模型分析，预测区内人才企业人才流失倾向，及时上门对接和服务，成功留住企业和人才。未来，如能继续将大数据、云计算等技术深度用于人才的治理，浙江省人才工作的数字化转型将会有更大的发展空间。

6.2.4　江苏省数字人才培养经验

1. 江苏省数字经济发展概况

江苏省人社厅等六部门联合印发《关于实施数字技能提升行动服务数字经济强省战略的指导意见》，聚焦江苏30条优势产业链、10条卓越产业链，着眼大数据、人工智能、区块链、物联网等重点领域，提出12条具体政策和4条保障措施，明确数字技能提升行动的实施路径。建立全省"数字工匠"培育库，推动数字经济职业技能培育，全省每年新增数字技能人才10万人。江苏增设数字人才评价标准，建立数字经济人才引进"揭榜挂帅"机制，开展数字经济人才进园区、进企业活动，联合科技部门加强数字技术经纪人队伍建设。建立数字经济卓越工程师职称制度，实施数字经济卓越工程师知识更新培训。实施数字技能提升行动，以数字经济产业和数字化转型企业从业人员为重点，精准开展数字技能岗前培训、在岗培训和转岗培训。建设省级数字技能公共实训基地，建设技能人才服务产业园。实施"江苏工匠"培育工程，试点评聘特技技师。筹建江苏省数字经济人才市场，创建国家级数字经济人才市场。

江苏省第十四次党代会明确提出，坚持把数字经济作为江苏转型发展的关键增量。江苏省委、省政府高度重视发展数字经济，认真贯彻落实国家数字经济发展战略，成立省数字经济工作领导小组，召开全省数字经济发展推进大会,印发《江苏省"十四五"数字经济发展规划》,制定出台了《江苏省公共数据管理办法》《江苏省制造业智能化改造和数字化转型三年行动计划》《全面提升江苏数字经济发展水平的指导意见》《江苏省数字经济促进条例》等一系列政策举措,推进数字经济蓬勃发展。《2022 数字江苏发展报告》显示,2021 年全省数字经济规模超 5.1 万亿元,位居全国第二位,占全国比重 11.8%。江苏省"十四五"数字经济发展规划明确指出,建设具有世界影响力的数字技术创新高地、具有国际竞争力的数字产业发展高地、具有未来引领力的数字社会建设高地、具有全球吸引力的数字开放合作高地。

总体来看,"十三五"时期,江苏省认真贯彻落实国家数字经济发展战略,制定出台推进数字经济发展的一系列政策举措,推进数字经济蓬勃发展,取得显著成绩,具体体现在五个方面①。

(1)数字产业化基础扎实。数字技术创新成效显著,围绕 5G 通信、物联网、人工智能、大数据等数字技术重点领域,加强核心技术研发部署,深入实施省产业前瞻与关键核心技术等重点研发计划,持续推进重大科技成果转化,取得一批重大原创性成果,"神威·太湖之光"超级计算机、"昆仑"超级计算机达到国际顶尖水平,未来网络试验等国家重大科技基础设施落户江苏,网络通信与安全紫金山实验室纳入国家科技力量布局,第三代半导体技术创新中心正式获批。数字产业规模不断提升,2020年,电子信息产品制造业业务收入 2.87 万亿元,软件和信息服务业业务收入 1.08 万亿元,"十三五"时期年均增速分别达 9.54%、8.87%,物联网、人工智能、云计算等新兴产业规模和增速领跑全国。数字产业能级保持全国前列,"十三五"时期,参与创建和试点的中国软件名城数量位居全国第一,无锡市物联网、南京市软件和信息服务入选全国先进制造业集群,苏州获批国家新一代人工智能创新发展试验区,无锡国家级车联网先导区建设深入推进,16 家企业入围全国互联网百强企业,7 家企业入围全国互联网成长型企业 20 强,2020 年成长企业入围数位列全国第一。

---

① 本部分(1)~(5)的资料来源:省政府办公厅关于印发江苏省"十四五"数字经济发展规划的通知[EB/OL]. 江苏省人民政府网, http://www.jiangsu.gov.cn/art/2021/11/1/art_64797_10093379.html.

（2）产业数字化转型加快。"江苏制造"向"江苏智造"加速转变，两化融合发展水平指数连续六年位居全国第一，更多企业迈上"云端"，创建省级示范智能车间 1307 家、智能工厂 42 家，24 家企业获批国家智能制造系统解决方案供应商，占全国 21%；工业互联网应用发展位列全国第一方阵，建成区域级、行业级、企业级工业互联网平台 86 家，徐工信息汉云、苏州紫光云工业互联网平台入选国家级双跨平台。积极推进服务业领域数字技术创新应用，培育国家级电子商务示范基地 12 家，位居全国第一，创建 10 个国家级跨境电商综合试验区，积极构建跨境电商发展产业链和生态圈，社交电商、直播电商等新模式不断涌现；积极承接法定数字货币试点，苏州成为全国首批 4 个试点城市之一。农业生产经营数字化转型不断普及，建成全国农业农村信息化示范基地 12 家，省级农业农村大数据建设全面启动。

（3）数字化治理服务水平持续提升。数字经济市场竞争秩序逐步规范，出台促进平台经济健康发展"20 条"，制定"两反两保"行动方案，开展网络市场监管专项行动，聚焦大数据"杀熟"、直播带货虚假宣传等新型网络不正当竞争行为加强专项执法，形成政府指导、企业参与、具有江苏特色的电子商务平台规范化管理机制。数字技术全面赋能社会治理，"互联网 + 政务服务"和"不见面审批（服务）"全面推广，"苏服码"等面向企业跨部门实体证照免带的创新政务应用启动试点，"互联网 + 医疗健康"示范省建设有序开展，疫情期间"苏康码"快速上线，教育、就业、养老、社保、救助等服务场景数字化应用不断普及，数字服务和产品适老化改造扎实推进，"大数据 + 网格化 + 铁脚板"治理机制形成经验做法，人民群众共享数字经济红利。

（4）数据资源价值不断释放。积极推进公共数据资源开发利用试点省份建设，建立完善全省政务信息资源目录体系，五大基础数据库基本建成并对外提供服务，成功搭建省级公共数据开放平台，完成第一批重点领域公共数据资源开放。企业数据价值不断释放，成为全国首批国家工业数据分类分级、数据管理能力成熟度（DCMM）评估试点省份，4 家企业入选国家工业数据分类分级试点优秀案例，入选数位居全国第一。政府和社会数据融合应用格局初步形成，培育苏州吴江区、无锡梁溪区等江苏省 5 个区域大数据开放共享与应用试验区，举办江苏大数据开发与应用大赛，推动部门和企业开放数据样本，发动社会力量挖掘数据创新应用场景，不断激活数据潜在价值。

（5）数字基础设施持续升级。网络基础能力位居全国前列，建成 5G 基站 7.1 万座，基本实现全省各市县主城区和重点中心镇全覆盖，工业互联网、车联网、智慧城市等领域试点应用成效显著，IPv6 发展指数位居全国前列。算力基础设施支撑有力，全省在用数据中心标准机架数达 35 万架，建成国家超级计算无锡中心、昆山中心，南通国际数据中心产业园、昆山花桥经济开发区认定为国家新型工业化产业示范基地（数据中心类），数据中心集约化、规模化、绿色化发展态势初显。

2. 数字人才培养主要做法

（1）强化数字技能人才学制培养。2022 年 5 月，中共江苏省委网信委正式出台《江苏省提升数字素养和技能行动计划（2022—2025 年）》。抓牢"学制培养"牛鼻子，打造数字经济正规军，提出加强数字经济"学制培养"，充分发挥江苏职业教育的优势，为数字经济发展匹配更多的专业人才，从根本上解决数字人才紧缺的问题。支持技工院校集聚社会资源，联合开设数字技能"订单班""冠名班"等。江苏省将建设一批服务数字经济发展、契合当地数字产业特点的技工院校，培育 5 所数字技能教学资源开发应用突出的省级高水平技工院校，创建 10 个省级数字技能一体化教学名师工作室。支持技工院校集聚社会资源，与企业联合开设数字技能"订单班""冠名班"等。支持技工院校与龙头企业、品牌企业共建数字技能实习实训基地，共同开发数字技能课程、教学资源，共同开展企业新型学徒制培训。

（2）完善数字技能人才培训体系。除了从校园学生开始培养"增量"数字技能人才，江苏省更加注重增强面广量大的"存量"产业工人数字技能素质。将支持企业广泛开展数字技能岗前培训、在岗培训和转岗转业培训等；指导支持职业培训机构推行"技能培训＋就业服务"全链条模式；要求技工院校以数字技能普及性培训为突破口，积极承担就业技能培训、岗位技能提升培训和创业培训等多样化任务。实施"互联网＋职业技能培训计划"，开展线上职业技能培训，遴选推荐一批优质线上平台，推出 100 个以上数字技能培训课程资源，每年开展线上培训 10 万人次以上。将数字技能类职业（工种）纳入政府补贴性职业技能培训范围，列入紧缺职业

（工种）目录，按规定给予培训补贴。

（3）加快推进数字技能人才评价。江苏省将支持企业结合生产经营特点和实际需要，自主开展数字技能人才评价。探索推进数字产业领域职业资格、职业技能等级与专业技术职称有效衔接，探索开展数字技能类国（境）外职业技能比照认定，加强数字技能类高技能人才与专业技术人才职业发展贯通，加快培育既具备本领域专业素质，又掌握数字技能的复合型"数字工匠"。

（4）加大数字技能人才选拔力度。推动各行各业广泛开展群众性数字技能岗位练兵比武活动。支持地方政府、行业部门（协会）、龙头企业、职业（技工）院校等组织开展人工智能、智能制造类数字技能大赛，支持南京、无锡、苏州、常州等数字产业相对集中的城市围绕软件和信息服务、智能电网装备、物联网等国家先进制造业集群，举办数字职业技能大赛。以赛事为抓手，推动培训、选拔人才。

（5）加强数字技能人才使用激励。为广泛调动积极性，让数字技能人才有更多职业荣誉感和获得感，江苏省将重点引导产业链链主企业设立数字技能首席技师，优先试点评聘数字技能特级技师。优先推荐数字技能类高技能人才参评中华技能大奖、全国技术能手、国务院政府特殊津贴专家和江苏大工匠、江苏工匠、江苏省技术能手、江苏省企业首席技师、江苏省有突出贡献中青年专家、江苏省"双创计划"、江苏省"333高层次人才培养工程"等。同时，鼓励将数字技能人才纳入各类就业、培训、人才计划支持范围，积极探索高效灵活的表彰激励政策，为数字技能劳动者营造更好的成长成才环境。

（6）提升数字技能人才服务能力。江苏省将进一步优化数字技能公共服务，并试点建设数字技能人才服务产业园，以创新策源和成果转化为重点，统筹开展技能成果展示、技能标准研发、技能人才培训、技能人才评价、技能人才服务等活动，提高数字技能人才工作的集成度和服务力。

3. 特色优势

（1）顶层设计较为完善。围绕数字经济发展重点领域，编制数字人才专项发展规划，将数字经济人才列入全省急需紧缺人才引进指导目录，积极探索高效灵活的数字技能人才激励政策；建立产业人才数据平台，持续跟踪数字技能人才成长规律和需求特征，制定数字人才培养培训、评价选拔、绩效考核等标准；加快建成全民终身数字学习体系，让数字技能课程进入中小学课堂、进入大学必修课堂，让数字素养和技能融入社会、走进生活、植入文化、深入人心。

（2）成长环境较为优越。充分发挥数字经济优势，助力数字经济和实体经济深度融合，持续推进数字产业化和产业数字化转型，加快企业"上云用数赋智"，夯实数字技能人才发展的产业环境；推动人才工作数字化转型，打通各部门间数据壁垒，建设覆盖全省人才大数据体系，切实提高人才服务效能；打造数字技能人才脱颖而出的平台，建立数字技能人才职业技能等级制度和多元化评价机制，开展数字职业技能竞赛，为"数字工匠"展示精湛技能、相互切磋技艺提供广阔舞台。建设数字技能人才培训平台和实训基地，聚焦数字技术新职业新工种和紧缺岗位，加强职业技能培训；运用现代信息技术，打造"理论学习＋虚拟训练＋实操训练"三位一体的数字技术公共实训基地，用更虚拟逼真的场景设计提高学习效果；重视中小微企业，特别是"专精特新"企业培训需求，以产业园为单位，集中面向企业提供职业技能认定服务和技能培训资源信息。

（3）数字教育协同性强。统筹发挥智能制造企业、工业互联网行业、职业院校、技工学校的作用，共建共管数字技术职业学院，开展数字人才专业建设，为产业数字化输送高技能人才提供保障；完善"引企进校""引企入校"等多元办学机制，推行企业新型学徒制，提高人才与市场需求的契合度；深化教学改革，在学生知识模块中充实数字技能教学内容和实操环节，搭建"一个专业"对接多个"互联网企业＋对口专业企业"的培养模式，培育既有行业技术背景又有数字化素养的复合型、创新型高技能人才。支持企业将数字技能人才队伍建设作为企业发展战略，把熟练掌握数字化知识、技术作为重要培训内容，推动"人口红利"向"人才红利"转变。

6.3　数字人才培养启示

随着新一轮科技革命和产业变革不断演进，数字经济迎来飞速发展的历史机遇期，正推动人类生产方式、生活方式和治理方式深刻变革，其发展之快、渗透之强、辐射之广、影响之深前所未有。从国际看，数字经济作为未来主要经济形态，是全球经济复苏引擎，成为重组全球要素资源、重塑全球经济结构、改变全球竞争格局的关键力量，世界主要国家都在通过制定战略规划、加大研发投入、培养数字人才等方面，加紧布局数字经济发展，着力打造未来竞争新优势。从国内看，数字经济是供给侧结构性改革需培育发展的主攻方向，是构建新发展格局，推动高质量发展的"新引擎"，是全面推进中国式现代化，实现共同富裕的"新动能"。

数字人才是推动数字经济发展的核心要素，也是实现民族振兴、赢得国际竞争的战略资源。波士顿咨询公司（BCG）于 2017 年 1 月 10 日在北京发布研究报告——《迈向 2035：4 亿数字经济就业的未来》（上篇）及《迈向 2035：攻克数字经济下的人才战》（下篇），报告预测 2035 年中国整体数字经济规模接近 16 万亿美元，数字经济渗透率 48%，总就业容量 4.15 亿人。由此可见，数字经济人才存在巨大的社会需求。自 2019 年至 2022 年，我国人力资源和社会保障部等部门已经向社会正式发布 5 批 74 个技能人员新职业，如数字化管理师、大数据工程技术人员、物联网工程技术人员等职业。2022 年版《中华人民共和国职业分类大典》首次标注了 97 个伴随着数字经济发展而来的数字职业（占职业总数的 6%），大大提升了数字职业的社会认同度和公信力，成为广大劳动者选择职业发展的风向标。

当前，我国数字人才供给与数字经济发展需求仍然不相匹配，制约了数字经济的持续、健康和高质量发展，亟待完善数字人才培养的相关体制机制，加大数字人才培养力度，建设一支规模宏大、素质优良的数字人才队伍。在借鉴国内外数字人才培养实践经验的基础上，面向制造业数字人才培养，本研究提出三个方面的启示。

1. 坚持规划引领，做好顶层设计

人才规划是一个国家和地区数字人才队伍建设的整体性、长远性谋划，对数字人才培养发挥着关键的引领作用。因此，在数字人才培养实践中，制定并实施各时期、各层级、各类别的数字人才发展规划尤为重要。首先，要高度重视长期性、总体性的数字人才战略规划的制定。例如，欧盟委员会发布《2030 年数字指南针》作为欧盟国家数字战略发展的指导性文件，规划期限长达 10 年，确定了数字人才发展的目标和方向。其次，要重视关键领域数字人才规划的制定。例如，2023 年美国制定的《2023 - 2028 年联邦 STEM 教育规划》重点培育"科学、技术、工程和数学"领域的数字人才；2020 年韩国出台的《韩版新政综合规划》重点培养新技术领域的核心数字人才；2022 年江苏省出台的《江苏省提升数字素养和技能行动计划（2022—2025 年）》重点培育数字技能人才。

2. 坚持协同培养，深化产教融合

数字人才培养是一个涉及政府、企业、学校、行业协会和其他社会机构等多主体的复杂系统。因此，要充分发挥各主体的培养功能，强化主体之间的协同作用。对于数字工匠培养而言，要构建以政府为引领、企业和学校为核心、行业协会和其他社会机构为支撑的协同培养体系。首先，要发挥政府在人才规划、政策制度和资源保障等方面的引导和支持作用，如欧盟先后出台了《网络学习行动计划》（2005）、《欧洲新技能议程》（2016）、《数字教育行动计划》（2018）等规划性文件。其次，要深化产教融合，完善校企合作机制。如欧盟的"双元制"提倡企业实训和学校教育互促并进，校企双方共同制定并实施教学与培训计划；上海的产教联合体，充分发挥各成员单位优势，聚焦培养全生命周期数字人才。最后，要充分发挥行业协会和其他社会机构的支持作用。例如，2016 年欧盟成立的"数字技能与就业联盟"将数字化企业协会、培训机构、欧洲投资基金等多个利益相关机构纳入数字教育框架。

3. 坚持政策驱动，夯实保障条件

优化数字人才培养的政策、法律、制度、资源、服务等环境条件，是提升数字人才培养成效的重要举措。一方面，要制定并完善数字人才培养的相关政策、法律和制度。例如，2018 年美国发布《加强 21 世纪职业与技术教育法》，规定给各州每年提供 10 亿美元经费用于学生和工人的职业培训；2013 ~ 2017 年，欧盟先后发布了《数字能力框架》1.0、2.0、3.0 三个版本，为各级教育和培训机构培养数字人才及技能认证提供了重要指导和规范标准；浙江省提出实施"一试双证"，以实现企业标准和国家职业技能标准的互通、互认；江苏省将数字技能类职业（工种）纳入政府补贴性职业技能培训范围，按规定给予培训补贴。

另一方面，要建设并完善数字人才培养的设备设施、课程师资、服务平台等基础保障条件。例如，欧盟发布的《2030 年数字指南针》提出，到

2030 年，使用云计算服务、大数据和人工智能的欧洲企业占比超 75%，90% 以上的中小型企业达到基本数字化水平；德国设立跨企业培训中心，承担职业教育校企协同育人和中小企业员工培训任务；浙江省建立数字技能人才公共服务平台，提供信息查询、政策指导、培训学习、技能认证、赛事报名、就业推荐等一站式服务；江苏省大力开展线上职业技能培训，推出 100 个以上数字技能培训课程资源。

第7章　制造业数字工匠培养对策

在理论分析与现状调研的基础上，提出制造业数字工匠的培养对策，为相关主体完善数字工匠培养体系提供决策参考，是本研究的主要目标。本章在前面内容的基础上，从加强企业数字工匠培养的顶层设计、优化企业数字工匠培养的人力资源管理机制、加快企业数字工匠培养的基础资源建设、推进企业数字工匠协同培养以及强化企业数字工匠培养的外部支持五个方面，系统性地提出促进制造业数字工匠培养的可行对策。

7.1　加强企业数字工匠培养的顶层设计

数字工匠是实现企业数字化战略目标的重要人才支撑，也是推动企业数字化转型的核心力量之一。可见，企业数字工匠的培养与企业数字化战略的实施紧密关联。一方面，数字工匠的培养是企业数字化战略的重要组成部分，服务并推动企业数字化战略的实施；另一方面，企业数字化战略的实施为数字工匠的培养提供了重要指引和基础条件。因此，不能孤立地将数字工匠的培养视为常规的人力资源管理活动，而是要从企业战略的高度对数字工匠的培养体系进行顶层设计。

7.1.1　深入推进企业数字化转型

企业数字工匠的培养既需要具备一定的数字设备、设施、软件，也需要具备相应的数字化管理人才、数字化管理制度和数字文化环境等基础资源和条件，这些都与企业数字化转型的广度和深度密切相关。可见，深入推进企业数字化转型是提高企业数字工匠培养成效的必然要求。以下分别从企业领导者认知、数字化管理部门建立和核心流程数字化等方面，提出推进企业数字化转型的具体措施。

1. 提升企业领导者对数字化转型的认知

随着新一代数字技术和数字经济的快速发展，企业数字化转型已成为大势所趋。通过数字化转型，一方面可以促进企业的技术创新，提高企业的生产效率，降低生产成本，提升产品的市场竞争力；另一方面，可以推动企业实现商业模式创新，提升企业的运营和管理效率，为企业打造可持续的竞争优势。由此可知，推进企业数字化转型是企业实现高质量发展的战略需求。

从企业数字化转型的实践来看，高层领导者是企业数字化战略的制定者，也是企业数字化转型的核心推动力量，必须树立坚定的数字化发展理念（吴江等，2023）。然而，在自上而下的企业数字化转型中，组织的变革、人员的调整往往会出现一些阻碍转型的力量，给企业数字化转型带来较大的困难和挑战（陈春花，2019）。因此，企业高层领导者一方面需要具备足够的韧性和定力，在面临各种阻力和困难的情况下，仍然要坚持数字化发展理念不动摇；另一方面，要认真做好员工思想的引导工作，让企业员工逐步形成数字化转型发展的观念和意识，并鼓励员工积极参加数字知识、数字技能和数字意识等方面的培训，不断提升他们的数字素养，减少数字化转型的阻力。

2. 建立数字化专门管理部门

企业数字化转型需要相应的数字化组织来推动，建立专门的数字化管理部门，一方面可以从战略层面，制定企业数字化转型的战略规划和管理制度，统筹管理企业数字化转型中的人、财、物等各种资源，协调企业其他部门的数字化转型活动；另一方面，可以开展企业数字化转型的日常管理活动，推动企业数字化转型的具体实施。根据图 4 - 10 可知，超过 1/5 的样本企业在数字化转型中没有建立专门的数字化管理部门。可见，当前仍有不少制造企业在数字化转型中对组织结构的变革重视不够，直接影响了企业数字化转型的进度和成效。因此，加强数字化专门管理部门的建立显得尤为必要。

企业数字化管理部门的建立，首先需要坚持战略匹配原则，即数字化管理部门的设立要与企业数字化转型战略相匹配，这就要求将数字化管理部门设置为企业的核心职能部门，负责制定并实施企业数字化转型的发展规划和管理制度；其次，要坚持统一协调原则，部门主管领导要由企业高层兼任或直接担任，因为只有企业高层才能统筹企业的人、财、物等资源，并协调处理各部门在数字化转型工作中出现的问题和争议。

3. 加快推动核心流程的数字化转型

企业数字化转型是利用数字技术对传统业务流程、产品、服务和商业模式等进行改进、创新和变革的过程（毛建辉，2023）。企业数字化转型的关键，在于核心流程的数字化转型。然而，从图 4 - 11 来看，尽管大多数企业实施了生产的数字化转型，但仍有超过 1/5 的企业未实施生产的数字化转型，接近 40% 的样本企业未实施研发、采购或营销的数字化转型，接近 1/3 的样本企业当前未实施管理的数字化转型。由此可见，加快推动企业核心流程的数字化转型任重道远。

企业在推动核心流程的数字化转型中可以采取三方面的措施。首先，要加大企业数字化转型的资金投入。由于数字化转型需要引进新兴的数字技术、更新改造数字化设备和软件、培养数字化人才等，企业需要设立专门的数字化转型基金，从而为数字化转型提供必要的资金保障。其次，要逐步推动研发、采购、生产和营销等基本业务流程的一体化数字化转型，研发、采购、营销等活动与生产活动紧密联系、相互影响，共同构成了企业价值链的基本环节，而单个业务流程的碎片化数字化转型往往会导致流程之间的脱节和不协调（钱晶晶和何筠，2021）。因此，企业可以在条件成熟的情况下，逐步推动各个基本业务流程的数字化转型。最后，要加快实施管理的数字化转型。业务流程的数字化，对企业的管理效率提出了更高的要求。因此，利用先进的数字技术进行管理创新，实现企业管理的数字化转型势在必行。在具体实施中，要重点关注管理技术的数字化、管理流程的数字化、管理制度的数字化、管理人才的数字化以及企业文化的数字化等多个方面。

7.1.2　促进数字工匠培养融入企业数字化战略

企业数字化战略目标的实现需要包括数字领导者、数字管理人才、数字技术人才、数字工匠等数字化人才的支撑。可见，培养数字工匠是企业数字化发展战略实施的需要。企业要从战略角度，将数字工匠的培养深度融入企业数字化战略的实施过程中。

1. 数字工匠培养战略要纳入企业数字化战略体系

企业数字化战略是利用数字化技术对企业的商业模式、产品与服务、业务流程、管理方式、人才素质、企业文化等进行数字化改造、变革和创新，以实现企业发展目标的整体性、长远性谋划。企业数字化战略体系包括业务的数字化、管理的数字化、组织的数字化、人才的数字化、文化的数字化等子体系。其中，人才的数字化是企业数字化战略的关键组成部分之一，对企业数字化战略目标的实现发挥着尤为重要的作用。数字工匠是企业数字化人才队伍的重要组成部分，也是推动企业实现生产数字化的核心力量。因此，数字工匠培养战略是企业数字化人才培养战略的重要组成部分，也应纳入企业数字化战略体系。

数字工匠培养战略是根据企业数字化战略目标，制定企业数字工匠的培养目标，并运用计划、组织、领导、控制等手段，通过培养、引进、评价、激励等人力资源管理活动来实现培养目标的过程。数字工匠培养的战略管理需要注意以下三个方面：一是数字工匠培养战略的制定要与企业数字化战略的制定协调进行，由于数字工匠的培养需要较长的周期，数字工匠培养活动的实施也可以超前于企业数字化战略的实施；二是数字工匠培养战略的制定要以企业数字化发展战略目标为引领，并对企业数字化战略目标的实现发挥坚强支撑作用；三是数字工匠培养战略的实施要与企业数字化战略发展的阶段和软硬件环境等相适应。

2. 数字工匠的培养目标要与企业数字化战略发展需求相适应

在数字工匠培养计划的制定中，培养目标的确定要以企业数字化战略发展的需求为基本依据。具体而言，包括两个方面：一是数字工匠的培养数量要能满足企业数字化转型发展的需求；二是数字化工匠的培养质量要与企业数字化岗位的素质与能力需求相匹配。具体措施如下。

（1）在数字工匠的培养数量方面，首先要根据企业数字化产品产量的短期和长期发展目标，运用科学的方法对数字工匠的数量需求进行预测；其次，要对企业数字工匠的内部供给和外部供给进行预测；再次，根据数字工匠的供需缺口，确定未来一定时期内数字工匠的培养数量目标；最后，在数字工匠的培养计划实施中，要根据企业数字化生产目标的变动情况，对数字工匠的培养数量进行相应的调整。

（2）在数字工匠的培养质量方面，一是要培养具有复合能力的数字工匠，即数字工匠除了需要具备较强的工匠精神，还需要具备较为扎实的数字知识以及较强的数字技能和意识；二是要培养具备跨流程、跨岗位、跨专业工作能力的数字工匠，以适应在数字化生产流程中跨流程、跨岗位工作的需要；三是数字工匠的能级结构要与企业数字化岗位的能级需求相匹配，合理确定初级、中级和高级数字工匠的比例和结构。

7.1.3　完善企业数字工匠培养的组织保障

数字工匠培养战略的实施需要相应的组织和人员来推动。然而，从企业数字工匠培养的实践来看，一些企业出现数字工匠的培养与企业数字化转型战略实施相脱节的情况，表现在缺乏专门的数字工匠培养计划以及数字工匠培养处于无意识、自组织的状态等。关键原因可能在于，这些企业的数字工匠培养活动缺乏专门的部门来负责推动。可见，建立完善的数字工匠培养组织体系是数字工匠培养战略目标得以实现的重要保障。

1. 建立专门的数字工匠培养管理部门

数字工匠培养作为企业数字化战略实施的重要组成部分，需要从企业战略的高度加以重视。因此，在企业组织变革中，成立专门的数字工匠培养管理部门，有利于从企业战略发展的角度，建设一支数量充足、素质优良、结构合理的数字工匠队伍。

当前，企业数字工匠培养活动的实施涉及人力资源管理部门、生产管理部门、信息技术部门、党群工作部门等多个部门。为统筹各部门数字工匠的培养活动，可以考虑将数字工匠培养的管理部门设置在人力资源部。在操作层面，首先可以在人力资源部设置数字工匠培养中心，作为二级管理部门，负责整个企业的数字工匠的培养管理工作；其次，数字工匠培养中心的主任可以由人力资源部负责人兼任，以方便协调其他相关部门的数字工匠培养活动。

2. 完善数字工匠培养管理部门的职责

在建立数字工匠培养管理部门的基础上，企业还要完善数字工匠培养部门的职责。具体而言，数字工匠培养管理部门的职责包括如下主要内容：一是负责制定企业数字工匠的培养战略和目标；二是负责制定企业数字工匠培养计划和实施方案；三是负责制定企业数字工匠招聘、培训、评价、激励等方面的管理制度；四是负责组织实施数字工匠的培训活动；五是负责协调企业工会、生产管理部、信息技术部等部门的数字工匠培养活动；六是负责与职业院校、互联网企业和相关政府部门等进行沟通、协调，开展数字工匠的协同培养工作；七是营造良好的数字工匠培养文化氛围。

7.2　优化企业数字工匠的人力资源管理机制

从人力资源管理的角度，数字工匠的培养是包括数字化技能人才招聘、数字工匠培训、数字工匠评价认定、数字工匠激励等环节的管理过程。完善企业数字工匠培养的人力资源管理机制，是提升数字工匠培养效果的重要保障。下面分别从数字化技能人才招聘、数字工匠培训、数字工匠评价认定和数字工匠激励四个方面提出具体的优化措施。

7.2.1　完善企业数字化技能人才招聘机制

通过职业院校、应用型本科院校等渠道招聘的数字化技能人才是企业数字工匠培养的初级人才，招聘的质量直接影响到企业数字工匠的培养效果。因此，把好数字化技能人才的招聘关，完善数字化技能人才的招聘机制，对于提升企业数字化技能人才的招聘质量和数字工匠培养成效尤为重要。

1. 明确数字化技能人才的招聘需求

在数字化技能人才招聘之前，首要任务是要确定数字化技能人才的招聘需求。在数字化转型战略背景下，企业首先要根据生产数字化转型战略目标和企业生产工人的内部供给情况，确定需要招聘的数字化技能人才的数量和类型；然后，根据需要招聘的生产岗位的任职要求，确定数字化技能人才的素质结构需求，可以大致从专业知识与技能、数字素养、工匠精神等几个方面，细化数字化技能人才的甄选指标和标准。

2. 拓展数字化技能人才的招聘方式

在数字化技能人才招聘中，企业可以采取多样化的招聘方式。首先，企业可以与职业院校、应用型本科院校等开展校企合作，采用定向委培班、冠名班、订单班、见习实习等方式，精准招聘企业所需的数字化技能人才；其次，在社会化招聘中，企业可以开展线上线下相结合的招聘模式，其中线下招聘可以采取校园招聘会、校园宣讲会、院校推荐等多种方式，线上招聘可以借助 Boss 直聘、智联招聘、前程无忧、公共人才服务平台、微信公众号等方式。

3. 优化数字化技能人才的甄选机制

在数字化技能人才甄选方面，企业可以通过完善甄选指标和标准，借助多种甄选方法对应聘者的综合素质进行测量和评价。

首先，企业要完善数字化技能人才的甄选指标和标准体系。一方面，根据企业数字化转型战略需求，要高度重视数字化技能人才的数字素养，按照数字化知识、数字化技能和数字化意识 3 个维度进行指标分解和标准制定。另一方面，要重视数字化技能人才的工匠精神，可以按照精益求精、爱岗敬业、持续专注、勇于创新和团队协作 5 个维度制定甄选指标和标准。

其次，在甄选方法上，要根据知识、技能以及精神和意识等指标的差异，采用适合的测评方法。其中，专业知识和数字知识的测评，可以采用笔试为主、面试为辅的方法；专业技能和数字技能可以采用面试和情景模拟等方法进行测评；精神和意识的测评可以借助面试和量表测量等方法。在心理测评工具方面，企业要吸收相关理论研究成果，设计符合企业自身情况的数字化意识和工匠精神量表。

再次，在甄选时机上，针对校企合作中数字化技能人才的甄选，企业要建立并完善动态甄选制度。如在订单班、见习实习的校企合作中，企业要全过程对学生的知识、技能以及精神和意识等方面进行动态评价和筛选，为企业精准招聘订单班学生和见习实习生等提供依据。

最后，在录用环节上，企业要对数字化技能人才进行综合评价，完善录用机制。具体而言，一是要坚持人企适配，即人才要能适应企业数字化转型战略的需要；二是要坚持能岗匹配，即人才的能力素质要与企业数字化生产岗位的要求相匹配；三是要坚持品学兼优，即除了重视人才的专业知识与技能、数字知识与技能以外，要更加重视人才所应具备的数字化意识和工匠精神等。

4. 完善数字化技能人才的招聘评估机制

数字化技能人才招聘评估是企业数字化技能人才招聘的最后环节，也是必不可少的环节。着力完善招聘评估机制，是企业提升数字化技能人才招聘质量和效率的重要保证。一方面，在数字化技能人才的招聘评估中，除了要对各种招聘渠道和方式进行招聘成本评估外，还要重视数字化技能人才的招聘质量评估，可以综合采用招聘完成率、应聘者比率、录用比率、录用人才质量分数等指标进行评价；另一方面，企业要根据数字化技能人才的招聘评估结果，对企业的后期招聘计划进行修正和完善。

7.2.2 优化企业数字工匠培训机制

数字工匠培训是数字工匠培养的核心环节，优化数字工匠培训机制是确保数字工匠培训效果的关键。下面分别从数字工匠培训需求、培训计划、培训方式和培训评估四个方面，提出具体的数字工匠培训机制优化措施。

1. 合理确定数字工匠的培训需求

确定数字工匠的培训需求是数字工匠培训的首要环节。首先，在组织层面，数字工匠培养是企业数字化战略发展的需要，一线生产工人的工作技能和职业意识需要进行数字化转型，即生产工人需要具备较强的数字化技能和数字化意识。其次，在工作层面，生产工人的岗位职责和工作环境都进行了数字化转型，这就要求生产工人不仅需要具备本岗位工作的数字技能，还需要具备跨岗位、跨流程工作的数字技能。最后，在人员层面，不能适应数字化岗位任职要求的传统生产工人和新招聘的生产工人，都需要进行数字化培训。

数字工匠培训需求的确定还需要考虑以下三个方面：一是要从企业生产工作需求的角度，根据生产工人能力与数字化生产岗位的匹配情况，确定需要培训的生产工人的数量和素质需求；二是要从员工职业发展的角度，确定需要进行发展性培训的数字工匠的数量和素质需求；三要是从企业长期发展战略和人才梯队建设的角度，确定需要进行后备性培训的数字工匠的数量和素质需求。

2. 科学制定数字工匠的培训计划

在数字工匠培训需求确定后，企业还要科学制定数字工匠的培训计划。首先，要按照初级、中级、高级、特级和顶级等不同级别数字工匠的培养需求，分类别制定相应的培训目标。其次，要按照工匠基础、数字素养、转型能力、发展能力等数字工匠的胜任力结构要素，来确定需要培训的内容。再次，要根据数字工匠的培训内容，合理设计数字工匠的培训项目及培训课程体系。最后，要根据数字工匠的培训项目和培训课程，制定数字工匠培训的实施方案，包括培训方式选择、培训教师和导师的选择、培训时间和地点、培训成本和经费预算等。

3. 优化数字工匠的培训方式

数字工匠培训方式是企业实施数字工匠培训的表现形式，优化数字工匠的培训方式可以从以下两个方面进行。

首先，要优化师徒制的实施。当前大多数企业都采用了师带徒的培训方式，然而在师带徒培训中既存在导师数量缺乏、带徒经验不足、带徒积极性不高等问题，而且也存在徒弟的学习自主性不强、对师傅尊重不够等问题。因此，在师徒制的优化中，企业一方面要强化对数字工匠导师的培训，提升数字工匠导师的带徒能力，同时加强对数字工匠导师的激励，提升数字工匠导师的带徒积极性。另一方面，要在企业中塑造尊师重道的良好文化，并激发工人主动向数字工匠导师求教和自主学习的积极性。

其次，要拓展多样化的培训方式。对于数字工匠的培养，除师徒制、内部授课等传统培训方式以外，企业还可以实施如"新型学徒制"、网络授课、AI（人工智能）培训、数字技能项目竞赛、互联网企业观摩学习、互联网企业专家授课等多种培训方式，以激发工人参与培训的兴趣，增强培训的效果。

4. 完善数字工匠的培训评估机制

在数字工匠培训实施后，企业需要对数字工匠的培训效果进行评估，以找出数字工匠培训中存在的问题，为企业后期数字工匠培训工作的改进提供依据。首先，企业要充分认识到数字工匠培训评估的重要性，避免出现"光培不评"的现象；其次，要选择合适的培训评估方法，可以选择如柯氏四级评估模型、菲利普斯五层评估模型等；再次，要合理选择培训评估的时机，注重在培训实施中及时保留评估所需的数据和资料；最后，培训评估后要根据培训评估结果，对未来数字工匠的培训计划进行调整、改进和优化。

7.2.3　完善企业数字工匠评价认定制度

企业数字工匠评价认定是企业按照一定的评价指标和评价标准，对数字工匠的技能等级进行评价认定的过程。建立科学的数字工匠评价认定制度，既有利于企业对数字工匠进行公平、公正的评价，合理认定数字工匠的价值，同时也有利于数字工匠的职业生涯发展，充分调动生产工人参加数字工匠培养的积极性。

1. 建立企业数字工匠评价认定委员会

企业数字工匠评价认定委员会，是负责数字工匠评价认定工作的企业内部组织。建立并完善企业数字工匠评价认定委员会，有助于科学、公平、公正地对数字工匠进行评价认定。然而，当前不少企业在数字工匠评价认定中缺乏相应的组织，导致企业数字工匠的评价认定活动缺乏统一的管理。

企业数字工匠评价认定委员会的建立需要注意以下几个方面：首先，要实现统一管理，可以由企业数字工匠评价认定委员会主任负责数字工匠评定的计划、组织、协调等工作；其次，专家组成员要具有专业性和多元性，其中专业性是指专家组成员要由数字工匠技能评定方面的专业人员担任，多元性是指专家组成员可以来自不同部门、不同专业，也可以适当引入来自职业院校、行业协会等企业外部的专家；最后，要明确数字工匠评价认定委员会的职责，并完善数字工匠评价认定的管理机制。

2. 完善数字工匠技能等级评价认定标准

当前，在数字工匠技能等级评价认定实践中，由于缺乏统一、公认的社会化评价认定标准，企业往往采用内部标准来认定数字工匠，有些企业甚至缺乏明确的数字工匠内部认定标准。因此，企业可以通过成立数字工匠评价认定委员会，来建立和完善数字工匠技能等级评价认定标准。

企业数字工匠技能等级评价认定标准的完善，需要注意以下几个方面：首先，评价指标体系要包含数字工匠胜任力的所有维度和要素，一级指标涵盖工匠基础、数字素养、转型能力、发展能力等数字工匠胜任力维度，二级指标的设计要体现相关性、可测量性；其次，要根据数字工匠技能等级评价指标体系，合理设定相应的技能等级认定标准；最后，要科学确定数字工匠技能等级评价认定标准的权重，可采用德尔菲法、AHP 法等方法。

7.2.4 优化企业数字工匠培养相关激励制度

数字工匠培养激励制度是提升生产工人、工匠导师等主体参加数字工匠培养积极性的制度安排。以下从生产工人参与数字化培训的激励、数字工匠激励和数字工匠导师激励三个方面，提出优化数字工匠培养激励制度的具体措施。

1. 建立生产工人参与数字化培训的激励制度

企业生产的数字化转型对生产工人的素质和能力提出了新的、更高的需求，这意味着原来在传统生产岗位工作的生产工人，不得不提升自身的数字化素养以适应数字化工作岗位的任职要求，否则他们将面临向其他非数字化岗位转岗或者被解雇的困境。对于生产工人而言，一方面，一些工龄较长的生产工人由于自身数字化知识的缺乏，对数字化学习望而却步，从而对数字化培训产生抵触心理；另一方面，根据企业访谈结果，一些新引进的"00 后"工人，由于自主意识较强和上进心不足，导致参与数字化培训的积极性不高。由此可见，企业需要充分调动生产工人参与数字化培训的积极性，以提升企业数字工匠培训的成效。

建立生产工人参与数字化培训的激励制度，可以采取以下三个方面的措施：一是可以选择德高望重、数字化意识强、具有较强沟通能力的中高层管理人员与生产工人倾心交谈、真诚沟通，消除中老龄生产工人对数字化转型的不安、害怕心理；二是完善新员工职业生涯管理制度和晋升制度，鼓励"00 后"生产工人积极参加数字化培训；三是可以选择数字化转型意识较强、职业发展意识强、具有一定影响力的生产工人，通过非正式沟通方式潜移默化地影响其他生产工人参与数字化培训的积极性，形成良好的数字化学习氛围。

2. 优化数字工匠激励制度

数字工匠激励制度是通过物质激励和精神激励等方式对企业数字工匠的行为进行激发、引导的管理制度。优化企业数字工匠的激励制度，既有助于充分激发数字工匠的潜能、提升数字工匠的工作积极性，同时也有利于促进数字工匠的职业生涯发展，留住企业数字工匠。以下从物质激励和精神激励两个方面提出数字工匠激励制度的优化措施。

在物质激励方面，首先，岗位薪酬要体现公平性和竞争性，可以通过工作分析和岗位评价科学确定数字工匠的岗位薪酬，在薪酬等级上要确保数字工匠与技术人才以及管理人才具有一定的匹配性，避免出现相同岗位等级的不同类型人才薪酬差距过大的问题，同时也要确保企业数字工匠的岗位薪酬在行业中具有一定的外部竞争性；其次，绩效薪酬要体现公平性和激励性，要以数字工匠的工作绩效、能力和贡献为依据，制定数字工匠的绩效薪酬制度；再次，要完善数字工匠的福利制度，为数字工匠提供弹性化、多样化的福利项目，企业高层次的数字工匠可以与其他高层次人才享受同等福利；最后，坚持短期激励与长期激励相结合，对于企业高层次的数字工匠，企业可以适当采用股票期权等更为有效的激励方式。

在精神激励方面，首先，要完善荣誉激励制度，可以设立数字工匠大师、数字工匠模范、数字工匠能手等荣誉称号，同时设立数字技术革新奖、数字技能竞赛奖等奖项，并通过企业内部网站和外部公共媒体加大对高层次数字工匠的宣传力度；其次，要完善数字工匠职业发展激励制度，可以通过晋升管理层、发展性培训、继续教育等途径，拓展数字工匠的职业发展通道。

3. 完善数字工匠导师激励制度

数字工匠导师是影响数字工匠师徒制培养效果的关键要素。当前，由于部分企业对数字工匠导师激励的不足，导致数字工匠导师带徒积极性不高的问题。因此，完善数字工匠导师的激励制度，可以提升数字工匠导师的带徒动力，从而提升企业师徒制模式的培养效果。

完善数字工匠导师激励制度可以采取以下三方面的措施：一是企业要适当提升数字工匠导师的培养津贴，并根据数字工匠导师带徒的积极性、徒弟培养的质量、徒弟的工作绩效等，给予差异化的数字工匠导师带徒津贴；二是企业在数字工匠导师的技能晋级、岗位晋升中，将数字工匠导师的带徒能力和业绩作为重要的参考因素，以提升数字工匠导师的带徒积极性；三是企业要加大对数字工匠名师的荣誉激励，如设置"传能数字工匠大师""优秀数字工匠导师"等荣誉称号，并加大对数字工匠名师的宣传力度。

7.3　加快企业数字工匠培养的基础资源建设

企业数字工匠培养活动的实施，除了需要制定培养目标、方案和制度等以外，也需要相应的培训课程、师资、设备设施、管理系统等基础资源作为保障。可见，加强企业数字工匠培养的基础资源建设，对于提升数字工匠的培养成效具有重要的支撑和保障作用。本节分别从数字化培训平台、数字工匠培训课程体系和数字工匠培养师资队伍三个方面提出相应的对策措施。

7.3.1　加强企业数字化培训平台建设

数字化培训平台是企业进行数字化培训活动所依赖的设备、设施、软件、管理系统等资源和环境条件。加强数字化培训平台建设，可以为企业数字工匠的培养提供基础的保障条件。以下分别从生产设备和设施的数字化更新以及数字化培训管理系统的建设两个方面提出相应的对策建议。

1. 推动生产设备和设施的数字化更新

先进的数字化设备和设施是企业数字工匠培养所必需的硬件条件，推动传统生产设备与设施的数字化更新，可以为数字工匠的培养提供基础保障。根据图 4 - 20，仍有六成以上的企业认为缺乏先进的数字设备或软件是影响数字工匠培养最为关键的内部因素。

为此，企业高层领导者要在思想上充分认识到数字化转型对企业发展的重要作用，加大对数字化设备、设施的资金投入，对生产流程进行整体化的数字化更新。一方面，企业可以通过引进自动化生产线、数控机床、3D 打印等进行数字化设备的更新；另一方面，企业可以通过打造立体仓库，引进工业机器人等进行数字化设施的更新。

2. 强化数字化培训管理系统的建设

数字化培训管理系统是基于互联网、培训管理软件及相关计算机、网络通信设备等，集培训计划制定、课程资源管理、在线课程培训、师生互动交流、课程考核评价等功能于一体的数字化培训平台。建立完善的数字化培训管理系统可以较大幅度地提升企业数字工匠培养的效率和效果。然而，根据图 4-14，仅有约 10% 的样本企业的数字化培训系统处于成熟应用阶段，超过一半的样本企业的数字化培训系统处于初步上线或逐步实施阶段。由此可见，建立完善的数字化培训管理系统对于企业数字工匠的培训尤为重要。

在完善措施方面，企业首先要加大资金投入力度，从自身数字化培训的需求出发，加强与数字化培训管理系统开发商的合作，定制化引进专业的数字化培训管理系统；其次，要加强数字化培训管理系统的制度管理、课程资源开发和网络、设备与软件维护；最后，要对数字化培训管理系统的使用者，包括培训管理者、培训师和培训对象等，进行系统学习和使用方面的专门培训。

7.3.2 完善企业数字工匠培训课程体系

数字工匠培训课程是数字工匠培训实施的基础资源，构建高质量的数字工匠培训课程体系有助于提升数字工匠培训的实施效果。然而，根据图 4-20 和图 4-16，当前不少企业的数字工匠培训课程体系较不健全，有 15% 左右的样本企业未开展数字技术培训和数字工具操作培训，超过四分之一的样本企业未开展数字知识培训，接近一半的样本企业未开展数字意识培训。由此可见，企业要加大数字工匠培训相关课程的开发力度，逐步完善数字工匠培训课程体系。

1. 科学设计数字工匠培训课程体系

企业要根据数字工匠的培训需求和培训目标，以数字工匠的胜任力结构要素为依据，系统化地设计数字工匠培训课程体系。课程体系需要包括工匠基础、数字素养、转型能力和发展能力四大类别，并对每大类的培训课程进行细分。

2. 加大数字化培训课程的开发力度

在数字化培训课程开发方面，首先，企业要加大数字化课程资金投入力度，大力推动数字工匠培训课程的开发；其次，要合理选择课程开发负责人，可以根据课程的性质和特点，操作性较强的课程以企业内部专家为主，知识性较强的课程采用合作开发或外包开发方式，聘请职业院校、应用型本科院校相关专家作为课程开发的负责人或合作者；最后，要完善培训课程方案的设计、教材编写等工作，对于在线培训课程，还要做好与数字化培训管理系统的对接，进行课程的系统嵌入、更新和优化等工作。

7.3.3 强化企业数字工匠培养师资队伍建设

数字工匠培养师资主要包括数字工匠培训的课程教师和师带徒模式下的数字工匠导师两种类型，是企业数字工匠培养的具体实施主体，也是影响数字工匠培养成效最为关键的因素。可见，建立一支数量充足、素质优良的数字工匠培养师资队伍，对于企业数字工匠的培养实施显得非常重要。然而，根据图 4 - 20，接近一半的样本企业认为缺乏专业化的师资是影响数字工匠培养的重要内部因素；有 45.19% 的样本企业认为数字化导师不够是制约师徒制培养数字工匠的关键因素。由此可见，当前企业应加快推进数字工匠培养师资队伍建设，着力提升数字工匠培养师资的数量和质量。下面分别从数字工匠培训的课程教师和数字工匠导师两个方面，提出数字工匠培养师资队伍建设的具体措施。

1. 加强企业数字工匠培训课程教师队伍建设

在数字工匠培训课程教师队伍的建设方面，企业首先要完善内部培训教师的选拔机制，可以根据数字工匠培训课程开设的能力要求，对备选对象进行综合考察，选择专业能力强、数字技能高、教学水平较高的人员担任；其次，要加强对企业内部培训教师的能力提升，可以通过企校合作的方式，选派企业内部培训师到职业院校、高等院校进行专业能力、教学能力等方面的培养，也可以聘请院校的教学名师对企业内部培训师进行集中化培训，以提升企业内部培训师的专业能力和教学技能。

2. 推动企业数字工匠导师队伍建设

在数字工匠导师队伍建设方面，企业首先要建立数字工匠导师的选拔机制，可以根据数字工匠的培养目标和需求，制定数字工匠导师胜任力的评价指标和标准体系，并组建企业工匠导师能力评价委员会对候选对象进行综合评价，选择专业技能和数字技能高、经验丰富、富有奉献精神的人员来担任数字工匠导师；其次，要制定并实施数字工匠导师的培育计划，可以在生产工人中选择一批专业素质较高、学习能力强、有上进心的生产工人作为数字工匠导师培育对象，通过与高层次数字工匠导师结对培养的方式，提升企业数字工匠导师队伍的数量；最后，要建立数字工匠导师的退出机制，即根据一定时期内对数字工匠导师在带徒方面的考核结果，对于培养能力不足、带徒积极性不高、培养效果差的数字工匠导师，暂停或取消导师资格。

7.4 推进企业数字工匠协同培养

从社会层面来看，数字工匠培养体系是企业、院校、政府等培养主体协调合作、协同共进的复杂系统。因此，企业在立足自主培养的基础上，要高度重视与院校和政府等主体的合作，借助外部培养力量，提升数字工匠的培养成效。此外，数字工匠的数字素养培养需要专业的数字技术、设备和软件等支持，制造企业还可以通过与工业互联网企业的合作来培养数字工匠。下面分别从深入推进校企合作、积极参加产教联盟合作以及加强与互联网企业的合作三个方面，提出具体的企业数字工匠协同培养推进措施。

7.4.1 深入推进校企合作

校企合作是企业与院校开展合作，协同培养数字工匠的有效模式和必然选择。按照协同培养的主导对象，可以将校企合作分为院校主导的校企合作和企业主导的企校合作两种方式。当前企业与院校开展合作的过程中，仍然存在校企合作中企业积极性不高、企校合作广度和深度不够等问题。因此，深入推进校企合作对于提升企业数字工匠的培养质量至关重要。

1. 积极参与院校主导的校企合作

职业院校是数字化技能人才培养的摇篮，也是企业生产工人招聘的主要渠道之一。可见，职业院校培养的人才是企业数字工匠培养的初级人才，提升职业院校人才培养的质量，既有助于企业招聘高素质的数字化技能人才，也有利于提高企业数字工匠培养的效率和效果。因此，企业要从自身数字工匠培养和使用的战略高度出发，积极参与院校主导的校企合作。企业参与院校主导的校企合作需要重点关注以下两个方面。

（1）明确校企合作的企业目标。在企业数字化转型背景下，职业院校正在通过校企合作，深化"现代学徒制"改革，提升数字化技能人才的培养质量，以满足企业数字化技能人才的招聘需求。从人才培养供给和使用需求的匹配角度来看，职业院校和企业在校企合作中的人才培养目标是一致的。然而，在具体的校企合作过程中，职业院校和特定企业的培养目标却存在差异，职业院校更多关注的是学生综合素养的提升，而企业首先关注的是人才的招聘和使用，其次才是人才进入企业后的继续培养。由此可见，在校企合作中，企业要以数字化人才需求为依据，合理确定校企合作的目标，并根据企业的合作目标，合理选择适合的职业院校，确定校企合作的具体方式。

企业参与校企合作目标的确定，可以采取以下步骤：一是根据企业数字化转型战略目标需求，确定企业数字化技能人才的数量需求和素质要求；二是根据近几年企业生产工人的存量和流动状况，确定企业数字化人才的内部供给；三是根据企业生产岗位的任职要求，确定企业数字化技能人才招聘的素质需求；四是根据数字化技能人才的供需缺口，制定企业数字化技能人才招聘计划；五是根据职业院校培养的专业技能人才状况，选择合适的合作院校和合作模式，实现通过校企合作招聘数字化技能人才的目标。

（2）协同制定数字化技能人才培养方案。在以"现代学徒制"为核心的校企合作中，尽管企业和职业院校在数字化技能人才培养目标上是一致的，但两者在数字化技能人才培养中的优势劣势、角色定位、任务分工、培养方式等却显著不同。如职业院校具有较强的理论教学优势，但与企业比较而言，在实践教学以及数字化设备和软件方面存在不足；企业虽然在实践教学以及数字化设备和软件方面具有比较优势，但在理论教学方面存在短板。因此，企业要与职业院校协同合作，深度参与数字化技能人才培养方案的制定，才能有效提升校企合作培养数字化技能人才的质量。

在校企合作中，数字化技能人才培养方案的制定需要注意以下四个方面：一是要共同制定数字化技能人才的培养目标，为此，企业和职业院校要根据数字技能人才的素养结构，从专业知识与技能、数字素养、工匠精神等方面确定人才培养需要达到的各项能力等级要求；二是要共同制定数字化技能人才的培养课程体系，并按照理论课、实践课确定企业和职业院校的教学任务分工；三是要共同确定培养课程的教学时间和教学场所安排，其中教学时间要根据企业生产经营的状况灵活安排；四是要共同制定数字化技能人才培养的考核和技能等级认定标准。

2. 主动与院校开展企校合作

以"新型学徒制"为核心开展企校合作，是当前企业与院校协同培养数字工匠的重要模式之一。"新型学徒制"的特征是"企业主导、院校参与，企校双制、工学一体"，企业可以利用院校在理论教学上的优势，对生产工人缺乏的专业理论知识、数字技术知识等方面进行培训，以弥补企业在数字工匠知识培训中存在的系统性不够、专业性不强的短板。实施企校合作可以采取以下措施。

（1）制定企校合作的目标和任务。企业制定企校合作的目标和任务可以遵循以下步骤：首先，要确定企业数字工匠的培养需求，在开展企校合作的前期，根据企业生产数字化转型的战略需求、企业生产任务的需求和生产工人的数量与素质状况，确定数字工匠的培养需求；然后，根据数字工匠的培养需求，制定数字工匠的培养目标，并将培养目标按照生产工人类型和培养内容特征分解为具体的培养任务；最后，根据企业和院校的培养优势，确定企校合作中企业和院校各自的培养任务，并设计相应的培训课程。

（2）合理选择合作院校。在合作院校的选择上，企业要根据数字工匠的培养需求，因地制宜地选择合作院校。具体实施中需要注意以下三个方面：一是根据院校培训课程质量选择，企业要对可选院校发布的培训课程质量进行综合评估，选择培训课程质量较高、培训教师素质较高的院校进行合作；二是根据培训课程时间选择，尽量选择校企双方培训课程时间供需相对一致的院校进行合作；三是根据企校合作的紧密程度选择，即在合作院校选择的过程中，要充分考虑企校双方合作的长期性、便捷性和广泛性，选择与企业建立长期战略合作伙伴关系的院校。

（3）共同制定数字工匠培养方案。在以"新型学徒制"为核心，企校合作培养数字工匠的过程中，企业与院校需要密切合作，共同制定数字工匠的培养方案。首先，企业要根据数字化转型的需求，制定数字工匠的培养目标和总体方案；其次，将数字工匠培养总体方案分解为企业培养任务和院校培养任务两部分，企校双方就院校培养任务部分进行沟通协商，制定院校方面的培养计划，确定相应培训课程的授课方式、授课教师、课程教材、授课时间和地点等；最后，由企校双方关于院校培训课程实施的管理制度、效果评价、培训成本与价格、职责分担、争议处理方式等进行协商，并签订企校合作培养协议。

7.4.2 积极参与数字工匠培养产教联盟合作

产教联盟是校企合作的高级形式。数字工匠培养产教联盟是职业院校、应用型本科院校、企业、科研机构、政府部门、行业协会等组织，以培养具有较高专业技能、数字技能和工匠精神的数字工匠为目标，以市场需求为导向，以优势互补、利益共享、风险共担为原则，以契约形式结盟形成的组织（朱澍清和刘小华，2013）。通过数字工匠培养产教联盟合作，一方面可以促进校企深度合作，共同推动院校数字化技能人才和企业数字工匠培养合作；另一方面，可以有效解决院校培养的数字化技能人才供给与企业数字工匠需求匹配不足的问题。可见，企业应从战略发展的角度，积极参与数字工匠培养产教联盟合作，以实现企业数字工匠的培养目标。具体而言，企业可以采取以下两个方面的措施：

1. 推动数字工匠培养产教联盟的建立

作为企业数字化转型背景下产教融合的新模式，数字工匠培养产教联盟的建立，需要职业院校、企业、行业协会和政府等参与主体的积极推动来实现（杨蕙琳，2020）。企业是数字工匠的培养者和使用者，也是数字工匠培养产教联盟的核心主体。因此，企业是推动数字工匠培养产教联盟建立的重要力量。一方面，企业可以通过与现有合作的职业院校、应用型本科院校等进行协商，共同发起数字工匠培养产教联盟的成立；另一方面，可以通过寻求行业协会、工会、人社部门、工信部门等的支持，推动行业性、区域性数字工匠培养产教联盟的建立。

2. 深度开展数字工匠培养的多元合作

在数字工匠培养产教联盟合作中，企业要结合自身的数字工匠培养需求，充分利用职业院校、应用型本科院校、科研机构、行业协会和政府等组织的优势条件，深层次地开展多元化合作。首先，对于职业院校和应用型本科院校而言，企业可以强化以"现代学徒制"为核心的校企合作和以"新型学徒制"为核心的企校合作；其次，企业可以加强与科研机构的技术研发合作；再次，企业可以加强与行业协会进行数字工匠评价标准制定方面的合作；最后，企业可以与相关政府部门开展公共数字技能实训基地建设、公共数字化培训课程建设等方面的合作。

7.4.3　加强与工业互联网企业的合作

工业互联网企业是制造企业数字化转型所需的数字化设备、设施和软件等资源的主要供应商和服务商。可见，制造企业的数字化转型，离不开与工业互联网企业的合作（刘怡君等，2023）。然而，制造企业和工业互联网企业的合作不仅仅是资源和技术层面的合作，也需要强化数字工匠培训方面的合作。以下分别从与数字化设备、软件供应商的合作以及与数字化人才培训服务商的合作两个方面，提出具体的措施。

1. 加强与数字化设备、软件供应商的合作

在企业进行生产的数字化转型过程中，不仅需要进行数字化设备、软件的更新和改造，还需要对操作数字化设备、软件的生产工人进行培训。因此，企业在向供应商采购所需的数字化设备、软件的过程中，可以与供应商沟通数字化设备、软件操作方面的培训事项，由数字化设备、软件供应商为企业生产工人提供必要的数字设备、软件的操作技能培训。

2. 强化与数字化人才培训服务商的合作

数字化人才培训服务商是为企业提供数字化人才培训服务的互联网平台企业。企业在数字化转型过程中，可以通过与数字化人才培训服务商开展数字工匠培训方面的合作。首先，企业要根据数字工匠培养计划，确定与数字化人才培训服务商合作的培训项目需求；其次，要对数字化人才培训服务商提供的人才培训项目进行评估，挑选出适合的培训项目；再次，与数字化人才培训服务商共同制定培训目标、培训课程以及实施方案等；最后，与数字化人才培训服务商协商培训服务价格、责任分担和争议处理方式等内容，在此基础上签订数字工匠培训服务协议。

7.5 强化企业数字工匠培养的外部支持

数字工匠的培养是企业、院校、政府、行业协会等多个组织相互合作、协同培养的过程。因此，企业数字工匠的培养离不开政府、院校和行业协会等组织的大力支持。本节分别从职业院校、政府和行业协会三类主体，提出强化企业数字工匠培养外部支持的具体对策。

7.5.1 提高职业院校数字化技能人才培养质量

职业院校培养的数字化技能人才是企业生产工人招聘的主要来源之一，也是企业数字工匠培养的初级人才。可见，职业院校培养的数字化技能人才质量直接关系到企业数字化转型战略的实施和企业数字工匠的培养效果。然而，根据图 4-23 可知，当前职业院校培养的技能人才数字素养总体不高，超过四分之三的样本企业认为职业院校培养的技能人才缺乏数字操作技能，超过一半的样本企业认为职业院校培养的技能人才缺乏数字意识，接近一半的样本企业认为职业院校培养的技能人才缺乏数字知识。

究其原因，主要在于职业院校在人才培养中仍然存在数字化专业开设不足、数字化课程开设不足、缺乏高素质的数字化师资以及缺乏先进的数字化设备和软件等问题。由此可见，提升职业院校培养的技能人才的数字素养，对于企业数字工匠的培养显得尤为重要。下面分别从专业发展数字化转型、数字化课程体系建设、双师型数字化师资队伍建设以及数字化教学设备和平台建设四个方面提出具体的对策。

1. 促进专业发展数字化转型

随着企业的数字化转型，职业院校的专业人才培养需要与企业数字化人才需求相适应。因此，职业院校在专业发展方面也需要进行数字化转型，加大数字化人才的培养力度，以满足企业数字化转型的需求。

职业院校专业发展的数字化转型可以采取如下措施：首先，要做好企业数字化转型的专业需求调查，可以通过企业深度访谈、问卷调查、专业机构调查等方式，对当前企业数字化转型发展中对专业人才的数量需求、素质要求等进行调查分析，为职业院校专业数字化转型提供基础依据（耿煜等，2023）；其次，要做好专业数字化发展规划，从战略的高度对职业院校现有的传统专业进行数字化改造，并根据现有的师资、课程等教学资源优势，增设一些企业数字化转型发展所急需的专业；最后，要制定数字化改造专业和新设数字化专业建设的实施方案，内容需包括专业招生计划、专业人才培养方案、专业师资队伍建设计划、课程建设计划等方面。

2. 加强数字化课程体系建设

数字化课程是人才数字素养提升的关键教学资源。从图 4-24 来看，接近一半的样本企业表示数字化课程开设不足是当前职业院校数字化技能人才培养的关键问题。可见，职业院校需要加快传统课程的数字化改造，并加大新兴数字化课程的建设力度，以完善数字化课程体系。

职业院校在数字化课程体系建设中可以采取以下措施：首先，要从数字知识、数字技能和数字意识 3 个维度，构建数字化课程体系，并制定数字化课程体系建设的目标和任务；其次，要根据专业数字化转型发展规划，对传统课程进行数字化改造和更新，如将传统信息技术课程革新为新一代信息技术课程，以"数字化 + 课程"进行专业课程的数字化改造（柏洪武等，2020）；再次，要根据专业人才数字素养的培养需求，新增开设相应的数字化课程；最后，要重视数字化在线课程的建设，制定并完善数字化在线课程的教学方案。

3. 强化双师型数字化师资队伍建设

双师型数字化师资是既具备企业数字化岗位工作经验，又具备较强的数字化专业理论教学和实践教学能力的教师，是提升职业院校数字化技能人才培养质量的关键队伍保障。然而，根据图 4-24，有 54.81% 的样本企业认为缺乏高素质的数字化师资是影响职业院校数字化技能人才培养的关键因素。可见，加强双师型数字化师资队伍建设，对于提升职业院校数字化技能人才培养质量显得尤为重要和迫切。

职业院校在双师型数字化师资队伍建设中可以采取以下措施：首先，

要从职业院校战略发展的高度，制定双师型数字化师资队伍建设规划，确定双师型数字化师资的发展目标和主要任务；其次，要制定并完善双师型数字化师资胜任力的评价指标体系和评价标准，可以从专业理论知识、数字素养、理论教学能力、实践教学能力、师德师风等维度进行设计；再次，要完善双师型数字化师资的引进制度，一方面在教师引进中要按照双师型数字化师资胜任力评价标准，对候选人进行综合测评，尤其要重视数字素养和实践教学能力方面的考察。另一方面，在教师引进来源上，要制定企业数字工匠师资的专项引进计划，加大企业师资的引进力度（辛雨等，2023）；最后，要制定并实施双师型数字化师资的培养计划，在培养方式上可以采用"校企合作、双向流动、协同培养"模式，提升教师在企业数字化岗位的工作经验和实践能力（洪运和李梦卿，2023）。

4. 加大数字化教学设备和平台建设力度

数字化教学设备和平台是职业院校数字化课程教学重要的硬件和软件条件，也是提升数字化课程教学效果的保障。然而，根据图 4 - 24，有 64.18% 的样本企业认为缺乏先进的数字化设备和软件是职业院校数字化技能人才培养最为关键的问题。可见，职业院校需要加大数字化教学设备和平台建设力度，从而为数字化技能人才培养提供坚强的资源保障。

职业院校在数字化教学设备和平台建设方面可以采取以下措施：首先，要加大资金投入力度，引进先进的数字化教学设备、软件和平台，建设智慧教室和数字化实验室，并对陈旧的通信设备和网络设备进行改造和更新；其次，要完善数字化教学管理系统，促进教学管理的数字化转型；最后，要加强校企合作，共建实习实践基地，利用企业先进的数字化设备和平台进行实践教学。

7.5.2　增强政府的引导作用

政府作为数字工匠培养的重要主体之一，既可以从国家和地方层面制定数字工匠培养战略规划和政策制度，为企业数字工匠的培养提供规划引导和政策支持；也可以通过建设公共数字技能实训基地、举办数字技能大赛，为企业数字工匠的培养提供平台条件；还可以通过数字工匠评选和宣传报道等方式，为数字工匠的培养营造良好的文化氛围。具体措施如下。

1. 制定并实施地区性数字工匠培养战略规划

数字工匠是数字经济发展的重要推动力量，也是企业数字化转型的关键人才资源。因此，地方政府首先要围绕制造企业数字化转型的发展需求，制定本地区数字工匠培养战略规划，确立数字工匠培养的指导思想、战略目标、主要任务、模式路径和保障措施；其次，要以数字经济发展需求为导向，构建政府、院校、企业、研究机构、行业协会等多主体参与的协同培养体系，加强数字工匠培养产业联盟建设，以高层次数字工匠培养工程、双师型数字化师资培养工程为抓手，深入推进地区性数字工匠培养战略规划的实施。

2. 优化数字工匠培养的支持政策

从当前企业的政策需求来看，根据图 4 – 35，72.36% 的样本企业认为政府需要对企业数字工匠培养经费投入给予补贴，70.19% 的样本企业认为政府需要对企业数字化改造项目给予奖励或补贴。由此可见，相关政府部门要完善企业数字工匠培养的财政支持政策，进一步加大对数字工匠培养的资金支持力度。具体而言，可以设立数字工匠培养专项基金，根据企业数字工匠培养成效，对企业数字工匠培养经费的实际支出，按照一定的比例给予适当补贴；对于符合政策导向的企业数字化改造项目给予适当的补贴或奖励。

3. 加强公共数字技能培训基地建设

公共数字技能培训基地是企业数字工匠培养的重要平台，根据图 4 – 35，超过六成的样本企业认为政府需要加强公共数字人才实训基地和公共数字课程资源的建设。由此可见，政府要加大资金投入力度，牵头组织职业院校、应用型本科院校、龙头制造企业、行业协会、工业互联网平台企业等，着力打造一批高质量的公共数字技能实训基地，同时建设并完善公共数字素养网络培训平台，为企业数字工匠的培养提供良好的平台条件。

4. 完善数字技能大赛体系和制度

数字技能大赛通过以赛促培的方式为企业提供了重要的数字工匠培养平台。目前，我国在国家、省、市等层面已经开展了一些数字技能大赛活动，并取得了初步成效。然而，根据图 4 – 33，当前数字技能大赛仍然存在举办少、规模不够、评奖名额少等问题。因此，相关政府部门首先要构建国家、省、市衔接有序的梯次化数字技能大赛体系；其次，要组织、鼓励和支持相关单位举办各级数字技能大赛；最后，要完善数字技能大赛制度，可以采取加大宣传力度、吸引企业和院校等单位的数字化人才积极参加、适当增加评奖名额、优化大赛评奖机制等措施。

5. 营造良好的数字工匠培养文化氛围

良好的社会文化氛围是企业培养数字工匠的重要环境条件。为此，政府部门要充分利用官方主流媒体和新兴自媒体平台，对大国数字工匠、数字工匠劳模、市级以上数字工匠、数字技能大赛获奖者、市级以上双师型数字化教学名师等高层次数字工匠人才进行宣传报道，增强数字工匠人才在社会中的感召力和影响力，在全社会营造关心和支持数字工匠的良好文化氛围（尚文杰，2022）。

7.5.3　发挥行业协会的支持作用

行业协会是企业和政府之间沟通的桥梁，也是企业和院校沟通的纽带，在校企合作、政企合作中发挥着重要的沟通、协调作用。在企业数字工匠的培养中，行业协会作为重要的参与主体，在校企合作、行业性数字技能大赛举办以及数字工匠技能等级标准制定等过程中承担着重要的角色，具有不可或缺的支持作用。具体措施如下。

1. 推动数字工匠培养的校企合作

作为企业和院校之间沟通的桥梁，行业协会是校企合作的重要推动者。首先，在"新型学徒制"模式中，企业可以将数字工匠的企校合作培养需求提供给行业协会，由行业协会帮助企业选择和联系职业院校或应用型本科院校，并作为第三方参加企业和意向合作院校的协商和谈判，促成企校双方签订企校合作协议。其次，在"现代学徒制"模式中，院校可以将数字化技能人才培养的校企合作需求提供给行业协会，由行业协会协助院校选择、联系适合的合作企业，并作为第三方参加校企双方的协商和谈判，从而促进校企双方实现合作。

2. 组织行业性数字技能大赛

举办行业性数字技能大赛有利于提高行业内生产工人参加数字技能培训的积极性，提升行业内生产工人数字技能的整体水平，也有利于为行业内企业数字工匠的培养营造良好的行业文化氛围。因此，行业协会一方面要建立并完善行业性数字技能大赛制度，并定期组织行业内数字技能大赛；另一方面，要激发企业和数字工匠参加行业性技能大赛的积极性，如设置行业数字工匠大师、行业数字工匠能手等荣誉称号，并给予获奖者适当的物质激励。

3. 制定行业内数字工匠技能等级评定标准

制定行业内数字工匠技能等级评定标准，有利于对所在行业数字工匠的培养活动进行引导和规范，从而提升行业内数字工匠的培养质量。根据图 4 - 22，接近四成的样本企业表示缺乏数字工匠认定标准是影响数字工匠培养的关键因素之一。因此，行业协会可以邀请人社部门和教育部门相关专家、院校相关专家、行业领军企业相关负责人、行业数字工匠大师等，共同组建行业性数字工匠技能等级评价认定委员会，在借鉴国内外相关经验的基础上，制定行业内数字工匠技能等级评定标准，为行业内企业开展数字工匠评价认定活动提供依据（柏洪武等，2020）。

附录1：制造企业数字工匠胜任力调查问卷

亲爱的女士/先生：

您好！非常感谢您参与此次问卷调查！

本次调查旨在了解当前制造企业数字工匠的胜任力状况，为课题研究提供重要依据。本问卷不记名填写，不涉及企业的商业机密，并严格按照《统计法》的有关规定为您保密，调查结果仅作学术研究之用。您的回答对于我们的研究具有重要的参考价值，为了保证科学研究的质量，我们期待您真实地表达自己的想法。衷心感谢您的支持与合作！

注：数字工匠主要指在生产一线能熟练操作数字设备或使用数字软件工作的技能人才。

一、个人基本信息部分

请将选项对应的字母填写在（　　）内或在_____上作答

1. 您的性别（　　）

A. 男　　　　　　　　B. 女

2. 您的年龄（　　）

A. 25 岁以下　　　B. 26～35 岁　　　C. 36～45 岁　　　D. 45 岁以上

3. 您的学历（　　）

A. 高中或中专　　　B. 大专　　　　C. 大学本科　　　　D. 研究生

4. 您从事当前工作的年限（　　）

A. 0～1 年　　　　B. 2～3 年　　　　C. 4～10 年　　　D. 10 年以上

5. 您的技能等级（　　）

A. 初级工　　　　B. 中级工　　　　C. 高级工

D. 技师　　　　　E. 高级技师　　　F. 其他_____

二、调查题项部分

请您根据个人在工作中的实际感受作答，并在对应的数字上打"√"。

	说明：请根据您的真实工作体验选择	非常不符合	较不符合	一般	较符合	非常符合
1	我掌握产品逻辑并熟悉产品生产的工艺流程	1	2	3	4	5
2	我具有多个工序的作业经验，能够从生产全线的角度思考、解决问题	1	2	3	4	5
3	我具有精益生产理念，能够敏锐发现问题、深入分析问题并有效解决问题	1	2	3	4	5
4	我具有追求卓越的精神，在降本增效、攻关难题或改进规范等方面作出突出贡献	1	2	3	4	5
5	我能熟练操作各种数字生产流水线和数字设备并掌握相关理论知识	1	2	3	4	5
6	我能理解并掌握数字化系统/设备的运作逻辑与生产数据的生成逻辑	1	2	3	4	5
7	我具有较强的数据敏感性，能够通过数据敏锐识别出可能存在的生产问题	1	2	3	4	5
8	我能够合理利用图表、动画等可视化工具清晰有效地传达信息	1	2	3	4	5
9	我能够提供建设性的数字化系统/设备改进建议	1	2	3	4	5
10	我经常在数字技术应用中产生有价值的洞察，为生产发展提供创新性策略和方向	1	2	3	4	5
11	我具有较强的接受新事物的能力	1	2	3	4	5
12	我具备基础的信息、网络技术应用能力	1	2	3	4	5
13	我具备较强的交叉性思维，能够结合多领域知识思考问题	1	2	3	4	5
14	我认同组织的数字化转型战略并对此有坚定的信心与决心	1	2	3	4	5
15	我严格执行组织/领导安排的数字化转型相关工作	1	2	3	4	5
16	我乐于探索数字技术并积极寻求相关技术人士的协助	1	2	3	4	5
17	我具有较强的团队建设与管理能力	1	2	3	4	5
18	我会从领导的角度看问题并积极与领导沟通以寻求资源	1	2	3	4	5

续表

	说明：请根据您的真实工作体验选择	非常不符合	较不符合	一般	较符合	非常符合
19	我具有较强沟通能力，能够做好跨部门交流与协作工作	1	2	3	4	5
20	我热爱学习，不断更新自身的知识与技能	1	2	3	4	5
21	我积极在组织内分享自身职业技能与经验并乐于提供帮助行为	1	2	3	4	5
22	我面对工作压力和逆境时，能够较快调整好情绪与心态并积极适应	1	2	3	4	5
23	我为人谦逊、诚实守信，且具有严谨负责的工作态度	1	2	3	4	5

附录2：制造企业数字工匠培养现状调查问卷

尊敬的女士/先生：

您好！非常感谢您参加此次问卷调查！

本调查旨在了解制造企业数字工匠的培养现状，为课题研究和政府决策提供科学依据。本问卷不记名填写，不涉及企业的商业机密，并严格按照《统计法》的有关规定为您保密，调查结果仅作学术研究之用。您的回答对于我们的研究具有重要的参考价值，为了保证科学研究的质量，我们期待您真实地表达自己的想法。衷心感谢您的支持与合作！

注：数字工匠主要指在生产一线能熟练操作数字设备或使用数字软件工作的技能人才。

一、基本信息（请将选项对应的字母、数字序号填写在（　　）内或在_____上作答）

1. 您所在工作岗位（　　）

A. 人力资源总监（或总经理）　　　B. 人力资源经理（或部长）

C. 人力资源主管（或科长）　　　　D. 人力资源专员

E. 其他_____（请说明）

2. 您所在企业当前是否实施了数字化转型（　　）

A. 是　　　　　　　　　　　　　　B. 否【选B则结束作答】

3. 您所在企业性质（　　）

A. 国有企业　　　　　　　　　　　B. 民营企业

C. 外商独资企业　　　　　　　　　D. 中外合资企业

E. 其他_____（请说明）

4. 您所在企业所属行业（　　）

（1）农副食品加工业（2）食品制造业（3）酒、饮料和精制茶制造业（4）烟草制品业（5）纺织业（6）纺织服装、服饰业（7）皮革、毛皮、羽毛及其制品和制鞋业（8）木材加工和木、竹、藤、棕、草制品业（9）家具制造业（10）造纸和纸制品业（11）印刷和记录媒介复制业（12）文教、工美、体育和娱乐用品制造业（13）石油加工、炼焦和核燃料加工业（14）化学原料和化学制品制造业（15）医药制造业（16）化学纤维制造业（17）橡胶和塑料制品业（18）非金属矿物制品业（19）黑色金属冶炼和压延加工业（20）有色金属冶炼和压延加工业（21）金属制品业（22）通用设备制造业（23）专用设备制造业（24）汽车制造业（25）铁路、船舶、航空航天和其他运输设备制造业（26）电气机械和器材制造业（27）计算机、通信和其他电子设备制造业（28）仪器仪表制造业（29）其他制造业（30）废弃资源综合利用业（31）金属制品、机械和设备修理业

5. 您所在企业成立时间（　　）

A. 1 年及以下　　　B. 2~5 年　　　C. 6~9 年　　　D. 10 年及以上

6. 您所在企业员工人数（　　）

A. 100 人以下　　　　　　　　　B. 100~300 人

C. 301~500 人　　　　　　　　　D. 501~1000 人

E. 1001 人及以上

7. 您所在企业中大专及以上学历的生产工人所占的比例（　　）

A. 10% 以内　　　　　　　　　　B. 10%~20%

C. 20%~30%　　　　　　　　　　D. 30%~40%

E. 40% 以上

8. 您所在企业数字工匠在生产工人中所占的比例（　　）

A. 10% 以内　　　　　　　　　　B. 10%~20%

C. 20%~30%　　　　　　　　　　D. 30%~40%

E. 40% 以上

二、企业数字化转型现状（请将选项对应的字母填写在（　　）内或在＿＿＿＿＿上作答）

1. 您所在企业数字化转型的阶段处于（　　）

A. 初步上线　　　　　　　　　　B. 逐步实施

C. 全面优化　　　　　　　　D. 成熟应用

E. 尚未涉足

2. 您所在企业的数字化战略（　　）

A. 非常清晰　　　　　　　　B. 比较清晰

C. 一般　　　　　　　　　　D. 比较模糊

E. 非常模糊

3. 您所在企业是否有专门的部门或人员负责推动企业的数字化转型
（　　）

A. 有专门的人员，但无专门部门

B. 有专门的部门（公司领导班子成员主管）

C. 有专门的部门（非公司领导班子成员主管）

D. 无专门的部门或人员

4. 您所在企业已进行数字化的核心流程有（多选题）（　　）

A. 研发　　　　　　　　　　B. 采购

C. 生产　　　　　　　　　　D. 营销

E. 管理（包括人力、财务等）　F. 其他_____（请说明）

**三、数字工匠培养现状（请将选项对应的字母填写在（　　　）内或在
_____上作答）**

1. 您所在企业数字工匠的紧缺程度（　　）

A. 非常紧缺　　　　　　　　B. 比较紧缺

C. 一般　　　　　　　　　　D. 比较充足

E. 非常充足

2. 总体而言，您所在企业对数字工匠培养的重视程度（　　）

A. 很重视　　　　　　　　　B. 比较重视

C. 一般重视　　　　　　　　D. 较不重视

E. 很不重视

3. 您所在企业在工匠数字素养培养方面投入经费占工人培养总经费的
比例（　　）

A. 10%以下　　　　　　　　B. 10%~20%

C. 20%~30%　　　　　　　　D. 30%以上

4. 您所在企业建立数字化技能培训系统的情况（   ）

   A. 初步上线   B. 逐步实施

   C. 全面优化   D. 成熟应用

   E. 尚未涉足

5. 您所在企业对工匠的数字素养培养采用的主要方式（多选题）
（   ）

   A. 师带徒   B. 内部专家讲授

   C. 互联网企业观摩学习   D. 学校名师授课

   E. 互联网企业专家授课   F. AI（人工智能）培训

   G. 参加数字技能大赛   H. 参加公共平台数字技能培训

   I. 岗位练兵   J. 自学

   K. 其他_____（请说明）

6. 您所在企业已经为工匠开展的数字素养培训内容包括（多选题）
（   ）

   A. 数字知识   B. 数字技术

   C. 数字工具操作   D. 数字安全

   E. 数字意识   F. 其他_____（请说明）

7. 总体而言，您所在企业内部举办的工匠数字素养培养的效果（   ）

   A. 很好   B. 较好

   C. 一般   D. 较差

   E. 很差

8. 您所在企业对数字工匠的激励方式包括（   ）（多选题）

   A. 荣誉表彰   B. 奖金

   C. 晋升管理层   D. 股票期权

   E. 发展性培训教育   F. _____其他（请说明）

9. 您所在企业数字工匠近三年的年均流失率约为（   ）

   A. 5%以下   B. 5%～10%

   C. 10%～20%   D. 20%～30%

   E. 30%以上

10. 您所在企业数字工匠三年内晋升到管理岗的可能性（   ），五年内
晋升到管理岗的可能性（   ）

A. 很大   B. 较大

C. 一般   D. 较小

E. 很小

11. 您认为影响所在企业数字工匠培养的内部因素有（多选题）（　　）

A. 缺乏专业化的师资   B. 数字化导师不够

C. 缺乏先进的数字设备或软件   D. 公司培养经费投入不足

E. 数字培训课程开发不足   F. 工人参与培训的积极性不高

G. 数字工匠流失风险高   H. 其他_____（请说明）

12. 您认为影响所在企业数字工匠培养的外部因素有（多选题）（　　）

A. 职业院校培养的技能人才数字技能偏低

B. 找不到合适的互联网企业合作

C. 院校培训师资实操能力不足

D. 公共数字技能实训基地缺乏

E. 同行企业恶意挖人

F. 缺乏数字工匠认定标准

G. 其他_____（请说明）

13. 您认为当前职业院校培养的技能人才最缺乏的数字素养（多选题）
（　　）

A. 数字知识   B. 数字技术

C. 数字操作技能   D. 数字意识

E. 其他_____（请说明）

14. 您认为职业院校在数字技能人才培养方面存在哪些问题？（多选
题）（　　）

A. 数字化专业开设不足

B. 缺乏高素质的数字化师资

C. 校企合作不够深入

D. 缺乏先进的数字化设备和软件等

E. 数字化课程开设不足

F. 实习实践课程效果不佳

G. 其他_____（请说明）

15. 您所在企业对校企合作（学校主导）培养数字工匠的支持态度
（　　）

    A. 非常支持　　　　　　　　　B. 比较支持

    C. 中立　　　　　　　　　　　D. 较不支持

    E. 非常不支持

16. 您所在企业近年来与互联网企业开展合作培养数字工匠的情况
（　　）

    A. 与 1 家企业合作　　　　　　B. 与 2 家企业合作

    C. 与 3 家企业合作　　　　　　D. 与 4 家及以上企业合作

    E. 没有合作

17. 您所在企业近年来开展企校合作（企业主导）培养数字工匠的情
况（　　）

    A. 与 1 所学校合作　　　　　　B. 与 2 所学校合作

    C. 与 3 所学校合作　　　　　　D. 与 4 所及以上学校合作

    E. 没有合作【选 E 则跳过 18 题】

18. 您所在企业的数字工匠企校合作（企业主导）培养效果（　　）

    A. 很好　　　　　　　　　　　B. 较好

    C. 一般　　　　　　　　　　　D. 较差

    E. 很差

19. 您认为制约校企合作培养数字工匠的企业因素有（多选题）（　　）

    A. 培养的人才留不住　　　　　B. 学生安全风险大

    C. 企业正常生产受到影响　　　D. 学生培养和管理成本高

    E. 对公司缺乏有效的激励　　　F. 其他_____（请说明）

20. 您认为制约校企合作培养数字工匠的学校因素有（多选题）（　　）

    A. 数字化课程开发不足　　　　B. 培训课程实用性不足

    C. 培训教师实践教学技能不足　D. 缺乏先进的教学设备或软件等

    E. 培训时间安排缺乏灵活性　　F. 其他_____（请说明）

21. 您认为政府在引导校企合作培养数字工匠方面做得如何（　　）

    A. 很好　　　　　　　　　　　B. 较好

    C. 一般　　　　　　　　　　　D. 较差

    E. 很差

22. 您认为当前政府举办的数字技能大赛的效果 （ ）

A. 很好   B. 较好

C. 一般   D. 较差

E. 很差

23. 您认为当前各级政府部门举办的数字技能大赛存在的问题（多选题）（ ）

A. 数字技能专项大赛举办少   B. 规模不够

C. 宣传不够   D. 评奖名额少

E. 奖金较少   F. 公平性不够

G. 其他_____（请说明）

24. 您认为当前政府组织的数字技能培训的效果 （ ）

A. 很好   B. 较好

C. 一般   D. 较差

E. 很差

25. 您认为政府需要在企业数字工匠培养方面出台哪些政策或措施（多选题）（ ）

A. 对企业数字工匠培养经费投入给予补贴

B. 对企业数字化改造项目给予奖励或补贴

C. 加大公共数字基础设施建设

D. 支持公共数字课程资源建设

E. 加强公共数字人才实训基地建设

F. 授权符合条件的企业自主认定数字工匠

G. 推动数字工匠培养产教联盟建设

H. 其他_____（请说明）

26. 您所在企业数字工匠培养中尚面临哪些问题或有什么建议（至少写1个）

（1）_____

（2）_____

（3）_____

附录3：制造企业数字工匠
培养调研访谈提纲

尊敬的领导：

您好！非常抱歉打扰您！鉴于贵公司的社会声誉和影响力，课题组选择贵公司为调研对象，旨在了解贵公司在数字工匠培养方面采取的先进举措，为课题研究提供典型案例，衷心感谢您的大力支持！

注：数字工匠主要指在生产一线能熟练操作数字设备或使用数字软件工作的技能人才。

1. 贵公司数字工匠的人数？主要分布在哪些岗位？

2. 贵公司在推进智能化改造数字化转型过程中，对数字工匠的招聘、培训、技能评定、绩效考核、薪酬管理、职业生涯管理等方面，有哪些制度、特色做法和经验？

3. 贵公司在数字工匠培养方面，是否与职业院校、高校、互联网企业等有过合作，效果如何？

4. 贵公司在数字工匠培养方面，是否获得过政府部门的支持，效果如何？

5. 贵公司在数字工匠培养方面尚面临哪些难题？需要政府、学校等给予哪些支持？

6. 当前数字工匠的社会化评价存在哪些问题？如何改进？

参 考 文 献

［1］安家骥，狄鹤，刘国亮．组织变革视角下制造业企业数字化转型的典型模式及路径［J］．经济纵横，2022（2）：54－59.

［2］白滨，和震，吴秋晨．高技能人才职业核心素养——一项企业雇主与优秀员工视角下的质性研究［J］．中国职业技术教育，2021（18）：15－24，34.

［3］柏洪武，徐益，钟富平．数字工匠"学—做—创"人才培养模式构建与实施——以重庆工业职业技术学院机械设计与制造专业为例［J］．职业技术教育，2020，41（29）：24－28.

［4］曾德麟，蔡家玮，欧阳桃花．数字化转型研究：整合框架与未来展望［J］．外国经济与管理，2021，43（5）：63－76.

［5］曾颢，赵曙明．工匠精神的企业行为与省际实践［J］．改革，2017（4）：125－136.

［6］陈春花，朱丽，刘超，等．文化协同的三重影响路径探索［J］．管理学报，2020，17（4）：475－486.

［7］陈春花．传统企业数字化转型能力体系构建研究［J］．人民论坛·学术前沿，2019（18）：6－12.

［8］李淑玲，陈功．将"工匠精神"融入技能人才培养［J］．人民论坛，2019（30）：68－69.

［9］陈劲，杨文池，于飞．数字化转型中的生态协同创新战略——基于华为企业业务集团（EBG）中国区的战略研讨［J］．清华管理评论，2019（6）：22－26.

［10］陈丽君，朱蕾蕊．数字化时代人才工作整体智治展望——以浙江省人才工作数字化转型实践为例［J］．中国科技人才，2021（4）：6－12.

［11］陈万思．纵向式职业生涯发展与发展性胜任力——基于企业人

力资源管理人员的实证研究 [J]. 南开管理评论，2005 (6)：17 - 23，47.

[12] 陈伟光，刘泰山. 打造大数据产业集群，培育数据要素市场——广东持续做强做优数字经济 [N]. 人民日报，2023 - 06 - 13 (6).

[13] 陈向明. 社会科学中的定性研究方法 [J]. 中国社会科学，1996 (6)：93 - 102.

[14] 陈晓红，李杨扬，宋丽洁，等. 数字经济理论体系与研究展望 [J]. 管理世界，2022，38 (2)：208 - 224，13 - 16.

[15] 陈煜波，马晔风. 数字人才——中国经济数字化转型的核心驱动力 [J]. 清华管理评论，2018 (Z1)：30 - 40.

[16] 仇荣国. 创新驱动视阈下高技能人才培养策略演化机制 [J]. 中国科技论坛，2019 (10)：145 - 153.

[17] [德] H. 哈肯. 协同学 [M]. 徐锡申，等译. 北京：原子能出版社，1984.

[18] 邓赐平，桑标，缪小春. 认知发展理论的沿革与新发展 [J]. 华东师范大学学报（教育科学版），2001 (4)：53 - 59，72.

[19] 邓志华. 我国技能人才工匠精神的多层面培育路径 [J]. 社会科学家，2020 (8)：147 - 152.

[20] 董晓松，许仁仁，赵星，等. 基于价值视角的制造业数字化服务转型机理与路径——仁和集团案例研究 [J]. 中国软科学，2021 (8)：152 - 161.

[21] 杜海坤，李建民. 从欧盟经验看数字人才培养 [J]. 中国高等教育，2018 (22)：61 - 62.

[22] 范明林，吴军. 质性研究 [M]. 上海：格致出版社，2009.

[23] 方阳春，陈超颖. 包容型人才开发模式对员工工匠精神的影响 [J]. 科研管理，2018，39 (3)：154 - 160.

[24] 冯明，尹明鑫. 胜任力模型构建方法综述 [J]. 科技管理研究，2007 (9)：229 - 230，233.

[25] 冯奇，方艳芬，杨佳琪，等. 建设科技强国背景下科技管理人员胜任力模型研究 [J]. 中国人力资源开发，2022，39 (12)：84 - 98.

[26] 高维婷. 人工智能时代职业院校教师数字胜任力评价指标体系构建 [J]. 职业技术教育，2023，44 (2)：74 - 79.

[27] 高中华，徐燕，李淑玲．制造业高质量发展背景下工匠精神导向人力资源管理实践：理论构建与概念测量 [J]．中国人力资源开发，2023，40（7）：97 - 116．

[28] 耿煜，郭敏强，张运生，等．我国高职院校高端国际化数字化技能人才培养存在问题与发展对策——基于深圳信息职业技术学院的实践 [J]．科技管理研究，2023，43（4）：119 - 126．

[29] 顾荣军，王华杰．技能型社会视域下职业院校产教融合：基本逻辑与实践路径 [J]．教育学术月刊，2023（7）：53 - 59．

[30] 管平，胡家秀，胡幸鸣．知识、能力、素质与高技能人才成长模式研究 [J]．黑龙江高教研究，2005（10）：161 - 163．

[31] 郭广军，龙伟，刘跃华，等．高素质应用型技术技能人才培养模式探索与实践 [J]．中国职业技术教育，2015（15）：70 - 76．

[32] 韩提文，梁林，侯维芝．基于团队胜任力的高职院校人才培养改革探讨 [J]．中国高教研究，2012（3）：101 - 103．

[33] 郝天聪．我国高技能人才培养的误区及模式重构——基于高技能人才成长的视角 [J]．中国高教研究，2017（7）：100 - 105．

[34] 何卫红，章煜．高级财务人才专业胜任能力社会需求分析 [J]．财会通讯，2018（22）：40 - 43，129．

[35] 洪运，李梦卿．基于职业技术师范教育内涵特征的"双师型"教师队伍建设研究——以天津职业技术师范大学为例 [J]．职业技术教育，2023，44（17）：46 - 52．

[36] 胡凡刚，吴焕庆，李兴保，等．教育技术学科"厚基础 + 精技能"人才培养体系的研究与实践 [J]．中国电化教育，2019（7）：115 - 121．

[37] 胡景谱，陈凡．新时代中国特色数字工匠的角色期待及其实现 [J]．科学技术哲学研究，2023，40（2）：84 - 90．

[38] 胡艺龄，赵梓宏，文芳．智能时代下教育生态系统协同演化模式研究 [J]．华东师范大学学报（教育科学版），2022，40（9）：118 - 126．

[39] 黄冠迪．论系统论八原理的整体结构——评《系统论——系统科学哲学》[J]．系统科学学报，2022，30（1）：11 - 16．

[40] 黄键斌，宋铁波，陈玉娇．优势制造企业绩效期望落差对数字化转型响应的影响研究 [J]．管理学报，2023，20（7）：974 - 983．

[41] 贾建锋，赵希男，温馨．胜任特征模型构建方法的研究与设想[J]．管理评论，2009，21（11）：66－73．

[42] 贾旭东，衡量．扎根理论的"丛林"、过往与进路[J]．科研管理，2020，41（5）：151－163．

[43] 贾旭东，谭新辉．经典扎根理论及其精神对中国管理研究的现实价值[J]．管理学报，2010，7（5）：656－665．

[44] 姜奇平．数字经济学的基本问题与定性、定量两种分析框架[J]．财经问题研究，2020（11）：13－21．

[45] 焦勇．数字经济赋能制造业转型：从价值重塑到价值创造[J]．经济学家，2020（6）：87－94．

[46] 靳瑾，王晓路，瞿长宝，等．卫生领域胜任力模型构建方法综述[J]．中国医院，2017，21（11）：78－80．

[47] 孔宪香．技能型人才是我国制造业发展的核心要素[J]．郑州航空工业管理学院学报，2008（1）：72－75．

[48] 李秉强，李希，李金枝．职业教育与产业融合共生的主体与驱动[J]．现代教育管理，2023（7）：118－128．

[49] 李洪兴．建设制造强国，把制造业做实做优做强[N]．人民日报，2022－09－19（5）．

[50] 李玲．新员工胜任力提升路径分析——基于无边界职业生涯理论[J]．领导科学，2020（6）：80－82．

[51] 李玲玲，许洋，康校博．实践视域下英国 TLevel 课程建设的研究与探索[J]．比较教育学报，2023（3）：123－133．

[52] 李梦卿，余静．本科层次职业教育发展的基本逻辑、他国经验及本土化路径选择[J]．现代教育管理，2023（4）：87－96．

[53] 李明斐，卢小君．胜任力与胜任力模型构建方法研究[J]．大连理工大学学报（社会科学版），2004（1）：28－32．

[54] 李庆奎，曹恩智，彭晨．产品与供应链协同演进系统变更设计研究进展[J]．控制理论与应用，2023，40（2）：331－342．

[55] 李群，闫梦含，唐文静，等．包容型领导对制造业员工工匠精神践行的跨层次影响研究[J]．软科学，2021，35（7）：98－103．

[56] 李时辉，陈志军，王波．创新型高技能人才培养体系构建[J]．

高等工程教育研究，2021（5）：154－158，193.

[57] 李铁斌，曾维亮．共生视角下的企业数字化转型与组织变革研究 [J]．科技创业月刊，2022，35（10）：58－61.

[58] 李雪枫，姜卉，尤完，等．建筑业大国工匠胜任力模型构建研究 [J]．工程研究－跨学科视野中的工程，2021，13（4）：323－333.

[59] 李永瑞，葛爽，王蔺茜．BEI 建构胜任力模型的局限性与改进措施 [J]．中国人力资源开发，2014（24）：44－49.

[60] [美] 理查德·桑内特．匠人 [M]．李继宏，译．上海：上海译文出版社，2015.

[61] 梁小甜，文宗瑜．数字经济对制造业高质量发展的影响 [J]．统计与决策，2022，38（11）：109－113.

[62] 梁肖裕，姜卉，尤完．大国工匠的职业发展与成长路径：一项基于个案的研究 [J]．工程研究－跨学科视野中的工程，2021，13（2）：187－195.

[63] 林平，李运庆．新时代高校"五化"协同育人机制的构建 [J]．学校党建与思想教育，2023，695（8）：67－69.

[64] 林天伦，陈思．我国中小学校长胜任力研究述评 [J]．教育科学研究，2012（6）：48－53.

[65] 林秀君，雷容芳．福建省数字人才需求预测 [J]．莆田学院学报，2019，26（6）：103－108.

[66] 刘冬，王辉．英美两国技能人才培养模式体系化变革的成功经验与启示 [J]．中国职业技术教育，2016（21）：64－69.

[67] 刘红芳，徐岩．"工匠"源与流的理论阐析 [J]．北京市工会干部学院学报，2016，31（3）：4－12.

[68] 刘建军，马卿誉，邱安琪．工匠精神的社会政治内涵 [J]．学校党建与思想教育，2020（11）：8－11.

[69] 刘军，崔琦，袁艺玮，等．内部准备度视角下的组织平台化转型研究述评 [J]．中国人力资源开发，2021，38（10）：20－34.

[70] 刘军，周华珍．基于扎根理论的技能人才工匠特征概念开发研究 [J]．中国人力资源开发，2018，35（11）：105－112.

[71] 刘淑春，闫津臣，张思雪，等．企业管理数字化变革能提升投

入产出效率吗［J］. 管理世界，2021，37（5）：170 - 190，13.

［72］刘鑫鑫，惠宁. 数字经济对中国制造业高质量发展的影响研究［J］. 经济体制改革，2021（5）：92 - 98.

［73］刘耀文. 浅析科学发展观的系统论思想［J］. 科技创业月刊，2013，26（5）：160 - 162.

［74］刘怡君，王亚楠，常媛. 工业互联网对制造企业数字化转型的影响——基于多时点 PSM - DID 的验证［J］. 企业经济，2023，42（8）：83 - 92.

［75］刘引涛，陈会玲. 基于"工匠精神"的校企合作协同育人机制研究［J］. 陕西教育（高教），2018（10）：39 - 41.

［76］隆云滔，李怡洁. 提升数字技能的世界经验及对我国的启示［N］. 中国青年报，2021 - 07 - 13（07）.

［77］陆启光，韦瑛，魏玲玲. 跨区域技术技能人才协同培养制度运行体系分析——基于社会学新制度主义的视角［J］. 教育发展研究，2023，43（Z1）：74 - 83.

［78］吕铁，刘丹. 制造业高质量发展：差距、问题与举措［J］. 学习与探索，2019（1）：111 - 117.

［79］吕铁. 传统产业数字化转型的主要趋向、挑战及对策［N］. 经济日报，2020 - 02 - 04（12）.

［80］马君，郭明杰. 企业数字化转型、员工数字认知与创新绩效：技术为刀，我为鱼肉？［J/OL］. 科技进步与对策：1 - 11［2023 - 08 - 23］. http：//kns. cnki. net/kcms/detail/42. 1224. G3. 20221205. 1054. 010. html.

［81］［美］伊戈尔·安索夫. 战略管理［M］. 北京：机械工业出版社，2015.

［82］马晔风，蔡跃洲. 基于官方统计和领英平台数据的中国 ICT 劳动力结构与数字经济发展潜力研究［J］. 贵州社会科学，2019（10）：106 - 115.

［83］毛建辉. 企业数字化转型与"存贷双高"异象——来自文本解读的证据［J］. 当代财经，2023（8）：95 - 107.

［84］梅宏. 大数据发展与数字经济［J］. 中国工业和信息化，2021（5）：60 - 66.

[85] 梅强，佴红，刘素霞，等.面向中小制造企业的绿色供应链协同创新模式多案例研究 [J].科学学与科学技术管理，2023，44（5）：50-61.

[86] 苗俊玲，甄红军，赵永生.京津冀地区新工科人才培养协同发展研究 [J].中国大学教学，2022（5）：75-82.

[87] 潘海生，杨慧.共治视域下荷兰职业教育高质量发展公私合作运行模式嬗变 [J].比较教育研究，2023，45（4）：73-83.

[88] 潘建林.中小企业创业胜任力的素质与能力双维度冰山模型 [J].统计与决策，2013（9）：186-188.

[89] 彭剑锋，饶征.基于能力的人力资源管理 [M].北京：中国人民大学出版社，2003.

[90] 蒲清平，黄媛媛.系统论视域下"大思政课"建设的理论意蕴与实践进路 [J].思想理论教育导刊，2023（3）：148-153.

[91] 戚聿东，肖旭.数字经济时代的企业管理变革 [J].管理世界，2020，36（6）：135-152，250.

[92] 漆书青，戴海琦.情景判断测验的性质、功能与开发编制 [J].心理学探新，2003（4）：42-46.

[93] 齐磊磊.系统科学、复杂性科学与复杂系统科学哲学 [J].系统科学学报，2012，20（3）：7-11.

[94] 祁占勇，冯啸然.基于全面质量管理的高质量技能型人才培养体系构建 [J].现代教育管理，2023（7）：107-117.

[95] 钱晶晶，何筠.传统企业动态能力构建与数字化转型的机理研究 [J].中国软科学，2021（6）：135-143.

[96] 瞿群臻.物流高技能人才胜任力模型初探 [J].中国流通经济，2011，25（5）：103-107.

[97] 任慧婷.协同理论视域下高职院校参与技能型社会建设：逻辑、困境与路径 [J].职业技术教育，2023，44（16）：34-39.

[98] 尚文杰.工匠精神在科技领域的弘扬状况研究——数据来源于"上海工匠"选树活动 [J].科学技术哲学研究，2022，39（5）：122-128.

[99] 尚文杰.新时代科技创新中工匠精神内涵嬗变与实证研究 [J].科技进步与对策，2023，40（5）：129-138.

［100］沈恒超. 制造业数字化转型的难点与对策［N］. 经济日报，2019－06－05（15）.

［101］盛朝迅. 中美比较视角下我国制造业发展存在的问题及对策［J］. 湖北大学学报（哲学社会科学版），2020，47（3）：153－162.

［102］石超，常文文. 工匠精神培育理论中的核心概念辨析［J］. 高等职业教育探索，2021，20（4）：7－13.

［103］石伟平，林玥茹. 新技术时代职业教育人才培养模式变革［J］. 中国电化教育，2021（1）：34－40.

［104］时勘，王继承，李超平. 企业高层管理者胜任特征模型评价的研究［J］. 心理学报，2002（3）：306－311.

［105］宋培林. 试析企业成长不同阶段的企业家胜任力结构及其自我跃迁机理［J］. 经济管理，2011，33（3）：183－190.

［106］孙文清. 高新技术制造企业服务化绩效研究——基于员工胜任力和顾客参与水平的调节效应［J］. 华东经济管理，2016，30（7）：134－139.

［107］檀春耕. 建设数字政府的人才策略：美国的实践与启示［J］. 领导科学，2023（3）：138－144.

［108］汤晓华，吕景泉，洪霞. 基于职业能力的技能人才知识、技能、素质系统化模型建模与研究［J］. 职业技术教育，2012，33（2）：32－35.

［109］唐春勇，李亚莉，赵曙明. 发展型人力资源管理实践研究：概念内涵、量表开发及检验［J］. 南开管理评论，2021，24（4）：85－97.

［110］唐伶. 基于“中国制造2025”的技能人才培养研究［J］. 技术经济与管理研究，2016（6）：30－35.

［111］万恒，高辛宇. 项目化学习中的教师：角色认知与胜任力要素［J］. 教师教育研究，2023，35（2）：63－68，91.

［112］王宝友. 大力培养“数字工匠”推动数字中国建设［EB/OL］. http：//www. mohrss. gov. cn/xxgk2020/fdzdgknr/zcjd/zcjdwz/202212/t20221206_491246. html.

［113］王冰，齐海伦，李立望. 如何做高质量的质性研究——中国企业管理案例与质性研究论坛（2017）综述［J］. 管理世界，2018，34（4）：140－145.

[114] 王才. 制造业数字化转型、组织韧性与企业竞争优势重构 [J]. 经济管理, 2023, 45 (7): 76 - 93.

[115] 王光荣. 发展心理学研究的两种范式——皮亚杰与维果茨基认知发展理论比较研究 [J]. 华中师范大学学报 (人文社会科学版), 2014, 53 (5): 164 - 169.

[116] 王辉, 邓莹. 新时代高校青年教师职业胜任力素质模型构建 [J]. 当代教育论坛, 2023, 313 (1): 45 - 53.

[117] 王建平. 我国制造业数字化转型: 内在逻辑、现状特征与政策建议 [J]. 决策咨询, 2022 (3): 11 - 16.

[118] 王军, 张湘富. 校企协同 "四导制" "五平台" 培育工匠精神的实践探索 [J]. 中国高等教育, 2019, 628 (10): 58 - 60.

[119] 王玮, 徐梦熙. 移动互联网背景下整合使用概念、维度及其对任务绩效的影响机制——基于扎根理论的探索性研究 [J]. 南开管理评论, 2020, 23 (5): 16 - 27.

[120] 王晓青. 中国数字经济研究进展——基于 CiteSpace 的文献计量分析 [J]. 统计与决策, 2023, 39 (15): 35 - 40.

[121] 王星. 精神气质与行为习惯: 工匠精神研究的理论进路 [J]. 学术研究, 2021 (10): 60 - 66.

[122] 王旭, 张颖. 工匠精神融入高职院校时代新人培养探究 [J]. 学校党建与思想教育, 2023 (14): 50 - 52.

[123] 王雁飞, 吴茜, 朱瑜. 心理资本与变革支持行为的关系——变革开放性和工作自主性的作用研究 [J]. 心理科学, 2016, 39 (4): 934 - 941.

[124] 王永海. 再论国家治理与国家审计——基于系统论和过程理论的结构功能分析 [J]. 财会月刊, 2021 (20): 3 - 15.

[125] 王振洪, 成军. 现代学徒制: 高技能人才培养新范式 [J]. 中国高教研究, 2012 (8): 93 - 96.

[126] 王重鸣, 陈民科. 管理胜任力特征分析: 结构方程模型检验 [J]. 心理科学, 2002 (5): 513 - 516, 637.

[127] 温晗秋子. 数字经济时代亟需数字化领导力 [J]. 中国领导科学, 2021 (1): 106 - 111.

[128] 温跃杰, 李炤坤, 张泓翊, 等. 基于模型的人力资源管理系统

工程：以某企业为例［J］．系统工程学报，2023，38（2）：225－234.

［129］吴华明，林峰．上行因果关系中的根本性协同机制及其在企业战略协同中的应用［J］．自然辩证法研究，2013，29（4）：64－70.

［130］吴江，陈浩东，陈婷．中小企业数字化转型的路径探析［J/OL］．新疆师范大学学报（哲学社会科学版）：1－12［2023－08－30］．https：//doi. org/10. 14100/j. cnki. 65－1039/g4. 20230823. 001.

［131］吴江．面向数字转型的人才发展新定义［J］．中国科技人才，2021（4）：3.

［132］吴瑶，夏正豪，胡杨颂，等．基于数字化技术共建"和而不同"动态能力——2011～2020年索菲亚与经销商的纵向案例研究［J］．管理世界，2022，38（1）：144－163，206，164.

［133］肖凤翔，王棒．职业教育高质量发展质的规定性［J］．高校教育管理，2023，17（1）：83－91.

［134］谢康，肖静华．面向国家需求的数字经济新问题、新特征与新规律［J］．改革，2022（1）：85－100.

［135］辛雨，唐瑗彬，徐冉．我国职业院校"双师型"教师队伍建设的关键问题、推进困境及解决对策［J］．高等职业教育探索，2023，22（4）：17－23.

［136］熊胜绪，胡日查．高参与人力资源实践是否会激发员工的工匠精神——基于情感视角的研究［J］．商业经济与管理，2023（3）：70－80.

［137］徐伟，周恒娟，宋思根．老字号员工工匠精神量表开发与验证研究［J］．管理学报，2023，20（2）：221－230.

［138］徐耀强．论"工匠精神"［J］．红旗文稿，2017（10）：25－27.

［139］薛新龙，岳云嵩．世界各国如何构建数字人才体系［N］．光明日报．2022－10－13（14）.

［140］［美］亚力克·福奇．工匠精神：缔造伟大传奇的重要力量［M］．陈劲，译．杭州：浙江人民出版社，2014.

［141］阳立高，韩峰，杨华峰，等．国外高技能人才培养经验及启示［J］．中国科技论坛，2014（7）：121－126.

［142］杨若邻，郭丹，陈亮．技能人才创新素质激发研究——基于知识图谱文献计量［J］．社会科学家，2023（3）：154－160.

[143] 杨廷钫, 黄春华, 赵楠楠. 年长员工的心理退休行为及其量表开发 [J]. 人口与经济, 2023 (2): 45 -61.

[144] 杨文明, 张玉芹. 工匠精神融入艺术职业教育人才培养策略探讨 [J]. 浙江纺织服装职业技术学院学报, 2020, 19 (4): 86 -89.

[145] 杨薏琳. 面向职业教育现代化建设的产教联盟协同育人研究 [J]. 教育与职业, 2020 (12): 12 -18.

[146] 杨紫晗, 翟惠敏, 梁思静. 基于内容分析法的本科护理专业教师课程人文胜任力元素分析 [J]. 护理学报, 2022, 29 (22): 1 -5.

[147] 叶龙, 褚福磊. 技能人才职业胜任力及其与职业满意度关系研究——以铁路行业为例的实证分析 [J]. 清华大学学报 (哲学社会科学版), 2013, 28 (6): 148 -154, 158.

[148] 叶龙, 刘园园, 郭名. 传承的意义: 企业师徒关系对徒弟工匠精神的影响研究 [J]. 外国经济与管理, 2020, 42 (7): 95 -107.

[149] 叶钦华, 叶凡, 黄世忠. 财务舞弊识别框架构建——基于会计信息系统论及大数据视角 [J]. 会计研究, 2022, 413 (3): 3 -16.

[150] 易宪容, 陈颖颖, 位玉双. 数字经济中的几个重大理论问题研究——基于现代经济学的一般性分析 [J]. 经济学家, 2019 (7): 23 -31.

[151] 易卓. 组织社会学视角下 "引教入企" 的产教融合模式探索 [J]. 高等工程教育研究, 2021 (5): 134 -140.

[152] 于红霞, 汪波, 钱荣. 情景分析在企业发展战略中的应用研究 [J]. 科技管理研究, 2006 (11): 91 -94.

[153] 余艳, 王雪莹, 郝金星, 等. 酒香还怕巷子深? 制造企业数字化转型信号与资本市场定价 [J/OL]. 南开管理评论: 1 -27 [2023 -08 -19]. http://kns.cnki.net/kcms/detail/12.1288.f.20230801.1031.002.html.

[154] 喻建. 工匠精神研究综述 [J]. 价值工程, 2016, 35 (34): 244 -246.

[155] 袁淳, 肖土盛, 耿春晓, 等. 数字化转型与企业分工: 专业化还是纵向一体化 [J]. 中国工业经济, 2021 (9): 137 -155.

[156] 张广传, 王海英. 新时代技术技能人才职业核心素养的内涵与培育路径——基于山东省 "齐鲁工匠后备人才" 培育工程的探索 [J]. 职业技术教育, 2021, 42 (29): 19 -23.

[157] 张立军. 数智化时代企业人才培养新模式 [J]. 人力资源, 2020 (14): 26 – 31.

[158] 张书凤, 朱永跃, 杨卫星, 等. 制造业服务化背景下技能人才胜任力模型构建与评价 [J]. 科技进步与对策, 2018, 35 (8): 119 – 127.

[159] 张文财. 基于工匠精神视域下高职院校技能型人才培养 [D]. 南昌: 东华理工大学, 2018.

[160] 张樨樨, 郝兴霖. 组态视域下员工数字化转型抗拒的诱发与缓释 [J/OL]. 科学学研究: 1 – 18 [2023 – 10 – 13]. http://doi. org/ 10. 16192/j. cnki. 1003 – 2053. 20220831. 001.

[161] 张新文, 詹国辉. 社会质量与社会发展的满意度是否关联——基于江苏农村 (2005 – 2014 年) 的分析 [J]. 东南大学学报 (哲学社会科学版), 2017, 19 (3): 100 – 107, 147 – 148.

[162] 张云河, 王靖. 基于新时代工匠精神的工匠人才培养进路 [J]. 中国职业技术教育, 2020 (7): 89 – 92, 96.

[163] 张志远, 刘万芳, 张利岩, 等. 基于冰山模型及双螺旋模型构建医疗护理员培训师胜任力评价指标体系 [J]. 护理研究, 2023, 37 (4): 691 – 696.

[164] 章凯, 肖莹. 胜任特征分析与人力资源管理 [J]. 江淮论坛, 2004 (2): 65 – 69.

[165] 赵晨, 付悦, 高中华. 高质量发展背景下工匠精神的内涵、测量及培育路径研究 [J]. 中国软科学, 2020 (7): 169 – 177.

[166] 赵慧臣, 周昱希, 李彦奇, 等. 跨学科视野下"工匠型"创新人才的培养策略——基于美国 STEAM 教育活动设计的启示 [J]. 远程教育杂志, 2017, 35 (1): 94 – 101.

[167] 郑旭东, 马云飞, 岳婷燕. 欧盟教师数字胜任力框架: 技术创新教师发展的新指南 [J]. 电化教育研究, 2021, 42 (2): 121 – 128.

[168] 郑玄, 贾公彦. 周礼注疏 [M]. 上海: 上海古籍出版社, 2010.

[169] 仲理峰, 时勘. 胜任特征研究的新进展 [J]. 南开管理评论, 2003 (2): 4 – 8.

[170] 周翠霞, 井西学, 王佳丽, 等. 胜任特征模型护理管理研究的

新方法 [J]. 中国卫生事业管理, 2008, 25 (12): 800 – 801, 808.

[171] 周大雄. 《孙子兵法》的哲学思想研究 [J]. 江淮论坛, 2009, 235 (3): 72 – 76, 164.

[172] 周国韬. 问卷调查法刍议 [J]. 心理发展与教育, 1990 (1): 31 – 34, 23.

[173] 周正, 王搏. 数字经济推动制造业高质量发展路径研究——以居民消费为中介效应的实证检验 [J]. 学习与探索, 2023 (5): 113 – 121.

[174] 朱健, 张彬. 因循守旧, 还是独辟蹊径? 数字化领导对团队与个体创造力的多层次影响 [J/OL]. 科技进步与对策: 1 – 11 [2023 – 08 – 23]. http: //kns. cnki. net/kcms/detail/ 42. 1224. G3. 20230213. 1656. 004. html.

[175] 朱澍清, 刘小华. 论产教联盟的本质属性、组织功能及其实现机制 [J]. 大学教育科学, 2013 (2): 37 – 41.

[176] 朱永跃, 王世贤, 欧阳晨慧. 职业污名对工匠精神的抑制效应: 来自制造业产业工人的实证研究 [J]. 江苏大学学报 (社会科学版), 2023, 25 (1): 86 – 100, 113.

[177] 朱永跃, 马媛, 欧阳晨慧, 等. 家长式领导与制造企业员工工匠精神: 工作卷入和团队积极情绪氛围的影响 [J]. 系统管理学报, 2022, 31 (1): 89 – 103.

[178] 庄西真. 技能人才成长的二维时空交融理论 [J]. 职教论坛, 2017 (34): 20 – 25.

[179] 庄严. 数字经济呼唤数字工匠 [N]. 福建日报, 2022 – 04 – 29 (008).

[180] 邹凯, 徐萍萍, 郭一航, 等. 大数据背景下高校信息管理类人才胜任力素质模型构建 [J]. 情报理论与实践, 2021, 44 (12): 55 – 64, 18.

[181] 祖强, 马贺, 乔宏志. 协同学理论视角下虚拟教研室建设研究 [J]. 中国大学教学, 2022 (5): 51 – 55, 74.

[182] Ardolino M, Rapaccini M, Saccani N, et al. The role of digital technologies for the service transformation of industrial companies [J]. International Journal of Production Research, 2018, 56 (6): 2116 – 2132.

［183］Barrett G V, Depinet R L. A reconsideration of testing for competence rather than for intelligence ［J］. American Psychologist, 1991, 46 (10): 1012 – 1024.

［184］Basilotta-Gómez-Pablos V, Matarranz M, Casado-Aranda L A, et al. Teachers' digital competencies in higher education: a systematic literature review ［J］. International Journal of Educational Technology in Higher Education, 2022, 19 (1): 1 – 16.

［185］Bound H, Lin M. Developing competence at work ［J］. Vocations & Learning, 2013, 6 (3): 403 – 420.

［186］Boyatzis R E. The competent manager: a model for effective performance ［M］. New York: John Wiley & Sons, 1982.

［187］Cardenas-Navia I, Fitzgerald B K. The digital dilemma: winning and losing strategies in the digital talent race ［J］. Industry and Higher Education, 2019, 33 (3): 214 – 217.

［188］Cattaneo A A P, Antonietti C, Rauseo M. How digitalised are vocational teachers? assessing digital competence in vocational education and looking at its underlying factors ［J］. Computers & Education, 2022, 176: 104358.

［189］Cetindamar D, Abedin B, Shirahada K. The role of employees in digital transformation: a preliminary study on how employees' digital literacy impacts use of digital technologies ［J］. IEEE Transactions on Engineering Management, 2021, https: //doi. org/ 10. 1109/TEM. 2021. 3087724.

［190］Charmaz K. Constructing grounded theory-a practical guide through qualitative analysis ［M］. SAGE Publications Ltd, 2006.

［191］Chen H M, Chang W Y. The essence of the competence concept: adopting an organization's sustained competitive advantage viewpoint ［J］. Journal of Management & Organization, 2010, 16 (5): 677 – 699.

［192］Drack M. Ludwig von Bertalanffy's early system approach ［J］. Systems Research & Behavioral Science, 2009, 26 (5): 563 – 572.

［193］Esteve-Mon F M, Adell-Segura J, Llopis Nebot M Á, et al. The development of computational thinking in student teachers through an intervention with educational robotics ［J］. Journal of Information Technology Education:

Innovations in Practice, 2019, 18 (1): 139 – 152.

[194] Fenwick P M. A new data structure for cumulative frequency tables [J]. Software: Practice and experience, 1994, 24 (3): 327 – 336.

[195] Ferrari A, Punie Y. DIGCOMP: A framework for developing and understanding digital competence in Europe [R]. Luxembourg: Publications Office of the European Union, 2013.

[196] Gfrerer A, Hutter K, Fuller J, et al. Ready or not: managers' and employees' different perceptions of digital readiness [J]. California Management Review, 2021, 63 (2): 23 – 48.

[197] Giauque D. Attitudes toward organizational change among public middle managers [J]. Public Personnel Management, 2015, 44 (1): 70 – 98.

[198] Gilch P M, Sieweke J. Recruiting digital talent: the strategic role of recruitment in organisations' digital transformation [J]. German Journal of Human Resource Management-Zeitschrift Fur Personalforschung, 2021, 35 (1): 53 – 82.

[199] Glaser B G, Strauss A. The discovery of grounded theory: strategies for qualitative research [M]. Chicago: Aldine, 1967.

[200] Glaser B G. Theoretical sensitivity [M]. Mill Valley, CA: Sociology Press, 1978.

[201] Gonzalez - Mulé E, Cockburn B. Worked to death: the relationships of job demands and job control with mortality [J]. Personnel Psychology, 2017, 70 (1): 73 – 112.

[202] Hammond D. The legacy of ludwig von bertalanffy and its relevance for our time [J]. Systems Research and Behavioral Science, 2019, 36 (3): 301 – 307.

[203] He T, Zhu C, Questier F. Predicting digital informal learning: an empirical study among Chinese University students [J]. Asia Pacific Education Review, 2018, 19 (1): 79 – 90.

[204] Hornby D, Thomas R. Towards a better standard of management [J]. Personnel Management, 1989, 21 (1): 52 – 55.

[205] Hyland T. Competence, education and NVQ's: dissenting perspec-

tives [J]. Personnel Management, 1994, 96 (21): 32 –37.

[206] Ilomäki L, Paavola S, Lakkala M, et al. Digital competence-an emergent boundary concept for policy and educational research [J]. Education and Information Technologies, 2016, 21: 655 –679.

[207] Janssen J, Stoyanov S, Ferrari A, et al. Experts'views on digital competence: commonalities and differences [J]. Computers & education, 2013, 68: 473 –481.

[208] Kai T, Jaana P, Antti P. Who controls who? embodied control within human-technology choreographies [J]. Interacting with Computers, 2017, 29 (4): 494 –511.

[209] Kirrane M, Lennon M, O'Connor C, et al. Linking perceived management support with employees' readiness for change: the mediating role of psychological capital [J]. Journal of Change Management, 2016, 17: 47 –66.

[210] Kong H, Cheung C, Song H. Hotel career management in China: developing a measurement scale [J]. International Journal of Hospitality Management, 2011, 30 (1): 112 –118.

[211] Ledford G E. Paying for the skill, knowledge, and competencies of knowledge workers [J]. Compensation and Benefits Review, 1995, 27 (4): 55 –62.

[212] Lucia A D, Lepsinger R. The art and science of competency models: pinpointing critical success factors in organizations [M]. San Francisco: Jossey-Bass/Pfeiffer, 1999.

[213] Mansfield R. S. Building competency models: approaches for hR professionals [J]. Human Resource Management, 1996, 35 (1): 7 –18.

[214] Margherita E G, Braccini A M. Industry 4. 0 technologies in flexible manufacturing for sustainable organizational value: reflections from a multiple case study of Italian manufacturers [J]. Information Systems Frontiers, 2020 (25): 995 –1016.

[215] McClelland D C. Testing for competence rather than for "intelligence." [J]. American Psychologist, 1973, 28: 1 –14.

[216] McClelland D C. Identifying competencies with behavioral-event

interviews [J]. Psychological Science, 1998, 9 (5): 331 –339.

[217] McClelland D C. Testing for competence rather than for intelligence [J]. The American Psychologist, 1973, 28 (1): 1 –14.

[218] Meske C, Junglas I. Investigating the elicitation of employees' support towards digital workplace transformation [J]. Behaviour & Information Technology, 2021, 40 (11): 1120 –1136.

[219] Mithas S, Tafti A, Bardhan I, et al. Information technology and firm profitability: mechanisms and empirical evidence [J]. MIS Quarterly, 2012, 36 (1): 205 –224.

[220] Mulder M, Weigel T, Collins K. The concept of competence in the development of vocational education and training in selected EU member states: a critical analysis [J]. Journal of Vocational Education and Training, 2007, 59 (1): 67 –88.

[221] Nambisan S, Lyytinen K, Majchrzak A, et al. Digital innovation management: reinventing innovation management research in a digital world [J]. MIS Quarterly, 2017, 41 (1): 223 –238.

[222] Oliveira K K S, de Souza R A C. Digital transformation towards education 4. 0 [J]. Informatics in Education, 2022, 21 (2): 283 –309.

[223] Pan S L, Zhang S. From fighting COVID – 19 pandemic to tackling sustainable development goals: an opportunity for responsible information systems research [J]. International Journal of Information Management, 2020, https: //doi. org/10. 1016/j. ijinfomgt. 2020. 102196.

[224] Pouvreau D. On the history of Ludwig von Bertalanffy's "general systemology", and on its relationship to cybernetics-Part II: contexts and developments of the systemological hermeneutics instigated by von Bertalanffy [J]. International Journal of General Systems, 2014, 43 (2): 172 –245.

[225] Reddy S K, Reinartz W. Digital transformation and value creation: sea change ahead [J]. NIM Marketing Intelligence Review, 2017, 9 (1): 10 –17.

[226] Robbie C. The structure and process of intellectual development [J]. International Journal of Psychology, 1987, 22 (5 –6): 571 –607.

［227］ Sharif S, Gentry R. Design cognition shift from craftsman to digital maker ［C］. Proceedings of the 20th International Conference of the Association for Computer-Aided Architectural Design Research in Asia, 2015.

［228］ Spencer L M, Spencer P S M. Competence at work ［M］. New York: John Wiley & Sons, 1993.

［229］ Strauss A, Corbin J. Basics of qualitative research: grounded theory procedures and techniques ［M］. Newbury Park, CA: Sage, 1990.

［230］ Taborda M L N, Coello J G, Salazar J T, Et Al. Digital transformation model in the evaluation of engineering programs from an education 4. 0 approach ［C］//2021 International Symposium on Accreditation of Engineering and Computing Education (ICACIT) . Lima: IEEE, 2021: 1 –5.

［231］ Tapscott D. The digital economy: promise and peril in the age of networked intelligence ［J］. Innovation Journal, 1996 (5): 156 – 168.

［232］ Toscanelli C, Fedrigo L, Rossier J. Promoting a decent work context and access to sustainable careers in the framework of the fourth industrial revolution ［J］. Theory, Research and Dynamics of Career Wellbeing: Becoming Fit for the Future, 2019: 41 –58.

［233］ Verhoef P C, Stephen A T, Kannan P K, et al. Consumer connectivity in a complex, technology-enabled, and mobile-oriented world with smart products ［J］. Journal of Interactive Marketing, 2017, 40: 1 –8.

［234］ Von Bertalanffy L, Richards O W. Problems of life, an evaluation of modern biological thought ［J］. Physics Today, 1953, 6 (4): 20 –20.

［235］ Yang J, Zhang Y D, Chen L M. Fuzzy-set qualitative comparative analysis of factors that influence skilled talents scarcity in agricultural industry: case study of 14 cities in Hunan Province ［J］. Agronomy, 2022, 12, 3155.

［236］ Yassaee M, Mettler T. Digital occupational health systems: what do employees think about it? ［J］. Information Systems Frontiers, 2019, 21 (4): 909 –924.

［237］ Zeng G, Lei L. 2021. Digital transformation and corporate total factor productivity: empirical evidence based on listed enterprises ［J］. Discrete Dynamics in Nature and Society, 2021: 9155861.

［238］Zhu Y，Ouyang C，Chen W. Spiritual leadership，autonomous mo-tivation and employee craftsmanship spirit：the cross-level moderating effect of caring ethical climate ［J］. Psychology Research and Behavior Management，2022：1971 –1988.

后　记

在数字经济蓬勃发展的时代背景下，我国制造业正在加速推进数字化转型。在此过程中，具有复合能力的数字工匠扮演着重要角色。然而，当前的数字工匠队伍，在质量和数量上均不能匹配制造业数字化转型的需求，成为制约制造业转型升级和高质量发展的重要瓶颈，受到了各级党委和政府以及社会各界的高度关注。大力培养数字工匠，已上升为国家战略并成为时代共识。围绕数字工匠培养，目前相关的理论研究和实践工作尚处于起步与探索阶段，亟待加强。

本书立足新时代制造强国战略和数字中国战略，围绕"制造业数字工匠培养"这一具有重要理论价值和现实意义的战略性问题进行了较为系统和深入的研究，初步取得了一些创新性的研究成果：基于扎根理论，建构了包括扎实工匠基础、良好数字素养、敏捷转型能力、持续发展能力四个维度的数字工匠胜任力概念结构模型，并开发了具有良好信效度的数字工匠胜任力测量量表；通过基于大样本问卷调查的现状调研和针对典型企业的案例分析，以点面结合的方式实现了对数字工匠培养状况的深入理解；基于多层次、多角度的调查与分析，提出了具有较强系统性和可操作性的数字工匠培养对策。

江苏大学管理学院朱永跃教授统领本书编写的全面工作，设计书稿结构，论证研究内容和研究工作方案，协调组织分工，并负责全书文字的校对工作。同时，江苏大学管理学院张书凤老师、中共南通市崇川区委办公室邹家峰，以及江苏大学管理学院研究生欧阳晨慧、过旻钰、余莉花、张明凤、汤紫婧、詹薇薇、张雨微、梁馨文等参与了编写工作，具体章节的编写分工如下：第1章，朱永跃、欧阳晨慧、余莉花、詹薇薇、张明凤；第2章，汤紫婧、梁馨文、张雨微；第3章，过旻钰、欧阳晨慧；第4章，张书凤、朱永跃；第5章，朱永跃、邹家峰、张书凤、过旻钰、汤紫婧、詹薇薇、张雨微、梁馨文；第 6 章，邹家峰、欧阳晨慧；第 7 章，张书凤、朱永跃、过旻钰。

在制造企业问卷调查和案例访谈等调研过程中，得到了中天科技集团人力资源部总经理钱蒋锋和人力资源部招聘经理宋晓锟、北汽蓝谷麦格纳汽车有限公司党委副书记、人力资源总监殷雪青和党宣办公室主任张云、中集安瑞环科技股份有限公司副总经理朱元春、添可智能科技有限公司人力资源部高级经理戴丽、京东方杰恩特喜科技有限公司人事经理杨支坤、苏州市吴中区长桥街道人力资源和社会保障服务中心主任殷岐鸣、镇江技师学院职业教育培训中心主任杨卫星、奥音科技（镇江）有限公司 CEO 助理孙圆等（排名不分先后）的大力支持，为调研工作提供了无私的帮助，在此一并表示衷心感谢。此外，在写作过程中，参考了大量的国内外研究文献，难以一一标注，谨向相关学者致以诚挚的谢意。如有引用疏漏或不当之处，敬请谅解。

我们还要特别感谢经济科学出版社经管编辑中心的大力支持。

由于时间仓促以及研究水平和条件有限，本书在编写过程中错漏在所难免，一些研究观点也可能不一定恰当，恳请学界同行们不吝赐教、多多批评指正！

朱永跃

2023 年 10 月